U0936159

珍藏本·增订本

纪念版

汉译世界学术名著丛书

快乐的科学

〔德〕尼采 著

孙周兴 译

SINCE 1897
商务印书馆
The Commercial Press

Friedrich Nietzsche

DIE FRÖHLICHE WISSENSCHAFT

Sämtliche Werke, Kritische Studienausgabe in 15 Bänden

KSA 3: Die fröhliche Wissenschaft

Herausgegeben von Giorgio Colli und Mazzino Montinari

2. durchgesehene Auflage 1988

本书根据科利/蒙提那里考订研究版《尼采著作全集》(KSA)第 3 卷译出,并根据第 14 卷补译了相应的编者注释。

汉译世界学术名著丛书
（120 年纪念版·珍藏本）
增订本出版说明

2017 年 10 月，为纪念商务印书馆创立 120 周年，本馆推出“汉译世界学术名著丛书”（120 年纪念版·珍藏本），计七百种。近五六年来，仰赖学界同人倾力支持，订正旧译，增补新译，拓展新著，积累日多。为满足读者需要，本馆在七百种的基础上，继续推出“汉译世界学术名著丛书”（120 年纪念版·珍藏本·增订本）三百种。至此，“汉译世界学术名著丛书”累计出版已达千种。

今后，本馆将继续推进丛书的翻译出版工作，在积累单本名著的基础上陆续分辑刊行，汇印出版。为促进中外文明互鉴、推动我国学术发展，使“汉译世界学术名著丛书”这项对我国学术文化有基本建设意义的重大工程发挥更大作用，诚望海内外学术界、翻译界继续给予支持，帮助我们把这套丛书出得更好。

商务印书馆编辑部

2024 年 2 月

汉译世界学术名著丛书
（120 年纪念版·珍藏本）
出版说明

2017 年 2 月 11 日，商务印书馆迎来 120 岁的生日。120 年前，商务印书馆前贤怀揣文化救国的理想，抱持“昌明教育，开启民智”的使命，立足本土，放眼寰宇，以出版为津梁，沟通中西，为中国、为世界提供最富智慧的思想文化成果。无论世事白云苍狗，潮流左右激荡，甚至战火硝烟弥漫，始终践行学术报国之志，无改初心。

迻译世界各国学术名著，即其一端。早在 20 世纪初年便出版《原富》《天演论》等影响至今的代表性著作，1950 年代后更致力于外国哲学和社会科学经典的译介，及至 1980 年代，辑为“汉译世界学术名著丛书”，汇涓为流，蔚为大观。丛书自 1981 年开始出版，历时三十余年，迄今已推出七百种，是我国现代出版史上规模最大、最为重要的学术翻译工程。

丛书所选之书，立场观点不囿于一派，学科领域不限于一门，皆为文明开启以来，各时代、各国家、各民族的思想与文化精粹，代表着人类已经到达过的精神境界。丛书系统译介世界学术经典，引领时代思想，为本土原创学术的发展提供丰富的文化滋养，为推动中国现代学术和现代化进程做出了突出的贡献。

为纪念商务印书馆成立120周年，我们整体推出“汉译世界学术名著丛书”120年纪念版的珍藏本，寄望既利于文化积累，又便于研读查考，同时向长期支持丛书出版的译者、编者和读者致以敬意。

两甲子后的今天，商务印书馆又站在了一个新的历史时间节点上。我们不仅要铭记先辈的身影和足迹，更须让我们的步伐充满新的时代精神。这是商务人代代相传的事业，更是与国家和民族的命运始终紧密相连的事业。我们责无旁贷，必须做好我们这代人的传承与创造，让我们的努力和成果不仅凝聚成民族文化的记忆，还能成为后来人可以接续的事业。唯此，才能不负前贤，无愧来者。

商务印书馆编辑部

2017年10月

中文版凡例

一、本书根据科利/蒙提那里编辑的十五卷本考订研究版《尼采著作全集》(Sämtliche Werke, kritische Studienausgabe in 15 Bänden,简称“科利版”)第 3 卷(KSA3: Morgenröte, Idyllenaus Messina, Die fröhliche Wissenschaft)译出。

二、中文版力求严格对应于原版。凡文中出现的各式符号均予以保留。唯在标点符号上,如引号的运用,稍有变动,以合乎现代汉语的习惯用法。原版疏排体在中文版中以重点号标示。译文中保留的原版符号,需要特别说明的有:

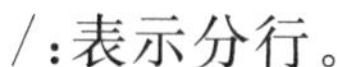

/:表示分行。

[]:表示作者所删去者。

〈〉:表示编者对文字遗缺部分的补全。

⌈⌉:表示作者所加者。

[—]:表示一个无法释读的词。

[——]:表示两个无法释读的词。

[———]:表示三个或三个以上无法释读的词。

———:表示不完整的句子。

[+]:表示残缺。

三、文中注释分为“编注”和“译注”两种。“编注”是中译者根据科利版《尼采著作全集》第 14 卷第 230—277 页(对科利版第 3 卷《快乐的科学》部分的注解)译出的,作为当页脚注补入正文相应文字中,以方便读者阅读和研究。

四、科利版原版页码在中文版相应位置中被标为边码。"编注"中出现的对本书内的文献指引,中文版以原版页码标识。由于中文版把原版单独成卷(第 14 卷)的"编注"改为当页脚注,故已没有必要标出原版为方便注释而作的行号。相应地,"编注"中出现的行号说明也予以放弃,而改为如下形式:×××××……],表明该"编注"涵盖的范围从×××××到该"编注"号码所标记之处。

五、中译者主张最大汉化的翻译原则,在译文中尽量不采用原版编注中使用的缩写和简写形式,而是把它们还原为相应的中文全称。原版编注中对尼采本人著作的文献指引(包括不同版本的文集、单行本)均以缩写形式标示,如以"JGB"表示《善恶的彼岸》,在中文版中一概还原为著作名;原版编注中对科利版《尼采著作全集》诸卷的文献指引,中文版均以中文简写形式"科利版第××卷"的方式标示;唯原版编注中对尼采不同时期手稿和笔记的文献指引,因内容解说过于繁琐,中文版也只好采用原版的简写法,并在书后附上"尼采手稿和笔记简写表"。

目　　录

快乐的科学①

(la gaya scienza)

对于诗人和智者，万物友好而圣洁，
一切体验皆有益，一切日子皆神圣，
所有人类都是神性的。

——爱默生

［1882 年版格言］

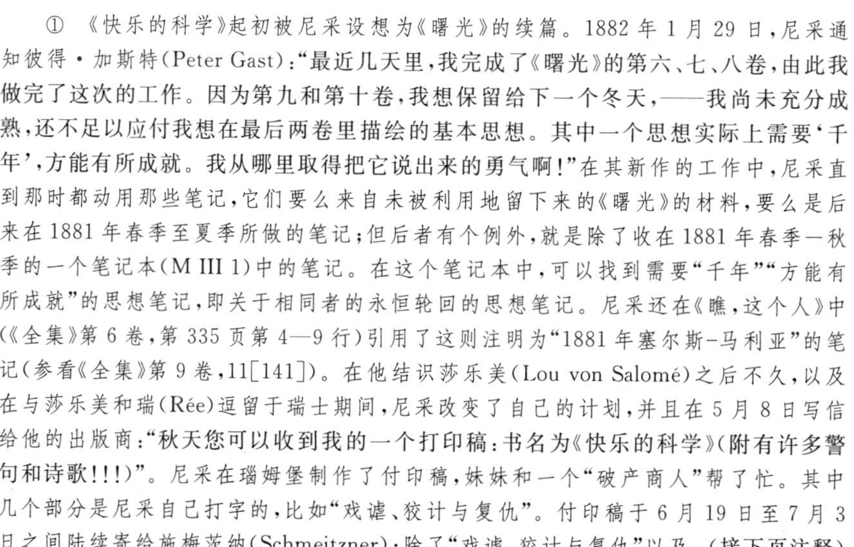

① 《快乐的科学》起初被尼采设想为《曙光》的续篇。1882 年 1 月 29 日，尼采通知彼得·加斯特(Peter Gast)："最近几天里，我完成了《曙光》的第六、七、八卷，由此我做完了这次的工作。因为第九和第十卷，我想保留给下一个冬天，——我尚未充分成熟，还不足以应付我想在最后两卷里描绘的基本思想。其中一个思想实际上需要'千年'，方能有所成就。我从哪里取得把它说出来的勇气啊！"在其新作的工作中，尼采直到那时都动用那些笔记，它们要么来自未被利用地留下来的《曙光》的材料，要么是后来在 1881 年春季至夏季所做的笔记；但后者有个例外，就是除了收在 1881 年春季—秋季的一个笔记本(M III 1)中的笔记。在这个笔记本中，可以找到需要"千年""方能有所成就"的思想笔记，即关于相同者的永恒轮回的思想笔记。尼采还在《瞧，这个人》中(《全集》第 6 卷，第 335 页第 4—9 行)引用了这则注明为"1881 年塞尔斯-马利亚"的笔记(参看《全集》第 9 卷，11[141])。在他结识莎乐美(Lou von Salomé)之后不久，以及在与莎乐美和瑞(Rée)逗留于瑞士期间，尼采改变了自己的计划，并且在 5 月 8 日写信给他的出版商："秋天您可以收到我的一个打印稿：书名为《快乐的科学》(附有许多警句和诗歌！！！)"。尼采在瑙姆堡制作了付印稿，妹妹和一个"破产商人"帮了忙。其中几个部分是尼采自己打字的，比如"戏谑、狡计与复仇"。付印稿于 6 月 19 日至 7 月 3 日之间陆续寄给施梅茨纳(Schmeitzner)；除了"戏谑、狡计与复仇"以及 (接下页注释)

我住在自己的房子里，
从来不去模仿任何人
还嘲笑任何一个，
不会嘲笑自己的大师。

——关于我的屋门
［1887 年版格言］

(接上页注释) 其他少数几页是尼采亲自打字的。收到的清样是由加斯特和尼采共同于6月29日和8月3日之间审读的。《快乐的科学》于1882年8月20日前几天在恩斯特·施梅茨纳的开姆尼斯(Chemnitz)出版社出版。“大致上原始材料的第四部分”,尼采是“为一篇学术论文”而准备的(1882年8月14日致加斯特的信)。它关系到笔记本M III 1中的遗稿;参看《全集》第9卷,第441—575页。这个“想法”仅仅作为暗示性的问题出现在警句341中。

1887年,尼采这本《快乐的科学》出了“新版”,在此“新版”中,尼采增补了前言、第五部和“自由鸟王子之歌”。即便这一次,本书也没有重新印刷,而是在库存图书上添加了上述附加材料。现在书名叫《快乐的科学》(*la gaya scienza*)。新版有一个附录:自由鸟王子之歌。莱比锡,E. W. 弗里奇(E. W. Fritzsch)。副标题说明了该书名本身起源于普罗旺斯诗歌(参看《全集》第9卷,11[337]以及相关注释)。带有尼采登记字样的第二版的一本样书被保存下来了。——编注

第二版前言[①] 345

1

也许，本书需要的不光是一个前言；而且说到底，人们在没有过类似体验的情况下，是否能够通过前言来进一步**体验**本书，这一

---

① 誊清稿：2——但本前言的目标不在于唤醒我的读者一个应有的德性——好意、宽容、谨慎、明察、远见；如果我只是这样做就够了，那就是一种伪装。我完全知道，为什么这本书[必定被]会被误解：或者[毋宁说]更清晰的是，为什么它的明朗(Heiterkeit)，它的几乎任意的对于明亮、亲近、轻松、放荡之物的乐趣，没有得到传达，而毋宁作为难题而起作用，作为难题而令人不安……这种明朗遮蔽了某种东西，这种追求表层的意志透露出一种关于深度的知识，这种深度散发出自己的气息，一种令人颤栗的寒冷气息；而且，假如人们在如此"明朗"的音乐中学会了舞蹈，那么，这也许不是为了舞蹈，而是为了重新变得暖和？——我承认：我们有深度的人太强烈地需要我们的明朗，以至于我们不得不使之变成可疑的；还有，如果我们"只相信某个善于舞蹈的上帝"，那么，之所以会这样，是因为我们太强烈地相信魔鬼，也就是相信**重力之精神**(Geist der Schwere)，我们太频繁、太艰难、太彻底负载了这种重力。不，这是我们身上的某种悲观主义因素，它依然在我们的明朗中表露出来，我们善于与这种假象(Anschein)打交道，与任何一种假象打交道——因为我们热爱假象(Schein)，我们把假象本身奉为神圣——，但只是因为我们对"存在"(Sein)本身有我们的猜疑……哦，要是你们能够完全理解为什么恰恰我们需要艺术，一种嘲讽的、神性方面未受阻碍的艺术，后者就像一种明亮的火焰冲向一片无云的天空，那有多好啊！为什么我们[现在不再]可能极少类同于那些悲剧性的[丑角]狂热者，他们意愿把夜间庙宇弄得骚乱不安，拥抱着柱形立像，并且把完全有理由保持隐蔽的一切东西都彻底揭露、发现出来，[必须]置于亮光之中，对于[那些[朋友]真理的解放者无论如何都是如此，那些认识的浪漫主义者！啊！这种欲望对我们来说已经消逝了，这种爱情方面的幼稚疯癫，这种埃及式的严肃性，这种可怕的"求真意志"(Wille zur Wahrheit)，甚至在回忆中使我们惊恐]。不，这种恶趣味和幼稚疯癫已经把我们覆盖了，为此我们太有经验，太焦灼，太深(接下页注释)

点始终还是可置疑的。本书仿佛是用一种和煦之风的语言写就的：其中含着傲慢、不安、矛盾，有如反复无常的天气，以至于人们总是会因此想到冬天的临近，同样也会想到一种战胜冬天的胜利，这种胜利就要到来，必定要到来，也许已经到来了……感恩之情不断流露，仿佛恰好发生了最出乎意料的事，一个痊愈者的感恩之情，——因为痊愈[1]就是最出乎意料的事。“快乐的科学”：意味着

(接上页注释)　刻了……此后我们能更好地理解为此首先需要什么，那就是快乐，每一种快乐，我的朋友们！同样作为艺术家——：让我来证明这一点。现在我们太懂得某些事了，我们这些有识之士：呵，从现在起我们怎样来学会好好地遗忘，好好地不求知道，作为艺术家！而且说到我们的未来：人们将难以在那些埃及年轻人的小路上重新找到我们，这些年轻人在夜里使庙宇不得安宁，用双手抱住柱形立像，意图彻底揭开、发现一切完全有理由隐藏起来的东西，使之置身于光天化日之下。不，这种糟糕的趣味，这种追求真理，追求那“不惜一切价值的真理”的意志，这种在热爱真理方面表现出来的年轻人的疯狂——败坏了我们的兴致：对此我们是太有经验了，太严肃，太愉快，太急切，太深沉了……进而在字面上差不多重合于第 351 页 29 行—第 352 页第 33 行(即从“我们再也不相信……”到“前言”结尾——译注)。所以，前言在此以两节而告终。为此也有下列部分现成的准备稿：注意！最后一节的结尾！……哦，要是你们能够完全理解为什么[恰恰我们热爱和需要这样一种艺术！我们不是太久地事先就一样了]恰恰我们需要艺术——而且是一种嘲讽的、神性方面未受阻碍的艺术！[还有，为什么我们根本就不再是一个浪漫主义者了！]后者就像一种明亮的火焰冲向一片无云的天空。——在我们的年轻时代，我们可能已经太久地与那些狂热者相类同，他们[意愿]把夜间庙宇弄得骚乱不安，拥抱着柱形立像，并且把完全有理由保持隐蔽的一切东西都彻底揭露、发现出来，必须置于亮光之中——无论如何那些真理的朋友，认识的浪漫主义者！啊！这种欲望对我们来说已经消逝了，这种[爱情方面]的幼稚疯癫，这种埃及式的严肃性，这种可怕的“求真意志”，甚至在回忆中使我们惊恐。我们不再相信，真理依然是真理，如果人们脱去其面纱，我们便有理由相信这一点……在今天，人们不[愿意]赤裸裸地看一切事物；[包括人们]不[愿意]寓于一切事物；[包括人们]不愿意“知道”(wissen)一切事物，这在我们看来，就是一件关乎得体和合适与否的事情……[怎么？理解一切就是宽恕一切？(Tout comprendre c'est tout pardonner?)相反！]此处接着在字面上差不多重合于第 352 页 14 行—31 行(即从“真的吗，亲爱的上帝无处……”到“前言”结尾——译注)。——编注

① “痊愈”(Genesung)是尼采 1880 年代的重要思想主题，可参看尼采：《查拉图斯特拉如是说》第 3 部“痊愈者”一节，科利版《尼采著作全集》第 4 卷，第 270 页以下；参看中译本，孙周兴译，商务印书馆，2010 年，第 348 页以下。——译注

一种精神的农神节[①]，这种精神坚忍地抵抗了一种可怕的、长久的压力——坚忍地、严峻地、冷酷地，毫不屈服，但又毫无希望——，而现在一下子受到希望的突袭，那种痊愈的希望，那种痊愈的**醉态**。并不奇怪，这当儿显露出许多非理性的和愚蠢的东西，许多戏弄人的柔情，甚至挥霍于那些难题上，这些难题具有一种刺人的毛皮，并不适合于被爱抚和被吸引。[②] 全书无非是一种经历长期匮 346
乏和昏聩之后的娱乐，是欢呼恢复的精力，是颂扬对明天和后天的重新苏醒的信仰，是赞颂对将来、对临近的冒险、对重新敞开的大海、对重新被许可和重新被信仰的目标的突然感受和预感。从现在起有多少东西落在我后面了啊！青年时代的这一段荒芜、衰竭、无信仰、冷漠，这种在不当的时候打开的老年生活，这种痛苦之暴行还被拒绝痛苦之**结论**的骄傲的暴行超过了——而且结论本就是慰藉——，这种彻底的孤独乃作为对抗一种已成病态透视的人类蔑视的自卫，这种根本性的把自己限制到认识之艰辛、苦涩、伤痛上的做法，正如那种从不慎的精神的特种饮食和娇惯——人们称之为浪漫主义[③]——中渐渐成长起来的**厌恶**所规定的那样——，[④] 对于这一切，谁能跟我有同感啊！不过，谁若能有此同感，他肯定会更多地原谅我，更甚于某种愚拙、放纵、“快乐的科学”：——例如这次附加于本书的几首诗歌——在这些诗歌中，一位诗人以一种

---

① 农神节(Saturnalien)：又称萨杜恩节，萨杜恩(Saturn)是古罗马农神。——译注

② 许多戏弄人的柔情……]付印稿：戏弄本身以严肃的和被神圣地尊重的事物为代价，对难题的大量游戏和玩耍，这些难题通常会引发恐惧，而不会被搞成笑话。——编注

③ 浪漫主义]付印稿：唯心主义。——编注

④ 关于浪漫主义主题，可参看本书第 370 节“什么是浪漫主义？”——译注

难以宽恕的方式嘲笑了所有诗人。——呵，不光诗人们及其优美的“抒情情感”，是我这个复活者必须对其发泄恶意的：谁知道他要为自己寻求什么样的一个祭品，那些诙谐诗文材料中，何种怪物将马上把他刺激起来？《**悲剧**的起源》（Incipit *tragoedia*）——在这本可疑的又不可疑的书的结尾处如是写道：当心啊！某种极其糟糕的和凶恶的东西昭示自己：**滑稽模仿**开始了（incipit *parodia*），这是毫无疑问的……

347 2

——但让我们放过这个尼采先生吧：尼采先生康复了，这与我们有何相干呢？……一个心理学家不了解诸如健康与哲学的关系之类有吸引力的问题，但如果他自己病了，他便把他全部的科学好奇心一并带入自己的疾病之中。因为假如人们是有人格的，他就必然也有关于其人格的哲学：不过，此中却有一种显著的差别。有的人是因为匮乏和贫困而从事哲学，另一些人则是因为自己的财富和势力才从事哲学。前者**需要**自己的哲学，不论是作为精神支撑还是作为安慰、药物、拯救、提升和自我异化；对后者来说，哲学只不过是一种美丽的奢侈，充其量是一种凯旋的感激之情的快感，这种感激之情最后还必须用宇宙大写字母把自己写在概念的天空上。但在另一种比较通常的情形中，如果是因为困境而从事哲学，比如在所有患病的思想家那里——而在哲学史上，也许患病的思想家是占优势的——：那么，在疾病的**压力**下形成的思想本身会变成什么呢？这是一个与心理学家相关的问题：而且在这里，是有可

能做实验的。情形无异于一个旅行者所做的，他先规定了在某个时刻醒来，然后就安安稳稳地交付给睡眠了：我们哲学家也一样，假如我们会生病，我们有时就会全身心地委身于疾病了——我们可以说是对自己闭上了眼睛。而且，正如旅行者知道，某个东西**不**能睡着，某个东西要计时，要把他唤醒，同样地，我们也知道，那个决定性的瞬间将唤醒我们，——进而有某个东西会跳将出来，并且**当场**抓住我们的精神，我的意思是，着眼于精神的虚弱、悔改、屈从、冷酷或阴郁之类，以及所有所谓的精神病态，它们在健康的日 348
子里具有一种反对自己的精神之**骄傲**（因为古诗句依然有效：“骄傲的精神、孔雀和骏马，乃是世上最骄傲的三种动物”[①]——）。在经历了这样一种自我审问、自我诱惑之后，我们便学会了以一种更精细的目光去审视迄今为止人们对之做过哲学思考的一切；我们比以前更好地猜度，有病的思想家恰恰作为患者被引导和被引诱到思想的何种歧途、小巷、静息点和**向阳**位置，我们现在知道了，患病的**身体**及其需要无意识地把精神驱逼、推动和吸引到何方——向着太阳、寂静、柔和、忍耐、药物和某种意义上的提神饮料。任何一种重视和平更甚于战争的哲学，任何一种具有一种关于“幸福”概念的消极理解的伦理学，任何一种知道结局、知道无论何种方式的最终状态的形而上学和物理学，任何一种主要偏于美学的或者宗教的对于越位、彼岸、超出和超拨的要求，都可以来追问一下，疾病是不是激励哲学家们的东西。在客观、理想、纯粹精神的外衣下，生理需要的无意识伪装广为流行，至于骇人的地步，——我常

① 引文出处不详。——译注

常问自己，大体上讲，迄今为止的哲学究竟是否只是一种关于身体的解释和一种**对身体的误解**。在迄今为止的思想史上起引导作用的那些最高价值判断背后，隐藏着种种对身体特性的误解，无论是关于个体的还是关于阶层或者整个种族的。对于形而上学的所有那些大胆的癫狂行为，特别是形而上学对此在（Dasein）之**价值**问题的回答，我们首先总是可以把它们视为特定身体的征兆；而且，
349 如果说科学地来衡量，此类世界肯定或者世界否定通通不具有一点儿意义，那么，它们却能为历史学家和心理学家提供更有价值的暗示，如前所述，作为身体的征兆，诸如身体的成功和失败的征兆，历史上身体的丰富性、强大和骄横的征兆，或者诸如身体的障碍、疲劳、贫困的征兆，以及身体对终结的预感和求终结的意志的征兆。我总还在期待，一位哲学**医生**（在此词的例外意义上）——这位医生要探究民族、时代、种族、人类的总体健康状况——有朝一日将获得勇气，把我的怀疑带向极点，并且敢于道出一个命题：以往一切哲学思考根本都无关乎“真理”，而是关乎某种别的东西，我们可以说，是关乎健康、将来、成长、权力、生命……

3

——人们猜测，我不想忘恩负义地与那个严重的长年疾病的时期告别，那个时期的收获我至今依然受用不尽：正如我十分清楚地知道，与所有精神矮胖相比，我在自己的充满变化的健康中究竟先行得到了什么。一位经历并且总是一再要经历大量健康状态的

哲学家，也经历了同样多的哲学：他**能够**做的无非是每一次都把自己的状况转变为最具精神性的形式和距离，——这种变形艺术正**是**哲学。我们哲学家不能像民众那样，随意地把灵魂与肉体分离开来，我们更不能随意地把灵魂与精神区分开来。我们不是思想着的青蛙，不是内脏冰冷的客观器械和记录仪器，——我们必须持续地从自己的痛苦中分娩出自己的思想，母亲般地给予一切，我们从[①]自己的鲜血、心灵、火气、乐趣、激情、苦难、良心、命运、祸害中获得的一切。[②] 生命——对我们来说它意味着我们所是的一切， 350
持续地转换为光明与火焰的一切，也是我们遇见的一切，我们此外根本不能做什么了。至于疾病，我们不是差不多已经尝试问过，它对于我们来说究竟是不是必不可少的？唯有大痛苦才是精神的最终解放者，作为**大怀疑**的教师，它从每个 U 中都弄出一个 X，[③]一个地道的、真正的 X，亦即倒数第三个字母……唯有大痛苦，那种长久而缓慢的痛苦——我们在其中仿佛被慢吞吞的湿柴火烤着——迫使我们哲学家们进入我们最终的幽深之处，解除我们全

① 从自己的痛苦中分娩出……]据付印稿：而且只是使我们的思想存活、实现和行动，它们围绕。——编注

② 我们不是思想着的……]准备稿：———[由此]人们因此把自己区别于青蛙，[那些所谓的思想家]被民众叫作思想家的，——人们恰恰把自己的思想，而且只有自己的思想[认识]感受为[自己的]鲜血、心灵、火气、乐趣、[苦难]痛苦、现实命运、祸害，——人们使之存活、实现和行动。——编注

③ 此处“从每个 U 中都弄出一个 X”德语原文为：aus jedem U ein X macht，意为“伪造一切”。德语口语中有 jmdm. ein X für ein U vormachen 的说法，意为“欺骗某人”。尼采在此玩了一个独特的语言游戏，中译文无法完全传达，只能取字面直译。——译注

部的信任，全部的好心肠、掩饰、温和、平庸之类——也许此前我们就把我们的人性投入其中了。我怀疑，这样一种痛苦是否“具有改善作用”——；不过我知道，这种痛苦使我们**变得深刻**。无论是我们学会了用我们的骄傲、我们的嘲讽、我们的意志力来与这种痛苦相对抗，我们赶上了印第安人，后者不管受到多厉害的凌辱，都以口头的恶毒来报复凌辱者；抑或是我们逃避痛苦，退回到那种东方的虚无（Nichts）之中——人们称之为涅槃[①]——，那种暗哑的、呆滞的、无声的自我屈服、自我遗忘、自我解体之中：我们都将摆脱这样一种长久而危险的自我控制的训练，成为另一个人，**更多地**带着若干个疑问，首要地具有这样一种**意志**，即此后要更丰富、更深刻、更严格、更冷酷、更凶恶、更静默地进行追问，甚于人们以往做的一
10 切追问。对于生命的信赖已经过去了；生命本身成了一个**难题**。——但愿人们不会以为，一个人因此就必然成了昏暗阴郁者！即便生命之爱也还是可能的，——只不过人们爱得不同。那是对于一个令我们疑心的女人的爱……但对于这些更具才智、更精神化的人来说，一切疑难之物的魅力以及对于 X 的快乐是太大了，
351 以至于这种快乐总是一再像一种强烈的炽热吞没了疑难之物的一切急难，吞没了不安状态的全部危险，甚至吞没了爱恋者的嫉妒。我们知道一种新的幸福……

① 涅槃（Nirvana）：古印度语，也作“涅盘”，意为“灭度、寂灭”，或从梵语 Parinivana 意译为“圆寂”。“涅槃”是指灭生死、灭烦恼而达到不生不灭的境界。尼采在此首先指向叔本华在《作为意志和表象的世界》中对印度佛教的接受。——译注

4

最后，最重要的话不能不说：[1]从此种深渊返回来，从此种严重的长年疾病返回来，同样也从那种重大怀疑的沉疴中返回来，人们获得了新生，蜕了一层皮，变得更敏感，更阴险了，对于欢乐有了一种更精细的趣味，对于所有美好事物有了一个更细腻的舌头，带着更快乐的感官，在欢乐中有了一种第二位的、更危险的无辜，同时又更加孩子气了，比从前要狡猾百倍。现在，那种享受是多么让人厌恶啊！那种粗俗、昏沉、褐色的享受，就像那些享受者、我们的"有教养者"、我们的富人们和统治者们通常所理解的那样！现在，我们多么恶毒地听着集市里的巨大喧闹，"有教养的"人和城里人如今借着这种喧闹，通过艺术、书本和音乐，在精神饮料的辅助下，

① 至于疾病，我们不是……]在笔记本 Mp XV 2，第 23 页中首先作为警句记下：372.有利于疾病。——私下里说说：痛苦乃是怀疑的伟大教师，那种长久而缓慢的痛苦，我们在其中仿佛被慢吞吞的湿柴火烤着。它迫使我们进入我们最终的幽深之处，解除我们全部的信任，全部的好心肠、掩饰、温和之类，也许此前我们就把我们的人性投入其中了。我怀疑，这种痛苦是否能"改善"人类——；不过我知道，这种痛苦使人类变得深刻。无论是我们学会了用我们的骄傲、我们的嘲讽、我们的意志力来与这种痛苦相对抗，我们赶上了印第安人，后者不管受到多厉害的凌辱，都以口头的恶毒来报复凌辱者；或者我们逃避痛苦，退回到那种东方的虚无(Nichts)之中，那种暗哑的、呆滞的、无声的自我屈服、自我遗忘、自我解体之中：我们都将摆脱这样一种长久而危险的训练，成为另一个人，更多地带着若干个疑问，首要地具有这样一种意志，即要更丰富、更深刻、更严格、更冷酷、更凶恶地进行追问，甚于人们以往做的一切追问。对于生命的信赖已经过去了；生命本身成了一个难题。——但愿人们不会以为，人们因此就必然成了昏暗阴郁者！一切疑难之物的快乐，对更具才智的人来说是太大了，以至于这种快乐总是一再像一种强烈的火焰吞没了疑难之物的一切急难，吞没了不安状态的全部危险。最后，我们不可隐瞒最本质性的东西：如果生命是一个谜，为什么自始就不允许人们去思索这个谜的一个诙谐解答呢？[+++]页面至此被裁掉了。——编注

把自己给强奸了，成为“精神的享受”！如今，充满激情的剧院叫声多么刺痛我们的耳朵，有教养的群氓所喜爱的整个浪漫主义的骚动和感官迷乱，连同群氓对于崇高者、高雅者、怪癖者的谋求，变得与我们的趣味多么格格不入！不，如果我们痊愈者还需要一种艺术，那么就是另一种艺术——一种嘲讽的、轻盈的、仓促的、神一般不受阻挠的、神一般人造的艺术，这种艺术有如一种明亮的火焰熊熊燃烧，升入一片无云的天空里！首要地：是一种为艺术家的艺术，只是为艺术家的！此后我们能更好地理解为此首先需要什么，那就是快乐，每一种快乐，我的朋友们！同样作为艺术家——：让我来证明这一点。现在我们太懂得某些事了，我们这些有识之士：呵，从现在起我们怎样来学会好好地遗忘，好好地不求知道，作为
352 艺术家！而且说到我们的未来：人们将难以在那些埃及年轻人的
小路上重新找到我们，这些年轻人在夜里使庙宇不得安宁，用双手抱住柱形立像，意图彻底揭开、发现一切完全有理由隐藏起来的东西，使之置身于光天化日之下。不，这种糟糕的趣味，这种追求真理、追求那“不惜一切价值的真理”的意志，这种在热爱真理方面表现出来的年轻人的疯狂——败坏了我们的兴致：对此我们是太有经验了，太严肃，太愉快，太急切，太深沉了……我们再也不相信，如果人们一把扯掉真理的面纱，真理依然是真理；我们已经活得足够了，足以相信这一点。今天，对我们来说，不想赤裸裸地观看一切，不想参与一切，不想理解和“知道”一切，这才是一件得体的事情。“真的吗，亲爱的上帝无处不在？”有一个小姑娘问她妈妈：“但我觉得这不上路嘛。”——一个给哲学家的暗示！自然带着羞怯之心躲藏在谜团和各色不确定性背后，人们应当更好地尊重这种羞

怯。也许真理是一个女人，她有理由不让人看到她的理由？[1] 也许她的名字，用希腊语来讲，就是鲍波[2]了？……这些希腊人呵！他们是擅长于生活的：为此就必须勇敢地持留于表面、褶皱、表皮上，必须膜拜假象，必须相信形式、音调、话语，相信整个假象的奥林匹斯[3]！这些希腊人是肤浅的——出于深刻！我们不是正要回到这一点上么？我们这些精神的莽撞者，我们登上了当代思想最高和最险的顶峰，从那里出发环顾四周，从那里俯视山下？从这一点上讲，我们不就是——希腊人吗？{我们不就是}形式、音调、话语的崇拜者吗？恰恰因此而成为——艺术家？

1886 秋天[4]写于热那亚近郊之卢塔

① 此处中译文没有传达出原话的可能暗示：其中的“理由”(Gründe)也有“基底、底子”之义，于是此句也可解为“她(女人)有理由不让人看她的底”，从而可与下句所讲的“鲍波”联系起来。——译注

② 鲍波(Baubo)：希腊文原文为 Βαυβώ，古希腊神话中的女奴。农神得墨忒耳(Demeter)为寻找女儿来到鲍波家，鲍波为她送上一杯饮料，她由于悲痛而不愿接受，此时鲍波突然向她裸露了屁股，于是把她逗乐了。——译注

③ 必须膜拜假象，必须相信……]准备稿：必须膜拜假象，必须把形式、音调、话语、瞬间神化。——编注

④ 秋天]付印稿；大八开本版：年秋天。——编注

“戏谑、狡计与复仇”[1] 353

——德语韵律短诗序曲

1

邀请[2]

15

吃货们，大胆品尝我的食物吧！
明天你们会感觉更美味
后天就将变得妙不可言！
如果你们还想要更多，——那好
我的七件旧物
让我勇于追求七件新物。

---

① 关于标题，参看歌德：《戏谑、狡计与复仇。德国小歌剧》(1790 年)：彼得·加斯特于 1880 年为之谱曲。——编注

② 邀请]誊清稿：最后的短诗。——编注

2

我的幸福

自从我倦于寻求和探索，
我就学会了发现。
自从有一阵风向我吹来，
我就能乘所有的风扬帆航行。

3

无畏的[①]

16

在你站立的地方，往下深挖吧！
下面就是井泉！
就让灰暗的人们[②]叫喊：
“下面永远是——地狱！”

4[③]

对话

甲：我得过病？现已康复？

---

① 无畏的］誊清稿：深邃。——编注
② 灰暗的人们］据誊清稿：掘墓人；准备稿：昏暗的鸟。——编注
③ 参看16[2]。——编注

谁曾是我的医生呀？
我怎么把这一切都忘了！

乙：我相信你现在才康复：
因为谁遗忘了，谁就健康了。

5[①]

致有德性者[②]

我们的德性也该轻松地抬起双脚，
就像荷马的诗句，必须来来往往！

6[③]

世俗之智[④]

不要滞留平原！
不要登升太高！
不高不低处看世界
才是最美好的事儿。

① 参看16[6]。——编注
② 致有德性者]付印稿：致我们的德性。——编注
③ 原为19[8]“生命的规则”的第三节。——编注
④ 世俗之智]作者修改前的校样：生命的规则。——编注

7[①]

跟我走——跟你走[②]

被我的风度和言语所吸引，
你要跟着我，步我的后尘？
只管忠实地紧跟你自己吧：——
这样你就跟着我——渐渐地！渐渐地！

8[③]

第三次蜕皮

355 我已经消化了大量泥土，
我的皮正在萎缩和裂开，
已然滋生了新的欲望，
像蛇渴望我体内的泥土。
我爬行在乱石草丛中，
在曲折行程中饥肠辘辘，

---

① 准备稿：漫游者的劝说。——Vademecum. Vadetecum[跟我走。跟你走]。意思就是用德语的风度和言语——：/只管紧跟你自己吧——/这样你就跟着我，毫不劳累，/一如我曾破了魔力，你就打破魔力吧！彼得·加斯特的笔迹。——编注

② 标题原文为拉丁文：Vademecum—Vadetecum[跟我走——跟你走]。——译注

③ 准备稿：我的皮正在萎缩和裂开/老蛇已然死去/一条新蛇在观望/带着新的欲望出来了。——编注

吃我以前总是吃的，[1]
你，蛇的食物，你，泥土！

9

我的玫瑰

是的！我的幸福——想要让人喜悦，——
一切幸福都想要让人喜悦！
你们想采摘我的玫瑰吗？

你们就不得不俯身，躲藏在
岩石和荆棘篱笆之间，
不时舔舔你们的手指！

因为我的幸福——喜欢取笑！
因为我的幸福——喜欢诡计！——
你们想采摘我的玫瑰吗？

10

蔑视者

我抛弃和丢失了许多东西，
你们因此把我称为蔑视者。

---

① 我爬行在乱石草丛……]准备稿：我渴求旧食物/在每一次[新的]死亡和生成中！我还在吃。——编注

谁若从斟得太满的酒杯里畅饮，
就会抛弃和丢失许多，——
所以，你们别以为喝的是烂酒。

11[1]

格言说

尖锐与柔和，粗糙与精细，
熟悉与稀奇，肮脏与纯洁，
傻瓜与智者交会：
我是这一切，也愿是这一切，
既是鸽子，又是蛇，也是猪！

356

12[2]

致一位爱光明者[3]

如果你不想让眼与心弱化，
就要在黑暗中追寻太阳！[4]

---

① 在准备稿中被删除的稿本：聪明与傻气，粗糙与精细，/尖锐与柔和，水与酒：/所有这一切，当是我的格言！——编注

② 参看1882年2月17日尼采致彼得·加斯特的信（《尼采书信全集》III/1）。——编注

③ 爱光明者］据誊清稿：太阳兄弟。——编注

④ 如果你不想让眼与心……］据准备稿：光明和热量让人很快弱化/最后驱使人走向每一片黑暗。——编注

13[①]

致舞者[②]

平滑的冰
善舞者的
天堂。

14[③]

乖乖好人[④]

宁要整块木头做成的敌意，
也不要粘贴起来的友谊！

15[⑤]

铁锈

铁锈也是需要的：光有锋利不够！
要不然总会有人说你：“你太嫩了！”

---

① 参看1882年2月17日尼采致彼得·加斯特的信（《尼采书信全集》III/1）。——编注

② 致舞者]誊清稿：平滑的冰[舞者的智慧]。——编注

③ 参看1882年2月17日尼采致彼得·加斯特的信（《尼采书信全集》III/1）。准备稿：宁要一种[新鲜的]完整的敌意，也不要粘贴起来的友谊！——编注

④ 乖乖好人]据誊清稿：果敢者[在十字路口]。——编注

⑤ 参看1882年2月17日尼采致彼得·加斯特的信（《尼采书信全集》III/1）。——编注

16[1]

向上[2]

“我怎样才能最佳地登上山顶?”
只管往上爬,别去想它!

17[3]

残暴者的箴言[4]

永远别请求!任其啜泣吧!
我请求你,径直拿走吧!

357 ## 18[5]

狭隘的心灵

狭隘的心灵让我厌恶;
那里面几乎没有善,没有恶。

---

① 参看1882年2月17日尼采致彼得·加斯特的信(《尼采书信全集》III/1)。——编注

② 向上]据誊清稿:漫游者。——编注

③ 准备稿:笔记本 Mp XVIII 3,第25页:只请求人们欠着没给你的。在所有其他东西中,别请求,而是拿走!笔记本 N V 7:宁可偷东西,也不要请求之。——编注

④ 残暴者的箴言]誊清稿:残酷无情之人说。——编注

⑤ 准备稿:笔记本 N V 7,第51页:恶并不使我感觉累赘:/但狭隘的心灵让我厌恶。笔记本 N V 7,第100页:狭隘的心灵。——编注

19

无意的诱惑者

为了消遣，他把一个空虚的字眼
射向天空——居然掉下来一个女人。

20[1]

考量一下[2]

双重的痛苦更容易承受，胜于
单一的痛苦：你可愿斗胆一试？

21

反对傲慢

不要给自己充气：不然，
一根小刺就会使你破裂。

22[3]

男人和女人

“把你爱慕的女人抢过来呀！”——

① 准备稿：人们更容易忍受双重的痛苦，胜于单一的痛苦。——编注

② 考量一下］誊清稿：让我们考量一下。——编注

③ 准备稿：人们称之为征服——实际上恋爱的男人是要抢劫，而恋爱的女人是想偷：——女人经常悄悄地把强盗偷了。——编注

男人这样想；而女人不抢，她们偷。

23①

解释

如果我要解释自己，就总是欺骗自己：
我甚至不能成为自己的解释者。
但谁若一味在自己的道路上攀登，
也就能把我的形象带进亮光之中。

24②

悲观者的药物③

你抱怨没有什么对你的胃口？
我的朋友，永远是那一套牢骚？
我听你诽谤、吵闹、唾弃——
我失了耐心，也伤心于此。

---

① 参看11[336]。——编注

② 参看15[50]；16[11]；16[20]；12[210]；第8卷21[21]注释；也参看尚福尔(Chamfort)(在《快乐的科学》第95节的注释中引用)，第863条格言："拉塞伊先生天性温良，但对现实社会有深刻的认识。他说，要想生活在这个世上，每天大清早最好先吞下一只癞蛤蟆，好让自己在一天剩下的时间里不再觉得有什么好恶心的"(M. de Lassay, home très doux, mais qui avait une grande connaissance de la société, disait qu'il faudrait avaler un crapaud tous les matins, pour ne trouver plus rien de dégoûtant le reste de la journée, quand'on devait la passer dans le monde)。——编注

③ 悲观者的药物]据誊清稿：彻底的疗法[悲观者的药物]。——编注

跟着[①]我，我的朋友！自由地下决心，
吞下一只肥硕的蛤蟆，
快速地，不要张望！——
这将帮助你摆脱消化不良！

25
请求

我知道一些人的心思
却不知道自己是谁！
我的双眼离我太近了——
我不是我见到和曾经见过的。
如果我坐得离自己远一些，
就能对自己更有助益。
虽然没有我的敌人那么远！
我的挚友坐得太远——
但中心就在他与我之间！
你们猜猜看，我在请求什么？

① 于此。/跟着]准备稿：于此。/[希腊人称之为 Dyspepsei（消化不良）。——]/跟着。在誊清稿结尾部分删除：蛤蟆是主要药物/适合于所有悲观者的蚊蝇。——编注

26①

我的冷酷

我必须跨越百级台阶，
我必须往上走，听到你们的呼叫：
“你好冷酷！我们是石头做成的吗？”
我必须跨越百级台阶，
而无人想成为一级台阶。

359

27②

漫游者

“没路了！周遭是深渊和死一般的寂静！”——
这就是你想要的！你的意志想离开小路！
漫游者啊，现在是时候了！冷静而清晰地看看吧！
如果你相信——危险，你就无望了。

28③

给初学者的安慰

看看那小孩，被猪的咕咕声包围，

---

① 准备稿：16[10]参看 12[130]。——编注

② 参看 16[15]；15[28]。——编注

③ 参看 21[6]。在誊清稿中删除：是的！我依然像新葡萄酒，/是的！你们会看到我冒泡！/纵情欢乐，我会以为/我还将上路！/一旦我用双脚站立，/我就很快会单脚站立。/旁边还有下列被删掉的异文：你们以为我的出现好辛苦/等一下！我会走得更好！/一旦我用双脚站立，/我就很快会单脚站立。/今天我依然像酸葡萄酒，/很快你们会看到我冒泡；纵情欢乐，我会以为/我还将上路！——编注

无助，有着弯曲的脚趾！
他一直哭，只会哭——
他可曾学习站立和走路？
无畏地！很快，我会以为，
你们能看到小孩跳舞！
一旦他先用双脚站立，
也就会头脚倒立。

29[①]

星星的利己主义

假如我没有转动，这个滚动的球体
不停地围绕我自己，
我怎能坚持追随火热的太阳，
而不点燃自己？

30

邻居

我不喜欢邻居在我近旁：

① 准备稿：16[12]。在笔记本 M III 3 中被删除的准备稿：假如我没有年复一年地转动，/如果我想围绕自己转动，/星球啊，我如何能如此之久地坚持，/跟随太阳？/如果我想———。——编注

愿他离开我，高飞远行吧！
不然他如何成为我的星辰？——

360 ## 31

伪装的圣徒

愿你的幸福不要压迫我们，[①]
如果你身上披着魔鬼的头发，
藏着魔鬼的机智，穿着魔鬼的衣装。[②]
但徒劳啊！从你的眼神里
依然透出了神圣性！

32[③]

不自由者

甲：他伫立聆听：什么可能使他迷误？
　　他听到什么在耳畔嗡嗡响？
　　是什么把他击倒了？
乙：就像每一个戴过脚镣的人，
　　他处处都能听到——脚镣的当啷声！

---

① 愿你的幸福不要……］准备稿：犹如因为对你的幸福的羞耻感。——编注

② 愿你的幸福不要……］准备稿：带着魔鬼的机智和狡诈/你现在穿着魔鬼的衣装——。——编注

③ 参看16[13]。——编注

33①

孤寂者

跟随和领导让我憎恨。
服从吗？不！而统治呢？——更不！
谁不让自己恐惧，他就不能使任何人恐惧。
只有使人恐惧者，才能领导别人。
自己领导自己，就让我憎恨！
我喜欢像森林动物和海洋动物那样，
有好一阵子②迷失自己，

① 笔记本 N V 8 第一稿：如果我不想服从，那我就必须隐藏自己，/我不能统治，更不能引诱。/谁不让自己恐惧，他就不能使任何人恐惧。/谁自己害怕——他就将永远统治。笔记本 N V 8，第二稿：服从吗？不！而统治呢？更不！/谁不让自己恐惧，他就不能使任何人恐惧。/只有使人恐惧者，才能统治/[因此我爱孤独]因此我就生活在自己隐匿之处/乐于引诱自己，使自己回归自我/在自己的洞穴里独自发现自己的幸福。笔记本 M III 3，第 26 页，第一稿：服从吗？不！而统治呢？更不！/谁不让自己恐惧，他就不能使任何人恐惧，/只有使人恐惧者，才能领导别人/因此我就生活在自己隐匿之处，/乐于揭开深处的宝藏，/[嘲弄所有人]嘲讽所有统治者。/如果我想跟随自己，我就必须引诱自己！笔记本 M III 3，第 27 页，第二稿：[如果我想跟随自己，我就必须引诱自己。]跟随和领导让我憎恨。/服从吗？不！而统治呢？——更不！/谁不让自己恐惧，他就不能使任何人恐惧，/只有使人恐惧者，才能领导别人。/因此我就生活在洞穴和隐匿之处，/乐于揭开[深处]孤独的宝藏，/乐于嘲讽所有统治者——/乐于引诱自己，使自己回归自我。笔记本 M III 3，第 27 页，第 5—10 行诗句的准备稿：自己领导自己，就让我憎恨，/因此我就生活在洞穴和隐匿之处，/揭开孤独者的[宝藏]作品，/乐于嘲弄所有统治者，/乐于引诱你们，使你们回归自我。/我喜欢错认自己，/认识我自己，把我自己称为主人和奴仆/这就让我憎恨。/我喜欢迷失自己，/引诱自己，使自己回归自我，/有好一会儿与自己相分离，/在可爱的迷误和绝望中闲坐，/把自己从远方吸引回家，/终于引诱自己，使自己回归自我。——编注

② 有好一阵子]付印稿：本身有好一会儿。——编注

在可爱的迷误中冥思苦想地[1]闲坐，
终于把自己从远方吸引回家，
引诱自己——使自己回归自我。

34[2]

塞内卡及其同类[3]

361 他们写呀写，写他们难以忍受的
聪明的瞎扯，
仿佛先要写作[4]
然后才有哲思[5]。

35

冰淇淋

是的，有时我也做冰淇淋：
它当然有助于消化！
倘若你们有太多要消化，
啊，你们定要喜欢我的冰淇淋！

---

① 冥思苦想地]付印稿：和绝望。——编注

② 在准备稿中删除：不再喜欢读，这些先生们/哲学上的瞎扯：/他们想：先要写作/然后才有哲思。——编注

③ 原文为拉丁文：Seneca et hoc genus omne。——译注

④ 原文为拉丁文：primum scribere。——译注

⑤ 原文为拉丁文：philosophari。——译注

36①

少年读物②

我的智慧的 A 和 O③
曾在我耳畔响起:但我听到什么了!
可现在听来不再那样,
只有那永恒的啊和哦!④
我还能听到自己的少年时代。

37

小心谨慎

人们现在不好去那个地方旅行,
即使你有精神,也要加倍小心!
有人会引诱你,爱上你,直到把你撕碎:
那是狂热人物——:那里缺的始终是精神!

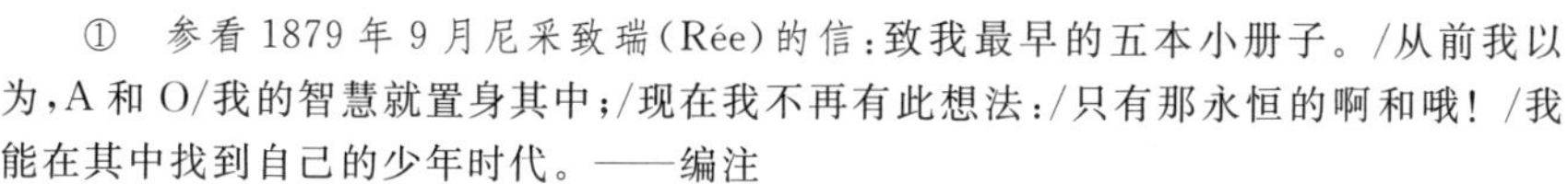

① 参看 1879 年 9 月尼采致瑞(Rée)的信:致我最早的五本小册子。/从前我以为,A 和 O/我的智慧就置身其中;/现在我不再有此想法:/只有那永恒的啊和哦!/我能在其中找到自己的少年时代。——编注

② 少年读物]致我最早的五本小册子。——编注

③ 此处 A 和 O,是希腊文的第一个字母 A(Alpha)和最后一个字母 Ω(Omega)的拉丁改写,表示开始和结束,也表示“全部”。——译注

④ 此处“啊”(Ah)和“哦”(Oh)是德语的两个语气词。——译注

38[1]

虔诚者说

上帝爱我们，因为他创造了我们！——
“是人创造了上帝！”——你们这些精明者说。
难道人不该爱他创造的东西？
难道人应该否定它，因为是人把它创造？
这是蹩脚之论，带有一对魔鬼的蹄子。

362

39[2]

在夏天[3]

在我们的满头大汗中
我们该吃自己的面包吗？
根据聪明医生的判断，
汗流浃背时，宁可啥也别吃。
天狼星暗示我们：缺什么？
那火一般的暗示意欲何为？
在我们的满头大汗中

---

① 准备稿：我爱上帝，因为[他我]我创造了上帝/而你们——你们想因此否定他吗？？/这个结论站不住脚/它是不对的：造成了它的魔鬼的帽子。——编注

② 准备稿：在你的满头大汗中，你当畅饮自己的酒。——编注

③ 在夏天]誊清稿：太阳之道德。——编注

我们当畅饮自己的酒!

40

毫无妒忌

是啊,他的目光毫无妒忌:你们因此敬重他吗?
没有东张西望,觊觎你的荣耀:
他有鹰的眼睛关注远方,
他没有看你们——而只看到星星。

41[①]

赫拉克利特主义

朋友们啊,世上一切幸福,
都是斗争所赐!
是的,为了成为朋友,
就需要硝烟和战场!
凡朋友必三选其一:
面对困厄时的兄弟,
面对敌人时的战友,
面对死亡时的自由!

① 参看16[35]。准备稿结尾:所有苍蝇蜂拥飞舞。——编注

42

过于精细者的原则[①]

宁愿踮着脚尖走路，
也不要用四肢爬行！
宁愿穿过一个锁孔，
也不走敞开的大门！

363

43[②]

劝告

你是想要追求荣誉吗？
那就请关注如下教导：
及时地
自愿放弃名声！

44[③]

彻底之人

我是探究者？噢，省省吧！

---

① 过于精细者的原则]誊清稿：太过精细者。准备稿：精细人物的格言。——编注
② 参看16[14]。——编注
③ 参看16[5]；12[178]。——编注

我只是笨重——有好多磅！
我一直掉啊掉
终于掉到了谷底[①]！

45[②]

永远

“今日我来，因为今日于我有益”——
每个永远到来的人都这样想。
他根本不看重世俗的饶舌：
“你来得太早了！你来得太迟了！”

46[③]

厌倦者的判断

所有虚弱者都诅咒太阳；
树的价值却在于——阴影！

---

① 注意此处“谷底”(Grund)与“彻底之人”(der Gründliche)的词根联系。——译注

② 准备稿：“你来得太早了！你来得太迟了！”——这是所有永远到来的人周围的喧嚷。参看15[52]。——编注

③ 准备稿：如果是炎热天，我们就根据阴影来评估树的价值。——。——编注

47

没落[①]

“他现在下落了，掉下去了”——你们不时讽刺；
真相是：他降下来，降到你们这里！[②]
他过多的幸福成了自己的不幸，
他过多的光明跟随你们的黑暗。[③]

364

48[④]

反对规律

从今天起，用头发绳
在我的脖子上挂一只时钟；
从今天起，星星、太阳的运行，
鸡鸣和阴影，都停止了。
时间向来向我宣告的，
现在已经喑哑、麻木和盲目：——

① 没落]誊清稿：神性者。——编注

② “他现在下落了，……]准备稿：从他过多的幸福的不幸中/他像太阳一样跟随你们这些冷酷者。——编注

③ 他过多的幸福成了……]准备稿：最高的飞行他曾经飞过的！/或许他从未向天空飞升，/什么东西曾把他拉下来，落到你们这儿？——编注

④ 准备稿：从今天起你有了一只时钟——/只是从现在起，你不得不/观望时间。——编注

在规律和时钟的嘀嗒声中
自然全都对我缄默。

49[1]

智者说[2]

我对于民众格格不入，但却是有用的，
我绘出一条路，时而阳光，时而乌云，
而永远高蹈于民众之上！

50[3]

丢了头脑

她现在有了精神——她何以找到了它？
一名男子刚刚因她失去了理智。
在这种消遣之前，他的头脑丰富：
现在却见鬼去了——不！不！是去了女人那儿！

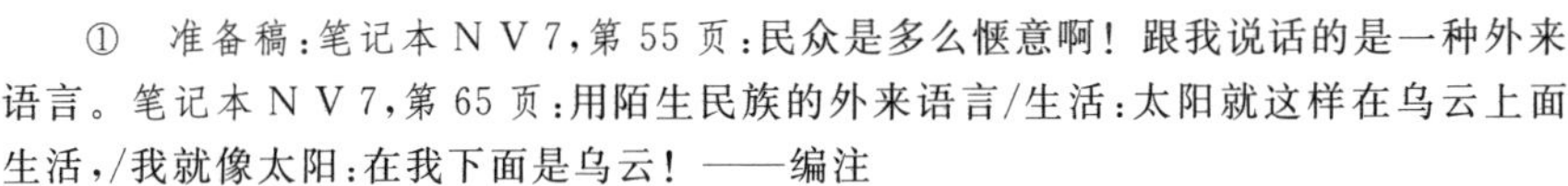

① 准备稿：笔记本 N V 7，第 55 页：民众是多么惬意啊！跟我说话的是一种外来语言。笔记本 N V 7，第 65 页：用陌生民族的外来语言/生活：太阳就这样在乌云上面生活，/我就像太阳：在我下面是乌云！——编注

② 智者说]誊清稿：智者。——编注

③ 准备稿：笔记本 Mp XVIII 3，第 25 页：在恋爱中男人失去了理智，/但女人这时才完全获得了理智。——笔记本 N V 7，第 55 页：在恋爱中男人失去了理智，但女人获得了理智，只有女人在脑子里首次完全有了青春期。——编注

51

虔诚的愿望[①]

“但愿所有的钥匙
都立即丢失，
在每个匙孔中转动的
是万能钥匙！”
谁是万能钥匙，
他随时都会这样想。

365 52

用脚写作[②]

我不光是用手写作：
脚也总想参与。
坚定、自由而勇敢，为我
时而穿越旷野，时而穿越稿纸。

---

① 虔诚的愿望]誊清稿：虔诚的愿望[此处为单数——译注]。——编注
② 用脚写作]誊清稿：漫游者[作者说]。——编注

53[①]

《人性的，太人性的》：一本书[②]

只要你回顾往事，就总是忧郁而胆怯，
在你信赖自己的地方信赖未来：
鸟儿啊！我得把你归入鹰类吗？
你就是密涅瓦的宠儿猫头鹰吗？

54

给我的[③]读者[④]

一副好牙和一只好胃——
这是我对你的祝愿！
只要你受得了我的书，
就肯定跟我合得来！

① 参看1879年9月尼采致瑞(Rée)的信：致我的最后之书。/当你回顾往事时，总是忧郁而骄傲，/当你信赖未来时，总是轻率而冒失：/鸟儿啊！我得把你归入鹰类吗？/你就是雅典娜的猫头鹰吗？——编注

② 誊清稿：致题为《人性的，太人性的》之书。——编注

③ 给我的]准备稿：致我的。——编注

④ 给我的读者]誊清稿：[献给《曙光》的]读者。——编注

55

现实主义画家[①]

“彻底忠于自然!”——他怎样开始:
自然何时才会在画面上**完成**?
世界的细微部分无穷无尽!
他最后画下他**喜欢**的东西。
他喜欢什么?他**能够**画下来的东西!

56

诗人的虚荣

366 只要给我胶水:因为
我自己就能找到木头!
赋予四行荒唐短诗
以意义——根本不可骄傲![②]

① 现实主义画家]誊清稿:现实主义者。准备稿:现实主义之不可能性。——编注

② 骄傲!]在誊清稿中被删除:骄傲!/你们知道吗:这个座右铭的胶水/货物——“短诗”“胶水”“木头”和“骄傲”! 在誊清稿中删除:你们知道吗? 为短诗多么骄傲/每一个诗人都在黏合自己的木头。——编注

57[1]

选择的趣味

如果让我自由地选择，
我乐意为自己
在天堂里挑一个位子：
更愿意——在天堂门前！

58[2]

曲鼻子

鼻子挑衅地瞧着野外
鼻孔鼓胀起来——
所以你这无角的犀牛，我骄傲的侏儒，
总是向前下落！
笔直的骄傲，弯曲的鼻子，
始终相遇在一起。

---

① 准备稿：天堂的最佳位子在天堂门前。——编注
② 准备稿：不管这个那个/你肯定会失败的。——。——编注

59

信笔涂鸦[1]

信笔涂鸦:地狱般喷发出来!
我注定必须乱书吗?——
所以我果敢地抓住墨水瓶
用浓浓的墨水书写。
笔端所至,那么丰满,那么宽广!
我干的一切是多么走运!
虽然字迹不清——
但又何妨?谁来读我的乱书啊?

60[2]

高等人

367 此人向上攀登——理当受到赞扬!
而那人总是从高处下来!
他活着,自己免除了赞扬。
他是从上面来的!

---

① 信笔涂鸦]誊清稿:究竟谁在读我写的![致我的读者]。——编注
② 参看 12[184]。——编注

61[①]

怀疑论者说[②]

你的生命之半已经结束，
时针转动，你的心灵战栗不已！
你早就到处漫游
四处寻求而一无所获——还要在此踌躇？
你的生命之半已经结束，
这儿无时不是痛苦和谬误！
你还寻求什么？为何之故？——
这就是我寻求的——原因之原因！

62[③]

瞧，这个人[④]

是的！我知道我来自哪里！

① 准备稿：In media vita[生命之半]。/我的生命之半已经结束，/时针落下，我的心灵战栗不已——/它早就到处漫游/[想要出去——然而！它]四处寻求而一无所获——还要在此踌躇！/我的生命之半已经结束：/[在此生命就是痛苦]无底的痛苦在这儿无时不在！/你围绕着轨道吗？/我最后依然在寻找——原因之原因？——编注

② 怀疑论者说]誊清稿：In media vita[生命之半][此在的最终基础]。——编注

③ 准备稿：我就像火焰一样/我想抓住一切/我把握的一切闪闪发光/我丢弃的一切都已烧焦。——编注

④ "瞧，这个人"(Ecce homo)原为罗马总督彼拉多把戴着荆冕的耶稣交给犹太人示众时说的一句话。1888年，尼采也以此为题撰写自己的自传。参看尼采：《瞧，这个人》，中译本，孙周兴译，商务印书馆，2016年。——译注

就像火焰一样不知餍足
灼烧自己，折磨自己。
368 我抓住的一切全都变成光明，
我丢弃的一切全都变成灰烬：
我是火焰，毫无疑问！

63
星星的道德

注定要去追逐星星的轨道，
星星啊，黑暗与你有何相干？

快乐地滚动吧，穿越这个时代！
它的痛苦就会疏远你、远离你！

你的光辉归于至远的世界！[1]
对你来说，同情当是罪恶！

只一条戒律适合于你：保持纯洁！

---

① 疏远你、远离你！……］准备稿：星辰般遥远/对于到来者，你当成为光明/针对最远的远方。——编注

第一部(第1—56节) 369

1[①]

此在[②]**之目的的导师**。——无论我现在以善的或者恶的眼光来看人,我都发现,他们所有人和每个特殊个体,总是有着唯一的使命,那就是:去做有益于人类种类之保存的事。而且,这委实不是基于一种对于这个种类的爱的情感,而只是因为在他们身上,没有任何东西比那种本能更古老、更强大、更无情、更不可克服了,——因为这种本能正是我们这个族群的**本质**。[③] 尽管人们带着通常极其短浅的目光,早已十分迅速地习惯于清楚地区分自己的邻人是有益的还是有害的,是好人还是恶人,但只要粗略地算个账,更长久地思索一下整体,人们就会怀疑这种清洗和区分了,最后便只好不了了之。即便最有害的人,从种类保存的角度来看,始终也可能是最有益的人;因为他要维护和满足自己的欲望,或者,通过自己的影响去维护和满足他人的欲望,而没有这种欲望,人类

---

① 参看6[438]。——编注

② 此在(Dasein):或译"人生此在",在尼采那里等于"生命"(Leben)。——译注

③ 尼采这里的思想结合了达尔文的进化论与斯宾塞的社会达尔文主义。——译注

早就萎缩衰退或者腐败了。仇恨、伤害的快乐、掠夺欲和支配欲，以及通常被称为恶的一切东西：皆属于令人惊奇的种类保存之经济学（Oekonomie），诚然是一种昂贵的、挥霍性的和整个极其愚蠢
370 的经济学：——但就**已经证实的范围内来说**，它迄今为止保存了我们人类。我亲爱的同胞和邻人啊，我再也不知道，你究竟是否**可能**过着不利于种类的生活，也即[①]“非理性地”和“恶劣地”生活；可能伤害过种类的东西，也许几千年以来已经灭绝了，而且[②]现在属于甚至在上帝那儿也不再可能的东西了。沉湎于你最佳的或者最坏的欲望吧，而且首要地：走向毁灭吧！——在两种情形下，你都还有可能以某种方式成为人类的促进者和行善者，因而可以为自己留住你的赞颂者——同样也可留住你的嘲弄者！然而，你将永远找不到这样一个人，他懂得甚至于在你最出色的方面也要完全地嘲弄你这个个体，他能够品味你那无穷的苍蝇和青蛙般的可怜相，同时令你与真理相一致而心满意足！嘲笑自己，正如人们不得不笑的那样，为的是**从全部真理出发**而大笑，——为了笑，迄今为止出类拔萃者都没有足够的真理感，最有天赋者都太少太少天才了！也许，笑也还得留待将来呢！如若“种类就是一切，一个人等于没人”这个说法已经深入到人性之中，每个人在任何时候都得以通达这种最后的解放和无责任感，则事情就是这样。那时，笑也许就已经与智慧连系在一起了，那时，也许就只还有“快乐的科学”了。此

① 我亲爱的同胞和邻人……］据誊清稿：我亲爱的同胞和邻人啊，在这样一种对巨大整体及其优势的考察中，你必定会认识到，你根本就不。——编注

② 而且］据誊清稿：这种真正的“利己主义者”。——编注

间,情形还是完全不同的,此间,此在的喜剧本身尚未“得到意识”,此间,始终还是悲剧时代,还是伦理和宗教的时代。那些伦理和宗教的创建者,那些围绕道德评估的斗争的发起者,那些良心谴责和宗教战争的导师,他们层出不穷地涌现出来,究竟意味着什么呢?[1] 在这个舞台上的这样一些英雄到底意味着什么呢?因为他们一直都是这同一个舞台上的英雄,而且,所有其余的、仅仅短时可见的、太过切近的东西,始终只不过是为这些英雄们的出场做准备的,要么是作为舞台装置和布景,要么是扮演心腹侍从的角色。371
(例如,诗人们永远都是某一种伦理道德的心腹侍从。)——显而易见,即便这些悲剧人物自以为是为上帝的利益并且作为上帝的使者而工作,但实际上,他们也是在为**种类**而工作的。他们也是**通过推动对生命的信仰**来促进种族的生命。“活着是值得的”——他们中的每个人都这样叫嚷道——“这种生命中有某种重要的东西,在生命背后、在生命深处隐藏着某个东西,你们可要留心呀!”那种欲望,那种在最高贵者和最卑贱者身上同样地起着支配作用的欲望,也就是种类保存的欲望,时不时作为理性和激情爆发出来;它进而就拥有了一系列辉煌的理由,并且竭尽全力要使人忘却它根本上乃是一种欲望、本能、愚蠢、无根无底。生命**应当**受到热爱,**因为**……!人**应当**促进自己和自己的邻人,**因为**……![2] 而且,所有这些“应当”(Soll)和“因为”(Denn)意味着什么,将来还可能意

① 可参看尼采:《论道德的谱系》(1887 年)第二章“亏欠”“坏良心”及与此相关者和第三章“苦修理想意味着什么?”。——译注

② 这两句中的省略号为译者所加。——译注

味着什么啊！为了使这种必然地总是自发地和无任何目的地发生的事情，从现在起表现为为着唯一的目的而发生的行为，并且作为理性和最终戒条而为人所明白，——为此，伦理导师就粉墨登场了，成为此在之目的的导师；为此，伦理导师就杜撰了第二个不同的此在，并且借助于他的新机械，把那个旧的普通此在从其旧的普通枢纽上取了下来。是的！他根本不希望我们**嘲笑**此在，也不希望我们嘲笑自己，——甚至嘲笑他；对他而言，一个人始终是一个人，是某个最先的和最终的和异常惊人的东西，对他来说，不存在什么种类，没有什么总数，也没有归零一说。不管他的杜撰和估价是多么愚昧和狂热，不管他多么严重地误解了自然的进程，否认了自然的条件：——所有的伦理学从来都是极其愚昧和反自然的，以至于其中每一种伦理学，如若它已经使人类就范，就都会使人类走

372 向毁灭——向来如此！每当那“英雄”登上舞台，都会获得某种新鲜货色，骇人听闻的笑的反面，大量个体的那种深度震颤，因了这样一个想法：“是的，活着是值得的！是的，我是值得活下去的！”——生命，我和你，我们所有人，在某些时候又一次让我们**产生了兴趣**。——不可否认的是，**长时间地**，笑、理性和自然一直都主宰了这些伟大的目的导师当中的每个个体：短暂的悲剧最后总是转向和回到永恒的此在之喜剧，还有，“无数大笑的浪潮”①——用埃斯库罗斯的说法——最后必定也会扫荡这些悲剧人物中最伟大者。然而，在所有这些矫正性的笑声中，整体说来，通过那些此

① 无数大笑的浪潮］对埃斯库罗斯的《被缚的普罗米修斯》第80—90行的误译。——编注

在之目的的导师的层出不穷的涌现,人类的自然本性已经被改变了,——它现在多了一种需要,就是需要此类导师和有关“目的”的学说层出不穷地涌现出来。人渐渐地变成了一种幻想的动物,必须比其他任何动物更多地满足一个生存条件,即:人**必须**时而相信自己知道**为何**而生存,要是[①]没有一种周期性的对于生命的信赖,要是没有对**生命中的理性**的信仰,则人的种类就不可能繁荣昌盛!还有,人类也总是一再地不时宣告:“有某种东西是我们绝对不可嘲笑的!”而极其谨慎的人类之友会加上一句:“不光是笑和快乐的智慧,还有悲剧性的东西及其所有崇高的非理性,皆归属于种类保存的手段和必需品!”——因此!因此!因此呵!我的兄弟们啊,你们理解我吗?你们理解了这条全新的潮起潮落的规律吗?[②]我们也有自己的时代呀![③]

2 373

理智的良心。——我总是一再地重复相同的经验,同样也总是重新去抵抗这种经验,尽管我可以信手拈来,但我却不愿意

① 生存,要是]据誊清稿:生存,[他必须有这方面的兴趣,宁可存在而不是不存在]要是。——编注

② 这条全新的潮起潮落的规律吗?]据誊清稿:现在在人类本性中有两个相互矛盾的条件,它们想要构成其序列中的一种节奏吗?你们理解为什么我们所有人都必须拥有自己的潮起潮落的规律吗?什么是我们不能同时拥有的呢?什么是我们不可同时拥有的呢?——那么好吧!让我们成为这种新节奏的发明者!人人都为自己和自己的音乐!——编注

③ 我们也有自己的时代呀!]作者修改前的校样没有此句。——编注

相信：绝大多数人缺乏理智的良心；真的，我常常觉得，以这样一种良心的要求，人们置身于人口稠密、熙熙攘攘的大都市里仍不免孤独，就仿佛身处荒漠一般。每个人都以奇异的目光盯着你，进而用自己那杆秤来衡量一切，说这是善的那是恶的[①]；而当你流露出，这样一种衡量并非分量十足时，没有人会有羞愧的表情，——也没有人会对你心生愤怒：也许，人们会对你的怀疑一笑了之。我想说的是：相信这个或者那个，并且据此而生活，而预先并不知道赞成或者反对的最可靠的终极理由，甚至事后也不花力气去探究这些个理由，绝大多数人并不会感到这有什么可鄙的，——最有天赋的男人们和最高贵的女人们也还在这“绝大多数人”之列。但如果具有这等德性的人竟容忍在自己的信仰和判断方面的松懈无力感，如果他并没有把对确定性的要求视为最内在的渴望和最深刻的需要，——把它当作区分高等人与低等人的标准，那么，善良、精巧和天才[②]对我来说又算得了什么呀！在某些虔信者身上，我发现了一种对于理性的憎恨，并且为此善待过他们：这至少还暴露了那种恶的理智的良心！然而，处身于这种 rerum concordia discors[矛盾的统一体]之中，处身于此在的整个奇妙的不确定性和多义性之中，而并不追问，并不因追问的渴望和快乐而战栗，甚至并不憎恶追问者，也许还对追问

① 参看尼采：《善恶的彼岸》（1886 年）和《论道德的谱系》（1887 年）。在那里尼采区分了“善—恶”与“好—坏”。——译注

② 女人也还在这“绝大……]据准备稿：女人们，如果有一天我领悟了那道照在她们身上的光，她们在我看来是多么平庸和——丢人：天才对我来说又算得了什么呀。——编注

者产生了一点点愉悦之情——这些,就是我感到可鄙的东西,而这种感觉正是我要在每个人身上寻找的:——某种愚蠢总是一 374
再地说服我,要我相信只要是个人,人人都会有这种感觉。此乃我的不公风格。

3[①]

高贵与卑贱[②]。——对卑贱者来说,一切高贵的、大度的情感都显得不适当,因此首先显得是不可信的:当他们听到这类情感

① 参看6[175]。准备稿:对卑贱者来说,一切高贵的情感都显得是不适当的,因此显得几乎是不可能的、难以相信的:如果他们相信这一点,他们就会把人视为干某些不适当之事的傻瓜。目的对人来说[原文如此!]就是好处和优势:他[原文如此!]可能把握了高贵行为的享受,但他[原文如此!]不承认高贵行为是目的。卑贱者问:"人们处境不利,或者落入其中了,就像牺牲者所做的那样,怎么能开心呢?"一定是有一种理性的疾病与高贵的情绪联系在一起了,因此他蔑视这种快乐,正如我们藐视错乱者从其固定的理念中获得的快乐一样。——但通常他会想:"这种牺牲可能会成为获得一种起丰富补偿作用的好处的手段"——因此他怀疑大度的人物。——事实上,高贵者可以通过一种没有思想的快乐感和不快感而得到规定,正如我们很快地把一种食物放在嘴的这一边或那一边咀嚼,对此毫无思量,而是根据是这样还是那样更惬意的标准。大度者带有某种清晰理智方面的缺陷:拿破仑理解不了思想的中止。动物们会冒着生命危险保护自己的幼崽,不会想到自己的危险,因为对于自己后代的乐趣以及怕这种乐趣被剥夺掉的担心完全把它们控制住了,它们于此变得蠢笨不堪。这本身恰恰不是道德的,就像一个男人跟随自己的性本能而遭受最可恶的疾病。——所以,卑贱者的标志在于,他决不会忘掉自己的好处,而且这种思想比他的[原文如此!]本能更强:不能让那些本能引诱他去做不适当的行为,这是他的[原文如此!]智慧。这就是说:高贵人物是更非理性的。也可参看鲍曼(J.J.Baumann):《道德手册连同法哲学纲要》,莱比锡,1879年,第13页(注意!):"相反,具有卑贱或者自私想法的人根据自身来解释一切,因为对他来说,一种无趣的和高贵的思想方式是完全不可把握的……"这段文字是尼采删除的。——编注

② 高贵与卑贱(Edel und Gemein):在尼采这里接近于他所思的"好与坏"。——译注

时，他们便眨眨眼，仿佛是想说“其中一定会有某种好处罢，可人们不能透过所有墙壁看到什么呀”：——他们怀疑高贵者，仿佛高贵者是在偷偷摸摸地寻找好处似的。如果他们十分清晰地确信没有自私的意图和收益，那么，高贵者在他们看来就是一种傻瓜：他们蔑视高贵者的快乐，嘲笑高贵者眼神里流露出来的光彩。“人们处境不利，怎能开心呢？人们怎能眼睁睁地甘愿落入不利处境呀！一定是有一种理性的疾病与高贵的情绪联系在一起了”——他们这样想着，同时投去轻蔑的目光：正如他们藐视错乱者从其固定的理念中获得的快乐。卑贱人物的特性是，他一味盯牢自己的好处，这种对于目的和好处的想法，甚至比他身上那些最强的本能还要强：不能让那些[①]本能引诱他去做不适当的行为——这就是他的智慧和自我感觉。与卑贱人物相比较，高贵人物是**更为非理性的**；——因为高贵、大度、牺牲的人物实际上都屈服于自己的本能，而且在其最佳时刻，他的理性便会**中止**。一只动物会冒着生命危险保护自己的幼崽，或者在发情期死命追随母兽；它毫不顾及危险和死亡，它的理性同样会中止，因为对于自己的后代或者对于母兽
375 的乐趣，以及怕这种乐趣被剥夺掉的担心，完全把它控制住了；它变得比平常更为蠢笨，就像那高贵和大度者一样。高贵和大度者拥有某些如此强烈的快乐感和不快感，以至于理智不得不对它们保持沉默，或者不得不投身其中，为它们效力：这时候，他的心跑到脑子里去了，人们于是就说“激情和狂热”。（有时也蛮可能出现与

① 那些]誊清稿、大八开本版：他的。——编注

之相反的情况,可以说是“激情的颠倒”,例如在丰特奈尔[①]那里,有一次,有人把手放在丰特奈尔的胸口上,说:“我最亲爱的呵,您这里面的东西也是脑子呀”。)激情的非理性或者错乱理性(Quervernunft)正是卑贱者蔑视高贵者的地方,尤其是当这种激情指向那些客体,后者的价值在卑贱者看来是完全空想的和任意的。卑贱者恼怒于总是受到口腹之激情支配的人,但却能理解那种在这方面把人弄成暴君的刺激;然则他理解不了,譬如说,人们如何可能为取悦于一种认识的激情而拿自己的健康和荣誉来冒险。高等人物的趣味指向特殊,指向那些通常让人感到冷漠、似乎毫不甜美的事物;高等人物有着独一无二的价值尺度。再有,高等人物多半相信,在自己趣味的特异反应性中并**不**具有独一无二的价值尺度,而倒是把自己的价值和非价值(Unwerthe)设为普遍适用的价值和非价值,并且因此陷于无法理解和不切实际的境地。十分稀奇的是,一个高等人物会留下足够的理性去理解和对待日常之人:他多半相信,自己的激情就是所有人身上隐藏的激情,而且恰恰在这种信念中,他充满了热情和雄辩。如果此种特殊的人并没有感到自己是特立独行的人,他们又怎能理解卑贱的人物,又怎能正确地评价常轨定则呢!——而且,他们也这样来谈论人类的愚昧、不当和空想,完全惊奇于世界多么疯狂,世界为什么不愿 376
承认“对它来说急需的东西”。——这就是高贵者永远的不公。

① 丰特奈尔(Bernhard Le Bovier de Fontenelle,1657—1757 年):又作“方特奈尔”,法国哲学家、作家,欧洲启蒙运动先驱之一。著有《关于宇宙多样性的对话》等。——译注

4[①]

种类之保存者。——直到现在，最强壮和最凶恶的人物最多地把人类带向前方：他们总是一再点燃昏昏欲睡的激情——所有井然有序的社会都会使激情昏昏欲睡——，他们总是一再唤醒比较意识、矛盾意识，唤醒人们对于新鲜的、冒险的、未经试验的事物的兴趣，他们迫使人们把各种意见、各种典范对立起来。多半要动用武器，推翻界碑，损害虔诚：但也可能通过新的宗教和道德！同一种“恶”也存在于每一个新事物的导师和说教者身上，——它使征服者声名狼藉，即便它表现得较为文雅，并没有立即付诸实施，恰恰因此也没有弄得如此声名狼藉！而无论如何，新事物都是恶的，它作为征服者想要推翻老旧的界碑和老旧的虔诚感；只有老旧事物才是善的！每个时代的善人全都是那样一些人，他们深入挖掘旧思想的根底，并且由此结出果实，他们是精神的耕耘者。然则每一块土地最后都会被利用殆尽，恶之犁铧必定会一而再，再而三

① 准备稿：直到现在，最强壮的个体最多地把人类带向前方，他们总是一再点燃昏昏欲睡的激情，通过把各种典范对立起来，迫使人们形成关于新事物的意见，由此唤醒了精神——而舍此，人就会沉睡于自己的意见之上。多半要动用武器，推翻界碑，损害虔诚：但也可能通过新的形成强烈对照的学说！一个征服者如同一个哲学家一样，也包含着同一种恶：只有它在哲学家那儿获得了更高升华，它首先并没有如此猛烈地付诸实施。每个时代的所谓善人全都是那样一些人，他们深入挖掘新思想的根底，并且由此结出果实——他们是耕耘者。然则每一块土地都会被利用殆尽，巨大的犁铧必定会出现，不然的话，善人们就会把人类搞成一个乏味的、荒芜的地带。善人们的婚姻渐渐生产出低能愚笨的后代。——编注

地出现。——现在有一种彻底错误的道德学说[①],它在英国备受欢迎:根据这个学说,“善”与“恶”的判断乃是关于“适当”与“不适当”[②]的经验的累积;根据这个学说,所谓善的就是保存种类的,而所谓恶的就是危害于种类的。但事实上,恶的本能恰恰与善的本能一样,是在同等程度上适当的、保存种类的和不可或缺的:—— 377
只不过其作用不同罢了。

5[③]

绝对的义务。——所有人都觉得,为了**从根本上**发挥作用,他们需要最有力的话语和声音,最雄辩的举止和姿态——所有这些革命政治家、社会主义者、基督教的和非基督教的布道者,他们都拒不接受半拉子的成功:所有这些人都在谈论“义务”,而且总是在谈论具有绝对性质的“义务”——倘若没有这种义务,他们便无权拥有自己的伟大激情了:这一点,是他们十分清楚的!于是,他们谋求那些宣讲某种绝对命令[④]的道德哲学,或者,他们接受宗教里

① 关于此处“彻底错误的道德学说”,可参看尼采在《论道德的谱系》(1887 年)第一篇中的讨论,参看尼采:《善恶的彼岸·论道德的谱系》,科利版《尼采著作全集》第 6 卷,中译本,赵千帆译,孙周兴校,商务印书馆,2015 年,第 326 页以下。——译注

② 德语原文为 zweckmässig 和 unzweckmässig,是两个形容词,或译为“合目的”与“不合目的”。——译注

③ 参看 6[116]。——编注

④ 指康德的“绝对命令”(kategorischer Imperativ)概念,参看康德:《实践理性批判》第一部分第 1 卷,中译本,邓晓芒译,杨祖陶校,人民出版社,2003 年,第 21 页以下。——编注

的某个优良部分，正如——举例说来——马志尼[①]所做的那样。因为他们想要让人们无条件地信赖他们，所以他们首先必须无条件地信赖自己，依据的是某个终极的、无可争论的和本身崇高的戒律；他们感到自己是这个戒律的仆人和工具，并且想冒充为这种仆人和工具。在这里，我们就有了极其自然的，并且通常十分有影响力的道德启蒙和怀疑的敌人：但这种敌人是稀罕的。与之相反，往往在利益教人们屈从，而名声和荣誉似乎不允许人们屈从的地方，倒是有一个规模很大的这种敌人的阶层。例如，谁若作为一个古老的、骄傲的家族的后裔，想到自己沦落为某个王侯，或者某个党派和宗教团体，甚或某个财团的**工具**了，感到自己受了屈辱，但在自身面前或者在公众面前，仍然意愿成为或者不得不成为这种工具，那么，他就需要有人们可能时时挂在嘴上唠叨的庄严原则了：——亦即一种绝对应当(Sollen)的原则，人们可以毫无羞耻地服从之，并且可以显得自己已经服从它了。所有较精细的奴性都
378 坚守绝对命令，是那些想要把义务的绝对性质剥夺掉的人们的死敌：要求他们这样做的乃是规矩(Anstand)，而且不光是规矩。

6

尊严的丧失。——思考已经失去了它全部的形式尊严，人们

① 马志尼(Giuseppe Mazzini，1805—1872年)：意大利革命家，民族解放运动领袖，1831年在马赛成立“青年意大利”社团，1834年与德国和波兰的“青年欧洲”运动联合。1837年流亡伦敦后创办《人民使徒报》，发表《论人的责任》一书。——译注

嘲笑思考[1]的一本正经和庄重姿态,再也不能忍受一位老派的智者了。我们思考得太过快速仓促了,在途中,在行走中,在处理各色事务的过程当中,哪怕我们思考的是极其严肃的事体;我们无需什么准备,甚至也不需要安静:——就仿佛我们在头脑里有一台不停地转动的机器,即便在最不利的情况下也还在工作。从前,人们在每个人身上都能看出他想要思考一下了——这可能是个特例罢!——他现在想要变得更智慧一些了,而且为某个思想做好了准备:为此人们拉长了脸,有如为了一次祈祷,并且停下了脚步;的确,当思想"到来"时,有人曾经在街上安静地站了几个钟头呢[2]——用一只或者两只脚。这样才"与事体相配"嘛!

7[3]

给勤劳者的一些话。——现在,谁若想对道德问题做一番研究,他就为自己开启了一个巨大的工作领域。所有种类的激情都必须逐一得到思考,都必须分别通过时代、民族、大大小小的个体而加以追究;他们的整个理性以及他们对事物的全部评估和阐明

① 思考]誊清稿、大八开本版:思考者。——编注

② 此处暗指苏格拉底的一个故事:苏格拉底去阿伽通家赴宴,同行的人已经到了,而他却落在后面思考,到了阿伽通家也不进门,在隔壁的前院里待着。后来终于进来了,大家已经吃了一半。阿伽通说:"来呀!苏格拉底,请挨着我坐,让我靠近你,可以沾到你在隔壁门楼里发现的智慧。显然你是找到了并且抓住了它,要不你还不会来。"参看柏拉图:《会饮篇》174A 以下;见《柏拉图对话集》,中译本,王太庆译,商务印书馆,2004 年,第 290 页以下。——译注

③ 准备稿:需要对所有激情做深入研究,按照民族、时代和基本价值判断,而且这方面的全部理性也必须得到提示。——编注

都应当明明白白！直到现在，赋予人生此在以色彩的一切东西都
还没有历史：抑或，哪里有爱情史、贪婪史、嫉妒史、良心史、虔诚史
379 和残暴史呢？甚至一种法律比较史，或者哪怕只是刑罚比较史，至
今也完全付诸阙如。有人已经把日子的不同划分，对劳动、节日、
休息的有序固定的后果当作研究课题了么？有人了解食物的道德
作用吗？有一种营养哲学吗？（赞成和反对素食主义的喧闹声一
再爆发出来，这就证明了还没有这样一种哲学！）关于集体生活的
经验，例如修道院生活的经验，已经被收集起来了吗？婚姻与友谊
的辩证法已经得到描绘了么？学者、商人、艺术家、手艺人的习
俗，——它们找到自己的思想家了吗？有太多的事需要思考！人
类直到现在都看作自己的“实存条件”的一切东西，以及一切理性、
激情和对于这种看法的迷信，——这些已经彻底地得到探究了吗？
光是对于不同增长的考察，即人类本能依照不同的道德环境已经
具有的和还可能具有的不同增长，即便对最勤劳者来说也已经是
太多的工作了；需要有整整几代学者有计划地通力合作，方能穷尽
这方面的观点和材料。对道德环境差异性的根据的证明也是同样
的情形（“为什么在这里闪耀着这个太阳，一种道德基本判断和主
要价值尺度的太阳——而在那里则是那个太阳？”）。而且又有一
项新工作，就是要确定所有这些根据的错误以及以往的道德判断
的整个本质。假如所有这些工作全都完成了，则所有问题中最棘
手的问题就会突现出来，即：既然科学已证明自己能够取消和消灭
行动的目标，那么科学是否有能力给出行动的目标——如若能，那
380 适合于做一种实验了，在这种实验中每一种英雄行为都能得到满
足，一种长达几个世纪的实验，它能使以往历史上全部伟大的工作

和牺牲都黯然失色。直到现在,科学还没有建造起自己的独眼巨人建筑物[①];不过,建造的时代会到来的。

8

无意识的德性。——一个人意识到的自己的全部特性——尤其是当他假定,甚至对于他周围的人来说这些特性也是清晰的和显明的——服从于完全不同的发展规律,完全不同于那样一些特性,它们是他所未知的或者一知半解的,即便在更精细的观察者眼前也会通过自己的机敏而把自己隐藏起来,并且懂得如何躲藏于虚无背后。这种情形可与爬行动物鳞片上的精细雕刻相比:若是猜想此类雕刻是一种装饰或者一种武器,这或许是一个错误——因为人们要看到此类雕刻,只有借助于显微镜,也就是一种通过人工加强的眼睛,而类似的动物并不拥有这种眼睛(对它们来说,此类雕刻或许就意味着装饰或武器)!我们的可见的道德性质,尤其是我们**相信**可见的道德性质,有自己的运行轨道,——而不可见的、完全同名的道德性质(从他人角度看,它们既非我们的装饰,又非我们的武器)**也有自己的运行轨道**:可能是一种完全不同的运行,带有各种线条和精细雕刻,或许能够给一位具有神性显微镜的上帝带来欢愉。举例说来,我们有我们的勤勉、我们的虚荣、我们的机敏:它们是尽人皆知的——,此外,我们很可能还有**我们的**勤

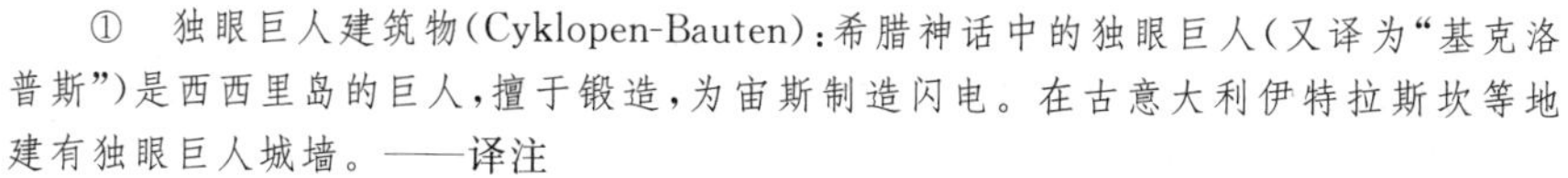

① 独眼巨人建筑物(Cyklopen-Bauten):希腊神话中的独眼巨人(又译为"基克洛普斯")是西西里岛的巨人,擅于锻造,为宙斯制造闪电。在古意大利伊特拉斯坎等地建有独眼巨人城墙。——译注

勉、**我们的**虚荣、**我们的**机敏[1]；但用来观察我们身上的爬行动物鳞片的显微镜，还没有发明出来呢！——而且在这里，本能性道德
381 之友就会说：“好极了！他至少认为无意识的德性是可能的，——这对我们来说就够了！”——你们这些知足者啊！

9[2]

我们的爆发。——人类在早期阶段就居有了无数东西，但它们还是十分虚弱和未成熟的，以至于没有人能感知到它们已经被居有了；经过很长一段时间后，也许在几个世纪以后，它们突然地显露在光天化日之下：它们在此间变得强壮而成熟了。某些个时期，正如某些人一样，似乎完全缺乏这种或那种才能，这种或那种德性：但如果人们有时间等待，就只管等吧，等到子孙后代，——他们会把祖辈们的内在品质显示出来，而祖辈们自己对此内在品质还是一无所知的。经常就有儿子成为父亲的泄密者：父亲有了儿子后，就能更好地理解自己了。在我们的内心全都有隐蔽的花园和植物；而且，用另一个比喻来说，我们全都是接近于爆发时辰的活火山：——但这种爆发有多近或者有多远，诚然是谁也不知道的，即便亲爱的上帝也不知道。

① 前一句的“我们的”用的是 unsern，后一句加重点号的“**我们的**”用的是 *unseren*，字面上并无区别，未知如何区分。——译注

② 准备稿：人类几千年前在胚胎中居有的东西，也许首先在我们身上得到显露，但十分虚弱。——因此，举例说来，咖啡对欧洲的影响也许只能在几千年来才昭然。参看 11[212]。——编注

10[①]

一种返祖现象。——我最喜欢把一个时代的稀罕人物理解为过去文化及其力量的突然冒出来的遗腹子[②]:就仿佛是一个民族及其教养的返祖现象:——如此,我们才能真正**理解**他们身上的某些东西!现在,他们显得陌生、稀罕、非同寻常:而且,谁如若在自己身上感受到这些力量,他就必须面对另一个抵触性的世界,去维护、保卫、尊敬和壮大这些力量:而且因此,他要么成为一个伟人, 382
要么成为一个疯子和怪人——除非他竟然很快就走向毁灭了。从前,这些稀罕的特性是常见的,因而被视为普遍的:它们并没有卓然彰显出来。也许它们是被要求和被预设的;要靠它们成就伟大是不可能的,而且这只是因为,并不存在通过它们而变得同样疯狂和孤独的危险。——一个民族**具有保存作用的**世代和阶层尤其能表现出古老欲望的此类余音,而在种族、习惯和估价过于快速变换的地方,是不可能有这样一种返祖现象的。因为在诸民族的进化力量当中,速度(Tempo)的意思就如同在音乐中一样;就我们的情形来说,绝对必须的是进化的"行板"[③],作为一种热情而舒缓的

① 准备稿:稀罕人物:我把他们理解为返祖现象(Atavismus),对于过去是极有教益的!有过这样一个时代,其时,他们的特性是常见的和普遍的。通常就是克制的保守世代的产物。——编注

② 此处"遗腹子"原文为 Nachschösslinge,英译本作 late ghosts。参看英译本,第 84 页。——译注

③ "行板"(Andante):音乐术语,从容而舒缓的速度而含有优雅的情绪,属中慢板。——译注

精神的速度：——说到底，这就是保守世代之精神的本性。

11

意识。——意识乃是有机体最后和最迟的进化环节，因而也是其中最不成熟和最无力的环节。无数的失误源于意识，它们使得一种动物、一个人过早地灭亡，早于其必然寿限，正如荷马所言，是“超乎命数”。[①] 倘若保存性的本能联合体并不是那么强大有力的话，它在整体上就不能起调节器的作用了：人类睁着眼做出颠倒的判断和想象，人类的肤浅和轻信，必定会使人类走向毁灭，质言之，正是人类的意识必定会使人类走向毁灭：或者毋宁说，倘若没有这种本能，那么早就不再有人类了！在一种功能形成和成熟之前，它是有机体的一个危险：要是它能长久地狠狠地被压制起来就好了！意识就是这样狠狠地受压制的——而且对此没有一点儿骄
383 傲！人们认为，这就是人类的**精髓**；是人类持久的、永恒的、最终的、最原始的东西！人们把意识视为一个给定的、固定的量！否认它的增长和间歇[②]！把它当作“有机体的统一性”[③]！——这种对意识的可笑高估和误解也造成了一大好处，即借此**阻止了**意识的

① 正如荷马所言，是“超乎命数”]参看荷马的说法ὑπὲρ μόρον[超乎命运之外]（《奥德赛》第一卷第34行；《伊利亚特》第二十卷第30行等），ὑπὲρ μοῖραν[超乎命运之外]（《伊利亚特》第二十卷第336行等），ὑπέρ μορα[超乎命运之外]（《伊利亚特》第二卷第155行等）。——编注

② 此处“间歇”原文为Intermittenzen，意为：交替地出现和消失。——译注

③ 在尼采看来，“有机体的统一性”是传统哲学和心理学的基本假设，即认为意识是统一的、不变的、以有机体为基础的。尼采反对这一假设。——编注

一种过快形成。因为人类相信自己已经有意识,所以他们很少费力去获取意识——即便到现在,情形也没什么不同!总是还有一项全新的任务,一项刚刚才向人类的眼睛开启出来的,但几乎还不能清晰认识的任务,就是要获取知识并且使之变成本能,——这样一项任务,只有那些人才能看清,他们已经懂得,迄今为止我们只是获取了我们的谬误,我们全部的意识都与谬误相关!

12[①]

论科学的目标。——怎么?科学的最终目标是为人类创造尽可能多的快乐和尽可能少的痛苦吗?倘若[②]快乐与痛苦是通过一根绳子紧紧地拴在一起的,以至于[③]谁若想要尽可能多地拥有一方,也必定尽可能多地拥有另一方,——谁若想要获得"天国般至高的欢乐",他也必须有"悲伤至死"[④]的准备,那又如何呢?情形

① 参看 13[4]。准备稿:我假定,痛苦在文明中已有巨大增长,当文化变得越来越大,痛苦的程度和多样性也总是变得越来越大。——极致处总是站着最苦难的人——因为他同时也是最快乐的人。——那么,斯多亚学派和基督教徒对此是怎么想的呢?斯多亚学派意愿尽可能少的快乐和不快——他们欲求石头,就像伊壁鸠鲁派欲求植物。所有社会主义者和博爱主义者,他们都想要为人类创造一种持久的幸福,也即无痛苦状态,他们必须**压制**人类的快乐,同样也压制人类的痛苦,——如果人想要逃往"悲痛欲绝"之境,那么根据这种道德,人就不再能兴高采烈了!但也许科学可以为此助力。——编注

② 科学的最终目标是为人类……]准备稿:幸福,尽可能多的快乐与尽可能少的痛苦是道德的目标?倘若。——编注

③ 以至于]准备稿:就像苏格拉底曾经说过的,以至于。——编注

④ "天国般至高的欢乐"……"悲伤至死"]参看歌德:《哀格蒙特》第三幕(克蕾尔欣的歌唱)。——编注

也许就是这样吧！至少斯多亚学派相信情形就是这样[①]，而且他们一贯欲求尽可能少的快乐，以便尽可能减少生活中的痛苦（当人们把“有德性者就是最幸福者”[②]这个箴言挂在嘴上时，他既用这个箴言为大众打出了一个学派招牌，也有了一种高雅者的诡辩式
384 高雅）。甚至到今天，你们依然有选择：要么是**尽可能少的痛苦**，质言之就是无痛苦——而且根本上，社会主义者和所有党派的政治家们再也不能为他们老实的人民预告更多的东西了——要么是**尽可能多的痛苦**，作为一种丰富的迄今为止很少被品尝的精美愉悦和欢乐的增长的代价！如果你们决定选择前者，也就是说，如果你们压制和减少人的痛苦，那么，你们也必须压制和减少你们**追求欢乐的能力**。实际上，借助于**科学**，人们既可以促进这个目标，也可以促进另一个目标！也许，由于科学具有一种力量，使人丧失自己的欢乐并且使人变得更冷酷、更呆板、更寡欲，因此科学现在更为人所知了。然则人们也可能发现，科学是**巨大的痛苦制造者**！——若然，也许人们同时也发现了科学的反作用力，它巨大无比的能力，也就是让欢乐的璀璨新世界闪耀起来的无限能力。

13

关于权力感学说。——通过行善和作恶，人们都是对他人施加自己的权力——于此人们所意愿的无非是这个！我们**作恶**于那

① 相信情形就是这样］据誊清稿：［还有基督徒］（根本上［甚至伊壁鸠鲁学派］所有古人）知道这一点。——编注

② 此为苏格拉底哲学的基本观点：知识即德性即幸福。——译注

些人,就是我们必须使之首先感觉到我们的权力的那些人;因为比起快乐来,痛苦作为达到此目的的手段更能为人所感受:——痛苦总是要追问原因,而快乐则倾向于保持现状,并不回顾。我们**行善**,把善意展示给已经以某种方式依赖于我们的人们(就是说,他们已经习惯于把我们设想为他们的原因);我们意愿增强他们的权力,因为我们由此来增强自己的权力,或者,我们意愿向他们展示处身于我们的权力范围内的好处,——如此,他们将更满足于自己的处境,对**我们**权力的敌人更有敌意、更有战斗精神。无论我们行善或者作恶是否造成牺牲,都不会改变我们的行为的最终价值; 385 
即便我们冒着生命危险,就像殉道者为着自己的教会而牺牲,那也是为**我们的**权力欲求[①]带来的一种牺牲,或者是为了保存我们的权力感。谁若在此觉得"我占有真理",那么为挽救这种感觉,有多少财富是他不会放弃的呀!他之所以没有抛弃一切,是为了保持自己"高高在上"的地位,——也就是说,要**凌驾于**那些缺乏"真理"的人们之上!诚然,我们作恶时的状况很少像我们行善时那样令人惬意,一种没有杂质的惬意,——那是一个标志,表明我们还缺失权力,或者透露出对于这种贫困的厌烦,它给我们现有的权力带来新的危险和不安,而且通过对报复、嘲讽、惩罚、挫败的指望而遮蔽了我们的视界。唯有那些对权力感最敏感和最渴望的人才更喜欢在反抗者身上打上权力的印记;而业已被征服者的样子(作为行善的对象)对这些人来说就构成累赘和无聊了。这取决于人们如何习惯于给自己的生活**增添调料**;这是个趣味问题,要看人们是偏爱权力的缓慢增长还是偏爱权力的突然增长,是偏爱权力的安全增

---

① 此处"权力欲求"(Verlangen nach Macht),我们可视之为尼采对"权力意志"(Wille zur Macht)的预先表达。——译注

长还是偏爱权力的危险而鲁莽的增长,——人们总是根据自己的性情去寻求这种或者那种调料。对于高傲的人物来说,一个唾手可得的战利品是某种可轻蔑的东西,他们一见到可能成为他们的敌人的不屈不挠者就会有快感,见到一切难以获得的财富时也是如此;对于受苦受难者,他们往往冷酷无情,因为这种人不值得他们追求和为之骄傲,——而对于旗鼓相当者,他们却显得愈加亲切友好,倘若找到了一个时机,他们都会光荣地与之争斗一番的。本
386 着这个视角的快感,骑士阶层的人们相互习惯于一种特别的礼貌。——在那些少有骄傲、无望于伟大征服的人那儿,同情才是最惬意的情感:对他们来说,唾手可得的战利品——此即每一个受苦受难者——是某种令人陶醉的东西。[①] 人们把同情当作妓女的德性来加以赞扬[②]。

14[③]

被称为爱情的一切。——贪婪[④]与爱情:我们对这两个词语的感受是多么不同啊!——其实或许是同一种欲望的两种说法,

---

① 对于高傲的人物来说,一个……]准备稿:——一见到这样一个失败的人,就会产生作为快感的同情;这种人也许是我们能够征服的,他似乎是一个唾手可得的战利品。诚然,对于十分高傲的人物来说,一个唾手可得的战利品是某种可轻蔑的东西,他们一见到不屈不挠的新的**敌人**就会有快感。受苦受难者不值得他们追求而占为己有——他们对之冷酷无情。而对于与他们配得上的敌人,他们却是优雅而亲切的。——编注

② 人们把同情当作妓女的……]据誊清稿:所以这是一种女人们和被征服者的情感。——编注

③ 参看 4[72];6[54];6[164];6[446];6[454];10[A3];12[174];12[20];14[24]。——编注

④ 此处“贪婪”(Habsucht)的字面意义为“占有欲”。——译注

一种说法是从已经占有者的立场出发的诋毁，在这些占有者身上，欲望有点儿平静下来了，他们现在为自己的“占有”担心了；另一种说法则是从不满者、渴望者的立场出发的，从而把欲望美化为“善的”。我们的博爱——难道它不是一种对新的**所有物**的渴望吗？而我们对知识的爱，我们对真理的爱，一般地，所有那种对新鲜事物的渴望，不也同样如此吗？我们渐渐厌倦于老旧之物、稳妥地占有之物，又伸手去攫取；即便是风景最美的地方，让我们住上三个月，也肯定不再是我们所爱了，而某个更遥远的海滨会刺激我们的贪婪：占有物通过占有而多半变得微不足道了。我们对于我们自身的乐趣想要维持自己，其办法是它总是一再地把某种新东西转化到**我们自己身上**，——这恰恰意味着占有。对某个占有物产生厌倦，此即对我们自身产生厌倦。（人们也可能因占有太多而痛苦，——连抛弃的欲望、分发的欲望也可能冠有“爱”的美名。）当我们看到某人受苦受难时，我们便乐于利用现在出现的机会去攫取他的占有物；举例说，这就是乐善好施者和同情者的作为，他们也把在自己身上唤起的对于新占有物的欲望称为“爱”，而且乐在其中，有如处身于一种正在向他们招手的新的征服过程中。然而，性爱却最清晰不过地表现为对所有物的追求：情人想 387
要绝对地和排他地占有他渴望得到的可人儿，他想对她的心灵和肉体都拥有绝对的支配权力，他想独自被爱，意欲作为至高无上者和最值得追求者而在他人心灵中驻留，并且占据支配地位。如果人们考虑到，这无非是意味着把所有人都**排除**在某种宝贵的美好、幸福和享受之外；如果人们考虑到，这个情人旨在把所

有其他情敌搞得一贫如洗，想要成为他自己的金库之龙[①]，成为所有“征服者”和掠夺者当中最肆无忌惮和最自私自利者：最后，如果人们考虑到，对这个情人本身来说，所有其他人都显得无关紧要、苍白而毫无价值，他已经准备好不惜造成一切牺牲，摧毁一切秩序，无视所有其他利益：那么，人们实际上就会惊奇，这种野蛮的性爱贪婪和不公何以在任何时代都被如此这般地美化和神化了，以至于人们从这种情事中获得了一个与自私相对立的爱情概念；而其实，也许爱情恰恰就是关于自私的最真率的表达。在这里，未占有者和渴望者显然取得了语言用法，——这种人可能永远是数不胜数的。那些在这个领域里被赐予许多占有物而获得满足的人，诸如那个在所有雅典人当中最值得爱，也最受人爱的索福克勒斯，有时也蛮可能脱口骂一声“疯狂的魔鬼”[②]：但爱神爱若斯随时都在嘲笑这类渎神者，——他们永远都是爱神最大的宠儿[③]。——有时候世上可能会有一种爱情的延续，在其中，两个人之间那种相互的占有要求已经让位于一种新的欲望和贪婪，已经让位于一种**共同的**、更高的对于某个凌驾于他们之上的理想的渴望：但，有谁识得这种爱情呢？有谁体验过

① 金库之龙：指北欧神话故事中守护尼伯龙根人金库的龙形巨人法夫尼尔，后成为理查德·瓦格纳歌剧《尼伯龙根的指环》中的情节。——译注

② 索福克勒斯……“疯狂的魔鬼”]引自索福克勒斯，并不忠于字面，可参看索福克勒斯：《安提戈涅》(*Ant.*)第790行，《特拉基斯妇女》(*Trach.*)第441—446行，以及柏拉图在《理想国》(*Resp.*)329b—d中关于索福克勒斯的讨论，叔本华也提及柏拉图的这段文字，参看叔本华：“论年龄差别”，《附录》(*Parerga*)第一卷，第524页。——编注

③ 随时都在嘲笑这类渎神者……]准备稿：嘲笑他的头发花白的渎神者和宠儿。——编注

这种爱情呢？它真正的名字是**友情**。[1]

15[2] 388

远看。——这座山使它所控制的整个地区都变得妩媚迷人而富有意味：在我们把这话对自己说上一百遍之后，我们就变得十分的不理性了，对它起了感恩之心，以至于我们相信，作为这种魅力的赐予者，这座山本身必定是该地区最有魅力的——于是我们去攀登它，结果大失所望。突然间，这座山本身，以及我们周围的整个风光，都在我们脚下失了魔力：我们忘了，某些伟大，就像某些善一样，是只能隔着一定距离来看的，而且总是要从下面，而不是从上面来看的，——只有这样，**它们才能产生效果**。也许你是从近处来认识那些人的，而那些人只能从某个远处来看自己，方觉得自己是可容忍的，或者是有吸引力的和有力量的；自知之明是他们不该要的。

16[3]

越过小桥。——在与羞于表达自己感情的人们交往时，我们必须能够伪装自己；他们会感到一种突发的憎恨，也就是会憎恨那

---

① 可能会有一种爱情的……]誊清稿：一种十分稀奇的对爱情的理想化：它叫友谊。[但谁能知道或者猜度它，]———。——编注

② 准备稿：这座山使它所控制的整个地区都变得无比**妩媚迷人**：当你攀登它时，这一点便终止了。——对于某些伟大，是需要距离的，不可听任诱惑，企图毫无距离地看它们。——编注

③ 准备稿："来吧，越过小桥！"——编注

个人，他突然发觉他们的某种温柔的或者狂热的和高昂的情感，就仿佛他看见了他们的秘密似的。如果我们想在这样的时刻对他们行善，那就让他们发笑，或者说出一件冷酷而有趣的坏事：——这时候，他们的感情便会冷冻下来，他们就会重新掌握自己。然则在讲这个故事之前，让我来说说教训罢。——曾几何时，我们在生活中是多么亲近，以至于似乎再也没有任何东西能阻碍我们的友情和兄弟情谊，我们之间只还隔着一座独木桥。你正想踏上小桥时，我问你："你想越过小桥到我这里来吗？"——但这时你就再也不想过来了；而当我再次请求时，你就沉默了。从此以后，峻山和湍流，
389 以及一切造成分离和疏离的东西，便被抛入我们中间了，而且，即便我们想要相互接近，我们也不再能做到了！而现在如果你念及那座小桥，你也无话可说了，——只还剩下啜泣和惊异。

17

寻找贫穷的动因。——诚然，我们不可能通过某个绝招把一种贫困的德性弄成一种丰富的、充溢的德性，但我们完全可以漂亮地把德性的贫困重新解释为一种必然性，从而使得这种贫困的样子不再令我们痛苦，而且我们也不再因它之故对命运摆出充满责难的面孔。聪明的园丁就是这样做的，他把自己花园里那贫乏而可怜的小溪引到一位泉水女神的手臂上[①]，因而找到了贫困的动因：——而且，谁不会像园丁那样需要女神呢！

① 可注意此句中的形容词"贫乏而可怜的"(arm)与名词"手臂"(Arm)的相同字形，也是语言游戏之一种。——译注

18[1]

古代的骄傲。——我们已经没有了古代的高贵气质，因为我们的感情中没有了古代的奴隶。一个出身高贵的希腊人发现，在自己的高贵与那种最后的卑贱之间，有着这样一种巨大的中间层级，有着这样一种距离，使得他几乎不能清楚地看到奴隶了：甚至柏拉图也不再能完全看到奴隶了。我们则不同，我们已经习惯于人人平等的**学说**，[2]尽管并没有习惯于平等本身。一个人若不能支配自己，而且也没有闲情逸致，——这在我们眼里还绝不是某种可鄙的事情；也许在我们每个人身上有着太多这样一种奴性，依据的是我们的社会制度和活动的条件，那些根本不同于古代社会制度和活动的条件。——这位希腊哲学家终其一
生都带着某种隐秘的感情，即：奴隶比人们以为的要多得多—— 390
也就是说，除了哲学家之外，人人都是奴隶；当他思量，即便世上最强大的人物也是他这些奴隶当中的一员时，他的骄傲便迅速膨胀起来了。连这种骄傲也是我们陌生的，对我们来说是不可能的；甚至用比喻说法，“奴隶”一词对我们来说也没有完全的力量。

① 准备稿上补充：也许波舒哀(Bossuet)有时会这样觉得。——编注

② “人人平等”属于近代欧洲资本主义的核心价值，即所谓“自由、平等、博爱”。——译注

19

恶。——检验一下最优秀和最成功的人类和民族的生活，问问你们自己，一棵骄傲地向高空生长的树是否少得了坏天气和暴风雨的侵袭？是否少得了外部的不利和阻力？是否无论何种憎恨、嫉妒、顽固、猜疑、严酷、贪婪和暴力都不属于有利的环境，没有它们，一种在德性方面的伟大生长几乎是不可能的？毒药能使虚弱者毁灭，而对于强者来说则意味着强化剂——而且强者也并不把它称为毒药。

20

愚昧的尊严。——几千年来直到上个世纪[①]的进程！——而且，在人类所做的所有事体上均可见出那至高的聪明：但恰恰因此，聪明丧失了它全部的尊严。于是，做聪明人虽然是必然的，但也是十分惯常和凡庸的，以至于一种令人讨厌的[②]趣味会把这种必然性当作一种卑鄙。恰如一种真理和科学的专横或许会提升谎言的价值，一种聪明的专横同样也能促进一种全新的高贵感。成为高贵的——这也许就意味着：头脑里满是愚昧。

---

① 这里的"上个世纪"指18世纪，即欧洲启蒙运动的世纪。——译注

② 令人讨厌的］誊清稿和第一版；大八开本版以及所有其他版本均为：高贵的。——编注

21① 391

致无私之教师。——人们把一个人的德性称为**善的**,并非着眼于德性对于他本身所具有的作用和影响,而是着眼于我们从中为我们自己和社会所预设的作用和影响:——自古以来,在赞美德性时,我们是很少"无私",很少"不利己的"!因为不然的话,我们就必定会看到,德性(诸如勤勉、顺从、贞操、同情、公正等)对于它们的持有人多半是**有害的**,成了这样一种本能,后者太强烈和太贪婪地在他们身上起支配作用,并且反抗理性那种保持与其他本能的平衡的努力。如果你有一种德性,一种真正的完全的德性(而且不只是一种追求某种德性的小小的本能!)——那么,你就是这种德性的**牺牲品**!但邻人恰恰会因此称赞你的德性!人们称赞勤勉者,尽管后者因为这种勤奋而损害了自己眼睛的视力或者自己精神的原始性和清新生机;年轻人"因劳累搞垮了身体",人们表示尊敬和遗憾,因为人们会判断:"对整个大社会而言,最优秀的个人的损失也只不过是一个小小的牺牲!糟糕的是,牺牲是必须的!诚然,如果个体有不同的想法,认为自己的保存和发展比他服务社会的工作更重要,那就要糟糕得多了!"而且,人们之所以为这个年轻人感到遗憾,并非因为他自身之故,而是因为一个忠诚的对自己毫无顾忌的**工具**——一个所谓的"老实人"——通过这种死亡而对社

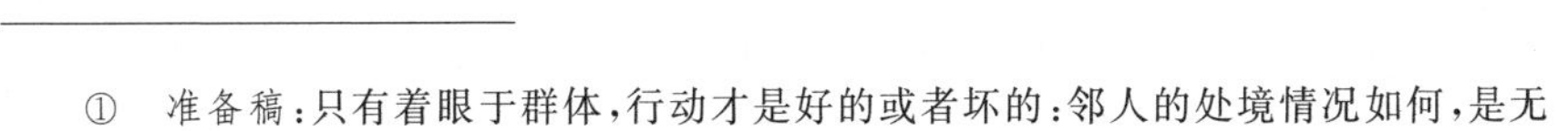

① 准备稿:只有着眼于群体,行动才是好的或者坏的:邻人的处境情况如何,是无关紧要的。——编注

会来说是遗失了。也许人们还会思量，倘若他较少对自己毫无顾忌地工作，得以更长久地保存自己，这从社会利益上讲是否会更有用些？——的确，人们可能会承认其中的一个优势或利益，而打击另一种优势或利益，即一种**牺牲**已经做出，牺牲动物的思想态度再
392 一次**明显地**得到了证实——更高又持久。所以，一方面，当德性受到赞扬时，真正受到赞扬的是德性中的工具自然（Werkzeug-Natur），另一方面，在任何一种德性中起支配作用的盲目冲动，它拒绝通过个体的总体优势或利益局限而把自己限制起来，简言之：就是德性中的非理性，借着这种非理性，个人才让自己转化为整体的一个功能。对德性的赞扬乃是对某种个人伤害的赞扬，——就是赞扬那些冲动，它们剥夺了人最高贵的自私自利以及最高的自我保护之力量。——诚然，为了培育和获取合乎德性的习惯，人们摆出一系列德性的效应来炫耀，后者使德性与私人利益显得关系密切，——而且实际上也确有这样一种密切关系！一个工具的这样一种典型德性，例如盲目激越的勤奋，被说成是通向财富和荣耀的道路，以及针对无聊和激情的最有疗效的毒药：但人们却隐瞒它的危险，它的极高的危害性。教育始终是这样进行的：它寻求通过一系列导致一种思想和行动方式的刺激和利益来规定个体，而当这种思想和行动方式变成了习惯、冲动和激情时，它便**违反自己最后的利益**，但“为了普遍至善”而在他身上并且对他起支配作用。我多么经常地看到，盲目激越的勤奋虽然创造了财富和荣耀，但同时剥夺了器官的精细性，而正是借着后者，才可能有一种财富和荣耀方面的享受，同样地，那种针对无聊和激情的主要手段同时也使

感觉迟钝,使精神反抗新的刺激。(所有[①]时代里最勤勉的时代——我们的时代——只知道把自己大量的勤奋和金钱变成总是越来越多的金钱和总是越来越多的勤奋:为此恰恰更多地需要付出的天才,而不是获得的天才!——现在,我们才会有我们的“子 393
孙后代”!)如果这种教育成功了,那么,个体的任何一种德性就都是一种公共的好处,一种至高的私人目标意义上的私人的不利情况,——很可能是某种精神-感性的萎缩,或者甚至于是过早的没落:让我们根据序列,从这个观点出发,来考量一下顺从、贞洁、虔诚、公正之类的德性。对无私者、牺牲者和有德性者的赞扬——也就是赞扬那个人,他不会把自己全部的精力和理性使用到**自己的**保存、发展、提升、推动、权力扩张上面,相反,关于他自身,他倒是活得谦逊而不经意,也许甚至是漠然或者反讽,——这样一种赞扬无论如何都不是起于无私的精神!“邻人”赞扬无私,是因为**他能从中获得好处**!倘若邻人本身是“无私的”,那么,他为有利于**自己**,就会拒绝那种对力量的损害,那种伤害,就会抵制此类倾向的形成,首要地恰恰**并不**把这种无私称为**善的**,由此来表明自己的无私!——这就暗示出了那种恰好现在深受尊重的道德的基本矛盾:这种道德的**动机**是与其**原则**相矛盾的!对于这种道德想用来

① 刺激。(所有]誊清稿:刺激。(即便勤勉的个人奖赏和优势说到底也只不过是——勤勉本身。教育在这一点上是一个骗子,即它通过一个诱饵把个体往前引诱,而这个诱饵最后被证明为不可享用的。唯有通过如此频繁的教育失败和半拉子成功,在个人优势方面尚可获得意义和趣味,例如财富和荣誉的真正享有:也就是说,由于在给定的情形中个体最后并没有让自己同化那种盲目的、狂怒的勤勉(他应当为此而受训练):他保留了时间和精力,为的是找到享受的精神并且在享受中成为发明者。)所有。——编注

证明自己的那个东西,它[①]又以自己的道德标准来加以反驳!“你应当弃绝自己和牺牲自己”——为了不至于与自己的道德相违背,这个命题就只能由一个人来宣告,此人由此放弃自己的利益,并且也许在所要求的个体之牺牲中招致他自己的没落[②]。不过,一旦邻人(或社会)**为功利之故**而倡导一种利他主义,那么,与之恰好相反的命题“你应当追求自己的利益,即便以其他的一切为代价”就会得到应用,也就是说,“你应当”与“你不应当”就会一口气得到说教![③]

394

22

国王的日程安排[④]。[⑤] ——一天开始了:让我们开始来安排今

---

① 它(sie)]誊清稿和大八开本版;第一版为:自身(sich)。——编注

② 没落]在誊清稿上之后补充了以下文字(后又删除了):也即关于某个存在物,它在两种匮乏和没落中看到了[寻求][这个]此在(Dasein)的目的!关于无私的学说必然地只在[悲观的虚无主义嘴里(举例说来也就是在佛陀的嘴里)],只在一种关于此在之绝对被抛扔状态(Verworfenheit)的教师嘴里。——编注

③ 道德标准来加以反驳!……]据誊清稿:道德标准来加以反驳!——如果它根据自己的原则来衡量自己的价值。——但你们会说(与孔德一样):“否定自己是多么惬意,这就是一种弃绝的欲望!这就是至高的欲望!”——只有这样,我们的社会因为这种舒适和欲望之故就不得不放弃它的优势,它的促进和保存!——而且,如果恰恰[个人]的弃绝和[个人]个体应当成为这种促进和保存的手段,那么,它就必须传授利他主义的对立面即绝对无限制的个人主义![简言之]就是说,它必须为自己的优势的缘故而要求,个人放弃了自我否定的快乐——简言之,如前所述,它必须同时说教“你应当”与“你不应当”,并且当面反驳之——鉴于社会本身只不过是个人多样性,而且并不具有本己的、超越个人的舒适和欲望的知觉。——或者,“你必须把自己理解为个人,以便你能够作为社会而拥有弃绝和自我否定的享受?”——你们觉得这个公式怎么样?————编注

④ 原文为法文:L'ordre du jour pour le roi。——译注

⑤ 准备稿:为本国王工作(Travailler pour le roi Moi)。——编注

天的事务,以及现在还在安睡中的我们最仁慈的主人的节庆。陛
下,今天是个坏天气:我们得小心,别说坏天气;不要谈论天
气,——但我们今天将把事务弄得比通常更庄重一些,把节庆弄得
比通常更喜庆一些。陛下也许竟要生病了:早餐时我们将向他呈
献昨晚最后的好消息,就是蒙田先生到了,后者擅长于对陛下的病
讲一些十分惬意的玩笑话,——陛下患了结石病。我们将招待几
个人物,(人物!——他们当中那只气鼓鼓的老青蛙,当他听到这
个词时他会说些什么呀!“我不是人物,”他会说,“而始终是事物
本身。”)——而且招待的延续时间比人们能舒适地接受的更长些:
有充分的理由来叙述一下那个诗人,他在自己的门上写下:“进来
的令我荣耀;不进来的让我开心”。[①] ——这真的叫作以礼貌方式
道出了一种无礼!也许就这位诗人本身来说,他完全有理由失礼:
据说他的诗歌比他这位诗歌铁匠要强。那么,他还喜欢写大量的 **77**
诗,尽可能地逃避世界:这其实是他那彬彬有礼的坏习气的意义!
相反,一位王侯始终要比他的“诗歌”更有价值,即使——但我们在
干什么呀?我们在闲聊,而宫廷上下都以为我们在干活,为工作伤
透了脑筋:在我们的窗台上点灯之前,人们是看不到灯光的。——
听呵!那不是钟声么?见鬼去吧!一天开始了,舞会开始了,而我
们竟不知道它的曲目表!所以,我们必须临时安排,——人人都是
临时安排自己的日子的。就让我们今天像所有人一样来干一回
吧!——这样,我神奇的晨梦便消失了,很可能是由于教堂钟楼传 395
来的沉重钟声,这钟声恰好以特有的全部份量宣告现在是五点钟。

① “进来的令我荣耀……]参看6[72]。——编注

在我看来，这一次，梦想的上帝似乎是想取笑我的习惯，——我的习惯是让一天这样开始，即为我自己安排好一天，使之变得可忍受的，而且情形可能是，我经常过于正式地来做这件事，太像一个王子了。

23[①]

腐化的标志。——让我们来关注一下那些有时必然地发生的、用"腐化"一词来表示的社会状态的下列标志。一旦在某个地方出现了腐化，就会不断发生一种混杂的迷信，相反，一个民族迄今为止的总体信仰就会变得苍白而无能：因为这种迷信乃是次一等的自由精神，——谁若听命于这种迷信，他就选择了某些与自己意气相投的形式和套路，并且允许自己有选择的权利。与笃信宗教者相比较，迷信者始终有多得多的"人格"(Person)，而且一个迷信的社会将成为这样一个社会，在其中已经有大量个体，也已经有许多关于个体性的快乐。从这个观点出发来看，迷信总是表现为一种进步，一种反对信仰的进步，总是表现为一个标志，标志着理智变独立了，想要获得自己的权利。古老宗教和虔诚的崇拜者这时就控诉腐化，——他们一直也规定了语言用法，甚至在最自由的精神那里，也对迷信作了一种恶意的诽谤。让我们记取一点：迷信是启蒙的一个征兆[②]。——第二，人们以衰弱(*Erschlaffung*)谴

① 参看12[229]。——编注

② 让我们来关注一下那些……]准备稿：当腐化出现时，迷信就会增长，因为形形色色的迷信已然更接近于个人的激动，在这里个体可以做出选择：而且他可以摆脱因袭的信仰；这是自由精神的粗野种类。——编注

责一个腐化蔓延的社会:而且在这个社会中,对战争的重视和对战争的乐趣明显减少了,现在人们对舒适生活的追求是如此热烈,就 396
像从前人们追求战争的和竞技的荣誉一样。但人们习惯于忽视一点:从前通过战争和竞赛获得壮丽成就的那种古老的民族活力和民族激情,现在已经转化为无数私人激情了,一味地变成更不可见的了;的确,在“腐化”状态中,一个民族现在被耗尽的活力的权力和强力很可能比从前更大些,个体如此挥霍地发挥这种力量,这是前所未有的,——当时还没有丰富到这个地步!因此,恰恰就在“衰弱”时代,悲剧在各处乱窜,伟大的爱情和深仇大恨在此产生,认识的火焰熊熊燃烧,升向天空。第三,仿佛是要为对迷信和衰弱的责难作出辩解,人们经常说,这样的腐化时代是比较温和的,与更老的、更虔信的和更强大的时代相比,现在暴行是大大减少了。但就像前述的责难一样,对于这种赞扬,我也是不能附和的:我只能承认,现在暴行变得精细优雅了,而且它的陈旧形式从现在起是违背趣味的;但在腐化时代,由言辞和眼神所造成的伤害和折磨获得了极高的发展,——现在才产生了*邪恶*以及对于邪恶的乐趣。腐化的人是机智的和喜欢诽谤的;他们知道,除了用匕首和袭击,还有其他谋杀方式,——他们也知道,一切*保证*都会被相信。第四,“礼崩乐坏”之时,首先出现的是那些被称为暴君的人物:他们是先行者,可以说是*个体中*早熟的*头生子*。只还有一小会儿:而且这种果实中的果实[①]挂在民族之树上,成熟而发黄,——而且,只是为这些果实之故才有这棵树的!如果这种礼崩乐坏到了极

① 只还有一小会儿:而且……]誊清稿:——这种果实首次挂在。——编注

397 点，所有暴君的斗争也达到了极点，那就总是会出现一个恺撒，这个最后的暴君，他厌倦了为自己而工作，从而结束了围绕独裁统治所做的困倦争斗。在恺撒那个时代，个体通常已极为成熟，因而“文化”极其发达而硕果累累，但这不是因为他的缘故，并不是由他造成的：尽管高度文明的人喜欢把自己假装为**恺撒的**功业，以此来对他们的恺撒献媚。然而真相是，因为他们于自身中有了足够多的不安和劳作，所以他们必须有外部的安宁。在这样的时代里，贿赂和告密行为放大到了极致：因为人们现在对刚刚发现的 ego［自我］的热爱已经远远强于对陈旧的、被耗尽了的、被死命吹捧的“祖国”的热爱；而且，一旦一个权势人物和富人表示乐于把金钱施舍给他们时，则那种要以某种方式抵抗可怕的幸福之动荡而保障自己的需求，也就张开了高贵的双手。现在少有可靠的将来了：人们只为今天活着：有了这样一种心灵状态，所有诱骗者都在做一种轻松的游戏，——因为人也只能让自己“为今天”去诱骗和行贿，并且为自己保留将来和德性！个体们，这些真正的自在自为者[①]，众所周知他们更多地为眼下操心，甚于他们的对立面即群畜之人，因为他们认为自己与将来一样都是不可估量的；同样地，他们也乐意与强权人物接触，因为强权人物深信自己的行动和资讯，而大众既不能理解也不能宽恕这些，——但暴君或者恺撒却能理解个体的权利，甚至理解个体的放荡不羁的行为，而且有兴趣谈论，甚至支持一种更大胆的私人道德[②]。因为他想到自己，希望自己已经思考

① 此处“自在自为者”原文为：An- und Für-sich’s，或译“独立自主者”。——译注

② 但暴君或者恺撒却能理解……］准备稿：掌权者具有关于共同来源的理解。——编注

了拿破仑曾经以经典的方式道出的话:“我有权通过一种永远的‘这就是我’(Das-bin-ich)来回答人们针对我的全部责难和控诉。我远离世人,我不接受任何人的条件。我要求人们也屈服于我的 398
幻想,如果我热衷于这种或者那种消遣,人们会觉得那是十分简单的”[①]。拿破仑有一次对自己的夫人如是说,当时他夫人拿到了理由,责问她丈夫对婚姻的忠诚。——腐化时代就是苹果从树上掉下来的季节:我指的是个体、将来的胎盘、精神殖民的创作者以及国家和社会联盟的发动者。腐化只不过是表示一个民族的**秋收季节**的咒骂之语。

24

不同的不满。——虚弱的,可以说女性般的不满者具有一种美化生命和深化生命的敏感性;而强大的不满者——用形象说法,是他们中的男人——则具有一种改善和保障生命的敏感性。前者的虚弱和女人气表现在,她们有时喜欢让自己受骗,可能也乐意获得一点儿陶醉和狂热,但整体上决不会得到满足,而且苦于自己的这种不可救药的不满;此外,她们是所有那些擅长于创造麻醉剂和镇静剂安慰的人的促进者,而且恰恰因此[②],她们对那些高估医生甚于教士的人们生气,——由此她们便为现

① “我有权通过一种永远的……]参看 8[116],引文据雷慕沙夫人(Madame de Remusat):《回忆录》(*Memoires, 1802—1808*),巴黎,1880 年,三卷,I,第 114—115 页,尼采藏书。——编注

② 但整体上决不会得到……]据誊清稿:她们热爱和支持所有那些擅长于通过美好的话语和音调给予“安慰”的人。——编注

实困境的**延续**提供了支持！倘若说自中世纪以来欧洲没有超量
的这个种类的不满者，那么，也许根本就不会形成那种著名的欧
洲能力，即不断**求变**的能力：因为强大的不满者的要求过于粗
399 糙，根本上过于简朴，以至于最后肯定能够获得安宁。在这方
面，中国是这样一个国家的例子，在那里大规模的不满与求变能
力已经灭绝好多个世纪了；欧洲的社会主义者和国家偶像崇拜
者采取改善和保障生活的措施，或许也能在欧洲轻松地达到中
国的状态，达到一种中国式的“幸福”，前提是，他们在此能够首
先根除那种更病态、更柔弱、更女性、这当儿依然极丰富地存在
的不满情绪和浪漫主义。欧洲是一个病人，这个病人理当把他
至高的感谢归于自己的不可救药，以及自己的痛苦的永远变化；
这些持续不断的新形势，这些同样持续不断的新危险、新痛苦和
新出路，最后产生了一种理智上的敏感性，后者差不多是一种天
才，无论如何也堪称一切天才之母。

25

并非为认识而被预先规定。——有一种根本不稀罕的笨拙的谦恭，人一旦有了这种谦恭，就永远不适宜于做认识的门徒了[①]。因为：当这种类型的人感知到某种显眼的东西时，他似乎会转身就跑，并且对自己说：“你弄错了！你的心智去哪了！这不可能是真相！”——而现在，他不是再次做更敏锐的审视和倾听，而是像受了

① 人一旦有了这种……］准备稿：这种谦恭对于一个智慧的门徒来说是与任何一种大恶习一样危险的。——编注

惊吓,尽力逃避这个显眼的事物,并且力求尽可能快速地把它忘掉。因为他的内在准则是:“凡与通常关于事物的意见相违背的,我都不想看到!难道**我**生来就是为了发现新的真理么?这样的老家伙已经太多了。”

26[①] 400

生活意味着什么?——生活——意味着:持续不断地把某种想要死去的东西从自身那里排除出去;生活——意味着:对我们身上(不光是我们身上)变得虚弱和老朽的一切东西采取冷酷无情的态度。生活——也意味着:对垂死者、困苦者和年老者毫无敬仰么?不断地充当谋杀者吗?——可老摩西曾经说过:“你不该杀戮!”

27[②]

弃世者。——弃世者在干什么呢?他力求一个更高的世界,他意愿比所有[③]肯定的人飞得更广、更远、更高,——**他扔掉了许多**会使他的飞行变得艰难的东西,而其中有些东西对他来说并非毫无价值,并非是他不喜欢的:他为自己追求高处的欲望而把它们牺牲掉了。这种牺牲、这种扔掉现在恰恰是他身上唯一可见的东

---

① 参看 6[154];15[44]。——编注

② 参看 12[85]。——编注

③ 所有]誊清稿:我们。——编注

西：据此，人们给了他弃世者之名，而且他作为这种弃世者站在我们面前，裹上风帽，就像披着一件粗山羊毛衬衣的幽灵。但他对自己给我们造成的效果却是十分满意的：他想对我们隐瞒自己的欲望、自己的骄傲、自己飞越我们的意图。——是的！他比我们所设想的要聪明些，对我们彬彬有礼——这个肯定者啊！因为尽管他弃世，但在这一点上并不逊于我们。[①]

28[②]

精华造成伤害。——我们的强项有时会推动我们向前，推到如此之远的地步，使得我们再也不能忍受我们的弱点，并且毁于我们的弱点：对于这个结局，我们也可能预见到了，但却不愿意改变。于是我们会横眉冷对我们身上想要受到保护的东西，

401 我们的伟大也是我们的冷酷无情。——这样一种体验，我们最后必将为之付出生命的代价，它是那些伟大人物对他人和时代的总体影响的一个比喻：——正是以他们的精华，以只有他们能够做到的事，他们使许多虚弱者、不安者、生成者、意愿者走向毁灭，而且由此成为有害的。的确也可能出现这样的情形，即：总的来看，他们之所以有伤害作用，是因为他们的精华只有那些失去了自己的理智和自私自利的人们才会接受，仿佛是畅饮一种

---

① 是的！他比我们所设想的……］准备稿：于是他使我们和解，而且他自己博得了我们的赞赏：是的，许多贫困者急忙捡起他抛弃的东西，就此还变得富有了。——编注

② 准备稿：有时我们的强项会推动我们向前，推到如此之远的地步，使得我们的虚弱部分（例如健康、克制）变成对我们来说致命的了。——编注

太烈的酒:这些人酩酊大醉,结果必定会在醉意驱动下走上的全部迷途中粉身碎骨。

29[①]

添油加醋的说谎者。——当法国人开始为亚里士多德的三一律[②]论战,因而也开始为之辩护时,我们可以再度看到我们如此常见,但又不愿意见到的情形:——人们**为自己编造了一些理由**,就是那些定律得以持存的理由,只是为了不承认一点,即人们已经**习惯**于这些定律的支配地位,也不再意愿事情有所变化。而且,在任何一种支配性的道德和宗教范围内,人们也是这么干的,而且向来如此:当一些人开始对习惯作出争辩,并且**追问**理由和意图时,习惯背后的理由和意图就总是首先被添油加醋地编造出来。这里隐藏着所有时代的保守者的不诚实:——他们是添油加醋的说谎者(Hinzu-Lügner)。

30[③]

名人的喜剧。——著名人物**需要**声誉,例如所有的政治家,他们选择同盟和朋友,从来都不是没有潜在动机的:从这个人那儿, 402

---

① 参看 7[230]。——编注

② 三一律:最初由亚里士多德所提出、后由法国新古典主义所推行的古典戏剧构成法则,即时间、地点和剧情三者保持一致的戏剧创作原则。——译注

③ 参看 10[A14];14[19]。——编注

他们想要的是其德性的一份光辉和余晖，从那个人那儿，他们想要的是人人都知道的他的某些可疑特性中引起恐惧的东西，而从另一个人身上，他们窃取其躺在阳光下的懒散名望，因为这有益于他们自己的目的，即有时要表现得粗心大意和愚钝不堪：——这掩盖了以下事实，即他们是在暗中守候；他们时而需要他们附近的幻想家，时而需要行家，时而需要冥思苦想者，时而需要老学究，仿佛那就是他们当下的自身，但很快地，他们就不再需要这些人了！因此名人的环境和外界不断地消失，而一切似乎蜂拥进入这个环境里，想要变成他们的“性格”：在这方面，他们颇类似于大城市。他们的名望就像他们的性格一样不断在变化，因为他们变化多端的手段要求这种变化，他们时而推出这种、时而推出那种现实的或者虚构的特性，推向舞台：如前所述，他们的朋友和同盟属于这些舞台特性。与之相反，他们所意愿的东西必定会越来越牢固地、坚强地和辉煌地保留下来，——而且这有时也是他的喜剧和舞台剧所需要的。

31[①]

商业与高贵。——买卖现在被视为平常的事，就像读与写的艺术一样；现在每个人都受到了这方面的训练，哪怕他不是一个商人，也还每天都在练习这种买卖技术：就好像从前，在人类未开化的时代里，人人都是猎手，天天都在练习狩猎技术。当时狩猎是平

① 参看15[65]。——编注

常的事:然而,正如狩猎最后变成了达官贵人的特权,因而失去了
日常和平常的特性——因为它不再是必须的,而是成了脾气和奢 403
华方面的事情:——同样地,有朝一日,买卖的情形或许也会如此。可以设想这样的社会状态,其中没有买与卖,买卖技术的必要性渐渐地完全消失了:也许这时候,一些不太屈服于普通状态之法规的个体就会让自己把买卖看作一种**感觉的奢侈**。只有在这时候,商业交易或许就获得了高贵性,贵族们也许会同样乐意从事商业,就像从前投身于战争和政治一样:而反过来,政治的估价或许也完全改变了。现在政治就不再是贵族的手艺:或许有可能,人们有一天会发现政治是如此粗俗和卑鄙,以至于可以把它置于“精神卖淫”一栏,就如同所有的党派文学和通俗文学一样。

32[1]

不受欢迎的门徒。——“对这两个年轻人,我该怎么弄呀?”一位哲学家恼怒地叫道。这位哲学家“败坏”了青年,就像苏格拉底当年败坏了青年。——“他们是我不喜欢的门徒。”其中一个不会说“不”,另一个对所有人都只会说:“差不多差不多”。假如他们来把握我的学说,那么,第一个门徒就会吃太多的**苦**,因为我的思想方式要求一种战斗的心灵,一种创伤的意志,一种否定的兴趣,一张坚硬的皮,——他会因外伤和内伤而不断衰弱。另一个门徒对于他所主张的任何事务,都装出一种中庸态度,从

① 参看 12[131];12[108]。——编注

而把任何事务都弄成平庸样子，——我倒是希望我的敌人有这样一个门徒。

404 ## 33[①]

在教室之外。——“为了向您们证明，人根本上属于驯顺的动物，我要提醒您们注意，长期以来人曾经是多么轻信。只是到现在，十分迟晚了，而且经过巨大的自身克服，人才成了一种**怀疑的**动物，——是的！人现在比以前更坏了。”——我不明白：为什么人现在会变得更怀疑和更邪恶了？——“因为他现在有了一门科学，——必须有一门科学！”——

34[②]

隐藏的历史[③]。——每个伟大的人都具有一种反作用力：因为他的缘故，所有历史都被重新置于天平上，过去时代的无数个秘

---

① 参看12[98]。准备稿：为了证明人根本上是一种驯顺的动物，我要提醒大家注意，人曾经是多么轻信。那么科学竟是一个标志，标志着人变得更坏了？——人们不能怀疑这个普遍的事实，即人比以前更坏了：每个人现在都随身带着道德不满的醋意——在古代可不是这样的，甚至在极野蛮和极难控制的人那儿也不是这样的。——编注

② 准备稿：一个伟大的〈人〉都具有一种反作用力，所有历史都被置于一个天平上，无数个秘密从其角落里爬了出来，每一次都仿佛人们直到那时都没有意识到过去的本质性的东西。——编注

③ 原文为拉丁文：Historia abscodita，意为“隐藏的、秘密的和不可知的历史”。——译注

密从其隐藏处爬了出来——进入**他的**阳光中。根本就不可预见，什么还将会变成历史的一部分。也许过去本质上还是未被发现的！还需要有如此之多的反作用力！

35[①]

异端与巫术。——另类思考，不同于伦常地进行思考——这
早就不是一种更优秀的智力的结果，而毋宁说是更强大、更邪恶的
倾向的结果，那是一些放纵、孤立、固执、幸灾乐祸、阴险狡黠的倾
向。异端乃是巫术的配对物，与巫术一样，诚然是某种无害的东
西，甚或本身就是值得尊重的东西。异端者和巫术师是两类恶人：
他们的共同点在于，他们也感到自己是邪恶的，但他们的无法抑制
的乐趣是，要对占据支配地位的东西（人或者意见）发泄自己，并且
要损害这种东西。宗教改革，乃是中世纪精神的一种增强，而在这 405
种精神已经不再具有好良心的时代里，宗教改革便使这两类恶人
层出不穷了。

① 准备稿：不同于伦常地进行思考——这不是智力的结果，而是一些放纵、孤立、固执或胆怯或幸灾乐祸、阴险狡黠的倾向的结果：异端乃是巫术的配对物，诚然不是什么无害的东西，甚或是值得尊重的东西。——只要人人都相信人身上的恶，人就会变得越来越恶。因此，伟大的增强了的中世纪，即宗教改革，便使这两类恶人层出不穷了，就是异端者和巫术师，也即这样一种人，他们的乐趣是要损害据支配地位的东西（人或者意见）。——编注

36

遗言。——人们记得，奥古斯都大帝[①]，那个可怕的人，他同样能克制自己，同样能像智慧的苏格拉底那样沉默，他用自己的遗言轻率地对待自己：当他暗示人们，他戴着面具，演了一出喜剧时，他头一次抛弃了自己的面具，——他扮演了国父角色，展示了皇位上的智慧，演得可谓出神入化！Plaudite amici, comoedia finite est![②] [朋友们鼓掌吧，喜剧结束了！]——临死的尼禄[③]的想法是：qualis artifex pereo![④] [一个多伟大的艺术家随我而亡了！]这也是弥留之际的奥古斯都的想法：古罗马演员的虚荣！古罗马演员的饶舌！与垂死的苏格拉底恰成对立面！——但提庇留[⑤]，这个最大的自我折磨者安静地死去，——此公是真人，而不是一个演员！临死之际，最后他脑子里想的可能是什么啊！也许是："生——是一种漫长的死。我这个傻瓜，居然让这么多人折了寿！难道我不是适合于做一个施善者吗？我本该给予他们永恒的生

① 奥古斯都大帝(Gaius Octavius Augustus，公元前 63 年—公元 14 年)：原名盖乌斯·屋大维·图里努斯(Gaius Octavian Thurinus)，罗马帝国第一位皇帝，统治罗马长达 40 年，是世界历史上最为重要的人物之一。——译注

② Plaudite amici, comoedia finite est!] 苏埃托尼乌斯(Suet.)：《奥古斯都》(*Augustus*)，90，1。——编注

③ 尼禄·克劳狄乌斯·德鲁苏斯·日耳曼尼库斯(Nero Claudius Drusus Germanicus，公元 37 年—68 年)：古罗马帝国的皇帝，公元 54 年—68 年在位，是罗马帝国朱里亚·克劳狄王朝的最后一位皇帝，通常被列为古罗马的暴君之一。——译注

④ quails artifex pereo!]苏埃托尼乌斯：《尼禄》(*Nero*)，49，1。——编注

⑤ 提庇留(Tiberius Claudius Nero，公元前 42 年—公元 37 年)：又译提比略、提比里乌斯，为奥古斯都之后罗马帝国的继任人。——译注

命:于是我能**看见**他们永恒地**赴死**。**为此**我真的有一双极好的眼睛:qualis spectator pereo! [一个多好的观众随我而死了!]”提庇留经过长时间的垂死挣扎,似乎又有点精力,这时候有人建议最好用枕头把他闷死,——他死了两回啊[①]。

37

起于三种谬误。——最近几个世纪来,人们促进了科学的发展,首先是因为人们希望用科学、通过科学来对上帝的善意和智慧 406
做最佳的理解——这个主要动机存在于英国伟人的心灵里(比如牛顿)——,其次是因为人们相信知识是绝对有用的,尤其是相信道德、知识与幸福的最内在的结合——这个主要动机存在于法国伟人的心灵中(比如伏尔泰)——,第三是因为人们认为,[②]在科学中可以拥有和热爱某种无私的、无害的、自足的和真正无辜的东西,这种东西根本就没有掺杂人的邪恶欲望——这个主要动机存在于斯宾诺莎的心灵里,后者作为认识者颇有神圣之感:——可见,盖起于三种谬误。

38[③]

爆发的人。——如果考虑到年轻男子们的精力多么需要爆

① 他死了两回啊]准备稿:不然他也许今天还活着呢。——编注

② 认为,]准备稿:认为(对于大众来说某种无关紧要的东西)某物,——编注

③ 准备稿:不要取消把某件事当作某件事本身来做的热情!——编注

发，那么，看到他们如此粗俗和如此不加选择地决定做这件事或者那件事，我们也就用不着奇怪了：吸引他们的东西乃是做某件事的热情样子，可以说是燃烧着的导火线景象，——而不是事情本身。所以，更精细的引诱者善于向年轻男子们许诺爆发，而无视对他们的事情的论证：有了理由，人们就无法赢得这些火药瓶了！[①]

39

改变了的趣味。——普通趣味的改变比意见和观点的改变更为重要[②]；意见和观点，连同全部论证、反驳以及整个理智的化装舞会，只不过是改变了的趣味的征兆，而肯定**不是**它的原因——人们依然常常这样来称呼之。普通趣味是如何变化的呢？盖由于某些有权势和影响力的个体毫无廉耻地表达**他们的**
407 hoc est ridiculum，hoc est absurdum［这是可笑的，这是荒唐的］，也就是他们的趣味和厌恶的判断，并且专横地加以贯彻：——他们以此强迫许多人，渐渐地从中发展出一种更多数人的习惯，最后甚至变成了**所有人的需要**。但这些个体之所以另类地感受和“品尝”，其原因通常在于他们的生活方式、营养和消化方面的奇异怪癖，也许就在于他们血液和大脑中无机盐的多少，简言之就在于他们的生理（Physis）：他们却有勇气信奉自己的生理，去倾

---

① 向年轻男子们……］据誊清稿：通过理由赢得他们。他们宁可把理由诱向反理由和对抗。——编注

② 更为重要］誊清稿；大八开本版。第一版：更为强大。——编注

听自己生理的各种要求,那些依然用极精细优雅的音调表达出来的要求:他们的审美判断和道德判断就是其生理的“极精细优雅的音调”。

40[①]

论高尚风度的缺失。——士兵与指挥官的相互关系,始终还比工人与雇主的关系高得多。至少这期间,一切通过军事建立起来的文明还高于一切所谓的工业文明:当今形态的工业文明乃是迄今为止最卑鄙粗俗的此在形式(Daseinsform)。在这里起作用的就是困厄和需要法则:人们想要生活,就必须卖出自己,但人们蔑视那些充分利用这种困厄和需要、购买工人的人。稀奇的是,屈服于有权势的、激发恐惧的、实即可怕的人,屈服于暴君和统帅,远远没有屈服于无名的和无趣的人那样让人感觉痛苦(所有工业界大亨都是这种人):工人通常只把雇主看作一个狡诈的、吸血的、利

① 准备稿:士兵与指挥官的相互关系,要比工人与雇主的关系高得多。同时,一切军事文明还高于一切工业文明:工业文明乃是迄今为止最卑鄙粗俗的此在形式(Daseinsform)(甚至通过征服造成的制服和奴役也不会产生出一种如此低级的感觉:这里有对强权的敬重)。但在这里起作用的就是那种困厄和需要,即想要生活的困厄和需要——以及对充分利用工人的这种困厄和需要的人的蔑视。激发恐惧的、有权势的人是缺失的,稀奇的是,对这种人的屈服远远没有这里对于某种困境的屈服那么让人感觉痛苦——人们把雇主看作一个狡诈的、吸血的狗类,就像从前的高利贷者。倘若工厂主有贵族的高贵,那么就不会有什么社会主义了:但崇高风度的制度使人想到,在此只有偶然和幸运才能使某人凌驾于他人之上:与之相反,最粗俗的人都能感觉到,高尚者不是可以临时准备的,他是一个长期成长起来的造物。——自从法国大革命以来,人们相信国家关系和局势的临时安排:人们继续进行。——编注

用所有困厄和需要进行投机的人中狗类，雇主的名字、形象、品德和声誉对工人来说是完全无所谓的。迄今为止，工厂主和商业大
408 佬很可能太缺乏**高等种族**所有那些首先让**人格**变得有趣的风度和标志；倘若他们具有天生贵族的高贵眼神和姿态，那么，也许就不存在什么大众的社会主义了。因为大众根本上是乐意接受任何种类的**奴役**的，前提是，他们头上的高等人能不断证明自己是高等的，是**天生**就能下命令的——通过高尚的风度！最粗俗的人都能感觉到，高尚不是可以临时准备的，他必须敬重在高尚中长期生长出来的果实，——可是，崇高风度的缺席以及声名狼藉的、有着红红胖胖的双手的工厂主的庸俗不堪，却使他想到，在此只有偶然和幸运才使某人凌驾于他人之上：好吧，他自己做的推论是，**我们**也来试一下偶然和幸运吧！让我们来掷一下骰子吧！——所以社会主义开始了。

41

反对懊悔。——思想家把自己的行为看作获得某种启发的试验和追问：对他来说，成功与失败首先都是**答案**。但某事失败了，他就恼火，甚至感到懊悔——他把恼火和懊悔留给那些受命行动的人，以及那些等着挨棍子的人——如果仁慈的主人对成功不满的话。

42①

工作与无聊。——为了报酬而去找工作——在这一点上,如今在文明国家里几乎人人都一样;对他们所有人来说,工作都只是一种手段,而不是目的;因此,他们挑选工作时并不那么精细,只要这份工作能赢得丰厚的收益就好。现在有一些少而又少的人,他们宁愿走向毁灭也不愿毫无工作**乐趣**地工作:那些挑 409
剔者、难以满足者,如果工作本身并不是最高的收益,那么,他们是不会以一种丰厚的收益为满足的。各色艺术家和沉思冥想者就属于这种稀罕之人,但也包括那些游手好闲者,他们在狩猎、旅行中或者在爱情交易和冒险中度过了自己的一生。只要工作是与快乐结合在一起的,那么,所有这些人是想要工作和困苦的,如果不得已,也想要最艰难、最费力的工作。否则的话,他们便会有一种断然的惰性,即便与这种惰性相连系的是贫困、耻辱、健康和生命的危险。他们害怕的是无快乐的工作,而并不那么害怕无聊:是的,如果**他们**的工作要成功,他们其实需要大量的无聊。对于思想家和所有敏感的人物来说,无聊就是那种难受的心灵"平静"(Windstille),这心灵先行于幸福旅程和快乐的风;他们不得不忍受无聊,不得不**等待**无聊对他们的影响:——这恰恰是卑微之人完全不能由自身达到的!以各种方式把无聊从自身那里赶走,这是平庸的:恰如无快乐的工作是平庸的。亚

① 参看 11[176]。——编注

洲人相对于欧洲人的突出标志也许在于，他们能做到一种更长、更深的安宁，超过了欧洲人；甚至亚洲人的麻醉剂也是慢慢生效的，要求人们有耐心，而这是与欧洲毒药和烈酒的令人讨厌的突发性相对立的。

43[1]

法律透露了什么。——当人们研究一个民族的刑法时，常常会弄错，就仿佛刑法是这个民族的特性的表达；法律并不透露一个民族是什么，而是透露出使这个民族感到陌生、稀奇、难以置信、充
410 满异国情调的东西。法律关系到伦常伦理性[2]的特例；最严苛的刑罚关乎与相邻民族的伦常相称的东西。所以，在瓦哈比教徒[3]那里只有两种死罪：首先是有另一个不同的神，同于哈瓦比教徒之真主，其次是吸烟（在他们那里被称为“可耻的喝酒方式”）。“那么杀人和通奸的情况如何呢？”——对这些事物有所经验的英国人[4]惊奇地问道。“现在，真主可是仁慈的和怜悯的！”——老头目说

① 参看11[281]。——编注

② 此处“伦常伦理性”原文为 Sittlichkeit der Sitte，英译本作 the morality of mores，参看英译本，第109页。德语 Sitte 有“习俗、礼节、道德”等多种含义，我们把它译为“伦常”，以区别于相关词语 Moral（道德）和 Ethik（伦理），同时把 Sittlichkeit 译为“伦理性”或“伦常性”。——译注

③ 瓦哈比教徒（Wahabiten）：瓦哈比派是近代伊斯兰教复古主义派别，由伊斯兰学者穆罕默德·伊本·阿卜杜勒·瓦哈卜（1703—1792年）创立于18世纪中叶。——译注

④ 英国人］准备稿：英国人帕尔格雷夫（Palgrave）；威廉·吉福特·帕尔格雷夫是《阿拉伯中部和东部一年游记》（*Personal Narrative of a Year's Journey Through Central and Eastern Arabia*）一书的作者。——编注

道。——因此,按照古罗马人的想法,一个女人只可能犯两重死罪:一是通奸,二是喝酒。老加图[①]认为,人们把亲人间的亲吻弄成伦常习惯,只是因为要在这个点上[②]检查女人们;一个亲吻意味着:她有酒味吗?[③] 人们真的抓住了一些饮酒的女人,判以死刑:当然不只是因为,有时候在酒精的影响下,这些女人们竟忘掉了否认自己喝过酒;罗马人首先惧怕放纵的或者狄奥尼索斯式的人物,后者当时偶尔侵袭了南欧的女人们,那时候葡萄酒传入欧洲还不久,那是一种叫人害怕的对外国的模仿,它颠覆了罗马人的情感的基础;对他们来说,这就像一种对罗马的背叛,就像一种对外国的吞食。

44[④]

被相信的动机。——懂得迄今为止的行为真正依据的那些动
机,这是多么重要:也许,对于这种或者那种动机的**相信**,也就是相
信人类迄今为止当作自身行为的真正杠杆加给自己、为自己想象
出来的东西,这对于认识者来说乃是某种更为本质性的事情。因
为人的内心幸福和困苦,向来是根据他们对这种或那种动机的相 411
信而为他们所领受的,——而**并非**通过真正的动机!所有这些动

① 老加图(Marcus Porcius Cato,公元前 234 年—前 149 年)应指罗马政治家、将军,被称为“老加图”。——译注

② 此处显然是指喝酒。——译注

③ 老加图认为,人们……]参看普鲁塔克(Plut.):《罗马问题》(*Quaest. Rom.*),第 6 节,但作者却把“大部分”(ὡς οἱ πλεῖστοι νομ ίξουσιν),而不是把这种意见直接归于加图。——编注

④ 准备稿:根据什么样的动机,他们———。——编注

机只配有次等的兴趣。

45

伊壁鸠鲁。——是的，我感到骄傲的是，我对伊壁鸠鲁的性格有不同的感受，也许不同于无论哪个人，我听他讲话，读他的文章，都享受到一种古代午后的幸福：——我看到他的眼睛望着白茫茫的辽阔大海，越过海边巉岩，太阳照耀之处，而大大小小的动物在阳光中嬉戏，稳靠而安宁，就像这阳光和那眼睛本身一样。这样一种幸福，是只有一个长期患病者才能发现的，那是眼睛的幸福，人生此在的大海在这眼睛面前变得寂静了，而且它现在对于海面，对于这个斑斓的、柔和的、令人恐怖的大海表皮，总是百看不厌：从来没有过这样一种朴素的欢快[①]。[②]

46[③]

我们的惊讶。——一种深刻而彻底的幸福在于，科学探究事

① 这样一种幸福，是只有……]准备稿：只有一个多病者才能在这出戏上享受到幸福中的幸福：他的眼睛精通于欢快（Wollust），有如一阵微风吹过人生此在的海面，只是触动了它的表皮——这白色的、柔和的、令人恐怖的大海表皮！也参看12[154]，15[56]，《快乐的科学》第256节。——编注

② 才能发现的，那是……]准备稿：才能发现的。——我如何能理解，他在用餐时不允许自己作审美的谈话——他把食物和诗人想得太好了，以至于他不愿使一方成为另一方的配菜。——编注

③ 参看7[78]；11[72]。准备稿：科学探究事物，经受考验，这是何种欢快啊！具有坚固信仰的时代可能有类似的感受，类似于听仙女剧和童话时的感受；不安和摇摆对他们来说是多么富有魅力！因为是多么非同寻常！但我们就是摇摆者！我们这些行星和彗星！——编注

物,它们**经受了考验**,并且总是一再为新的探究提供基础:——其实也可能是别样情形!确实,对于我们的判断的全部不可靠性和幻想性质以及所有人类定律和概念的永远变化,我们是如此坚信,以至于真正令我们惊讶的是,科学成果是**多么**经得起考验!先前,人们对于一切人事的这种可变性一无所知,伦理性伦常[1]维护着这样一种信仰,即:人类的全部内在生活是用永恒的夹子别在钢铁般的必然性上面的[2]:当时,人们听人讲童话和仙女故事,也许就会感受 412
到一种类似的惊讶之欢快。当时人们可能间或对于规则和永恒感到厌倦,神奇之物使他们十分快乐。失掉一次地基吧!飘浮吧!迷路吧!发疯吧!——这是天堂里的快乐,属于早先时代的纵情享乐:而我们的幸福则类似于那个遭受海难者的幸福,他重新上岸,双脚落在古老而坚固的大地上——令人惊讶的是,大地并未动摇。

47

论激情之压抑。——如果人们持续地禁止自己,不让自己把激情表达出来,仿佛它是被托付给"庸人"、粗鲁者、市民、农民的某种东西,——也即不是要压抑激情本身,而只是压抑激情的语言和表情:那么,结果仍然会**一起**达到人们不想要的东西,那就是:激情本身之压抑,至少是激情之弱化和改变:——这方面最有教益的例子,是路易十四的宫廷以及依附于宫廷的所有东西。**后继的**时代,在表

---

① 此处"伦理性伦常"原文为 Sitte der Sittlichkeit,可对照前文第43节中的"伦常伦理性"(Sittlichkeit der Sitte)。——译注

② 夹子别在钢铁般的必然性上面的]作者修改前的校样:笔法埋入此在(Dasein)之书中的。——编注

达之压抑方面受到了教育，不再拥有激情本身，取而代之的是一种优雅、平淡、玩耍的风尚，——那是一个无能于粗野鄙俗的时代：结果是，即便对于一种侮辱，也只好用有礼有节的言辞来接受和回应了。也许我们当代提供了一个最值得注意的反面情形：所到之处，在生活中，在舞台上，尤其是在人们写下来的一切中[1]，我都看到了全部的**粗野**爆发和激情之表情方面表现出来的快乐惬意：现在人们要求的是关于激情状态的某种约定(Convention)，——完全不是激
413 情本身！尽管如此，人们最后会因此获得**激情**的，而我们的后代将拥有一种**真正的野蛮**，而不只是一种形式上的野蛮和强横。

48[2]

对痛苦的认识。——也许，人与时代得以相互区分开来，无非是由于对他们所具有的痛苦的不同程度的认识：心灵的痛苦以及肉体的痛苦。关于肉体的痛苦，我们现代人尽管有身体上的残疾和脆弱，但统统由于缺乏丰富的自身经验而成了半吊子和幻想家：与一个恐怖时代相比较——所有时代中最漫长的时代——，那时候，个体必须保护自己免受暴力侵害，而且为此目的，本身不得不

---

① 所到之处，在生活中，在……]准备稿：惊奇地在德国和意大利的舞台上，时代的同一种标志。——编注

② 参看12[140]。准备稿：我对人的观察着眼于，他是否仅仅基于描述来认识心灵的痛苦——他是否把假装自己的认识视为有教养的和别具一格的——甚至身体上的大痛苦对大多数人来说是未知的，他们会想到自己的牙痛和头痛。这种痛苦方面的无知状态和不熟练状态使之显得比先前的人远为不堪忍受——因此，各种悲观主义哲学乃是那种巨大的精细化的标志，悲观主义努力让人把令人烦恼的观念感受为至高种类的痛苦。具有身体和心灵痛苦以及这方面良好训练的人未曾成为悲观主义者。——编注

成为残酷无情的人。当时，一个人经受了自己身体痛苦和匮乏方面的丰富训练，甚至在某种对自身的残暴中，在一种自愿的痛苦练习中，把握到一种对他来说必然的自我保存的手段；当时人们教育周围的人去承受痛苦，当时人们乐于施加痛苦，看到这种最可怕的东西被发布给他人，而除了自己的安全感之外没有别的感情。但就心灵的痛苦而言，我现在对每个人的观察着眼于：他是否基于经验或者描述来认识这种痛苦；他是否假装这种认识，但依然视之为必须，诸如认为它是更优雅教养的一个标志，抑或他是否从其心灵的根基上并不相信巨大的心灵痛苦，在提及心灵痛苦时产生了类似的经验，类似于提及巨大的肉体痛苦之时：后者使他想到自己的牙痛和胃痛。但这在我看来就是大多数人现在的情形。有关两种形态的痛苦的经验的普遍缺失，以及一个受苦者的模样的某种奇 414
特性，现在得出了一个严重的结果：人们如今憎恨痛苦远甚于从前的人，对痛苦的恶意中伤远甚于过去，是的，人们觉得痛苦**作为一种想法**的现成存在几乎是不可忍受的，就把它变成一种对整个此在(Dasein)的良心谴责。各种悲观主义哲学的出现完全不是巨大的、可怕的困境的标志；而不如说，这个对一切生命之价值的怀疑是在那些时代被提出来的，那时候，对此在的精细化和轻松化，已经把心灵和身体无可避免的蚊虫叮咬看作太过血腥和太过凶恶的，而且由于缺乏真正的痛苦经验，最喜欢让**令人烦恼的、普遍的观念**表现为至高种类的痛苦。——已经[①]有一种针对悲观主义哲

① 痛苦。——已经]准备稿：痛苦。[某种浮士德的或者哈姆莱特的观〈念〉]但尤其是在对现在的"困厄"的社会主义描述中，我不知道，是否描述者的拙劣工作或虚幻想法占了上风，抑或描述者的伪善占了上风——但我在其中总是找到所有这些东西中的某个东西。已经。——编注

学以及过度的敏感性的药方，在我看来，这种敏感性就是真正的“当代困厄”：——但也许，这帖药方听起来已经过于残暴了，本身或许可以被列为那样一种症状，人们现在可以根据它来判断：“此在是某种恶”。好吧！对付“困厄”的药方就是：**困厄**（*Noth*）。

49

宽宏大度以及类似品质。——那些矛盾的现象，比如不动声色的人在行为中突然变得冷酷，比如忧郁之人变幽默了，尤其是突然放弃复仇或者平息了妒嫉心的**宽宏大度**[①]——出现在那些具有强大的内在离心力的人身上，在那些会突然餍足和突然厌恶的人身上。他们的满足是如此迅速和强烈，以至于马上接踵而来的就是厌倦和憎恶，一种向反面趣味的逃遁：在这种对立中引发的是感
415 觉痉挛，在此人那里是由于突然变得冷酷，在那人那里是通过大笑，在另一个人那里则是流泪和自我牺牲。在我看来，宽宏大度者——至少是那种总是让人印象最深刻的宽宏大度者——是具有极度报复欲的人，一种满足于切近中向他显示出来，他**已然在表象**（*Vorstellung*）**中**如此丰富而彻底地痛饮之，直到最后一滴，结果，对于这种快速的放纵行为的巨大而迅速的厌恶便接踵而来，——现在，他得以“超越自身”（正如人们所说的那样），宽恕了自己的敌人，甚至祝福和崇敬敌人。但以这样一种对自身的强暴，以这样一种对自己刚刚还十分强大的报复欲的嘲笑，他只不过是屈服于那

① 那些矛盾的现象，比如……］准备稿：诸如宽宏大度这样的矛盾的欲望［放弃复仇和平息妒嫉心，塔列朗（Talleyrand）和拿破仑］。——编注

种恰好现在在他身上变得强大的新欲望(即厌恶),而且他这样做也同样不耐烦和同样放纵,就如同此前不久他**先行取得了**——可以说在想象中吸干了——复仇之快乐。宽宏大度与复仇一样,包含着同样程度的自私,但却是一种不同性质的自私。

50[①]

孤独的理由。——即便在最有良心的人那里,良心的谴责也虚弱不堪,无力面对这样一种情感:“这件事或那件事是违背**你**的社会的良好伦理的”。最强大的人也还会害**怕**旁人的冷眼和撇嘴,而人们就是在旁人当中、为着旁人而长大成人的。在此他到底害怕什么呢?害怕孤独!这个理由甚至把做人或做事的那些最佳理由击倒了!——我们的群盲本性如是说。

51[②]

真理感。——我赞扬任何一种怀疑,对之我可以回答:“让我们试试看!”然而对于不让试验的所有事物和所有问题,我是再也 416
不想听闻什么的。这就是我的“真理感”的界限:因为在那里,勇气丧失了自己的权利。

---

① 准备稿:人们害怕来自社会小圈子的冷眼,我们更多地属于这种小圈子,甚于某种良心的谴责:给这个圈子的人们带来某种不适!害怕他们的嘲讽,这发挥了驯服最强大本性的作用。——编注

② 准备稿:无论如何,最切近的推动力都是:“让我们试试看!”——编注

52

他人知道我们什么。——我们对自己知道些什么，记忆些什么，这对我们生活的幸福来说并不像人们所相信的那么关键。有一天，向我们冲来的是，他人知道我们些什么（或者以为知道些什么）——这时候我们才认识到，这是更为强大的东西。对付坏良心要比对付坏名声更容易。

53[①]

善从哪里开始。——眼睛的微弱视力不再能够看到邪恶的欲望本身（因为它变得文雅精致了），在这当儿，人就开始建立善的王国，并且感觉到现在已经转入善的王国中了，这样一种感觉使所有受邪恶欲望威逼和限制的本能欲望，比如安全感、舒适感、善意等，都一道激动起来。可见：眼睛越是迟钝，善之触角伸展得越广大！所以才有民众和孩童们永远的快乐！所以才有大思想家的阴郁及其与坏良心同源的悲伤！

---

① 准备稿：迟钝的眼睛由于自己的升华而不再能认识邪恶的欲望，在这当儿，它就开始建立善的王国：并且感觉到人们现在已经在善中了，这样一种感觉使所有对立的本能欲望都一道激动起来：没有恐惧，没有诡计等——而只有安全感、舒适感、善意、听任，等等。眼睛越是迟钝，善之触角伸展得越广大：所以才有民众永远的快乐。因此之故，最精细的头脑最多地受此痛苦，并且变得阴郁——“坏良心”。直到现在，对所谓恶的普遍宽恕与对善的否定都付诸阙如。——相反：一切恶都只不过是一种粗糙化了的善——对恶的否定。参看 11[101]。——编注

54①

关于假象的意识。——以我对于整个此在(Dasein)的认识,我感觉自己的境况是多么神奇和多么新鲜,同时又是多么可怕和多么讽刺。对我来说,我已经**发现**,古人类和古动物,实即一切有 417
感觉的存在的整个原始时代和过去,在我身上继续创造、继续爱、继续恨、继续作出推论,——我突然从这个梦中惊醒过来了,但只不过是意识到,我正在做梦,而且**必须**继续做梦,方不至于走向毁灭:正如梦游者必须继续做梦,方不至于坠落。现在对我来说,什么是"假象"(Schein)呢?肯定不是某种本质(Wesen)的对立面,——对于无论何种本质,除了仅仅指出它的假象的谓词,我还能说些什么啊!肯定不是一张僵死的面具,人们可以为一个未知的X戴上,也完全可以取下来的死面具!对我来说,假象乃是起作用和活生生的东西本身,它在其自嘲中走得如此之远,以至于使我感觉到,这里有的只是假象、鬼火和幽灵的舞蹈,再无别的,——在所有这些梦想者当中,也有我这个"认识者"跳着自己的舞,认识者是一个工具,让人延长尘世之舞,就此而言属于此在之节日的安排者,而且,一切认识的崇高结论和联系也许是、并且还将是最高的工具,用以维持梦幻的普遍性和所有这些梦幻者相互间的可理解性,并且恰恰因此**维护着梦幻的延续**。

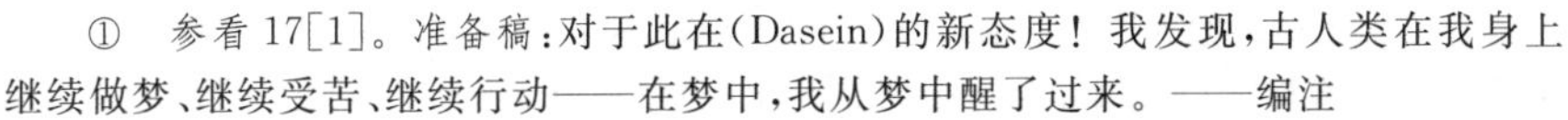

① 参看17[1]。准备稿:对于此在(Dasein)的新态度!我发现,古人类在我身上继续做梦、继续受苦、继续行动——在梦中,我从梦中醒了过来。——编注

55①

最后的高贵感。——究竟什么使人“高贵”呢？肯定不是做出牺牲；狂热纵欲者也做出牺牲。肯定不是完全服从某种激情；因为也有可鄙的激情。肯定也不是无私地为他人做些什么：也许自私的后果恰恰在最高贵者那里是最大的②。——相反，侵袭
418 高贵者的激情乃是一种特殊性，而高贵者是不知道这种特殊性的：使用一种罕有而独一的尺度，近乎一种疯狂：对其他所有人都会感到冷酷的事物的灼热情感：一种对尚未找到衡器来加以衡量的价值的猜测：一种献给某个未知之神的祭坛牺牲：一种不求荣耀的勇敢精神：一种向人和物传布的富裕的自足。所以，迄今为止，都是这种稀罕的东西以及对于这种稀罕性的无知才使人高贵。但我们在此要思量一下，通过这一准则，一切通常之物、切近之物和不可或缺之物，质言之就是最能保存种类的东西，以及根本上迄今为止人类的**规则**，这一切都为了照顾特例而受到了不公正的评判，整体上受到了诽谤。成为规则的辩护者——这也许是使人间的高贵感得以开启的最终形式和精妙之处。

① 参看 6[175]；6[178]。——编注

② 无私地为他人做些什么……］据誊清稿：不是为自己；最高贵的爱者也许是最坚定的基督徒。——编注

56①

追求痛苦的欲望。——如果我想到做事的欲望，这种欲望不断刺激着千百万年轻的欧洲人，他们全都不能忍受无聊，也都不能忍受他们自己，——那么我就能理解，他们身上必定也有一种受苦的欲望，为的是从他们的痛苦中获得行为、行动的一个可能原因。困厄(Noth)是必须的！所以才有了政治家的叫喊，所以才有了全部可能的阶层的许多虚假的、被虚构和被夸大的“困境”，以及乐于相信这些东西的盲目的热心肠。这些年轻人要求，不幸——而决不是幸福——应当**来自外部**，或者从外部才是可见的；他们的想象已经先行忙碌于从中形成一个怪物，以便他们此后能够与一个怪物斗争。倘若这些有困厄嗜好的人在自身中感受到一种从他们出

发使自己愉快、为自己做某事的力量，那么，他们就会懂得从他们 419
出发为自己创造一种特有的、本己的困厄。于是，他们的臆造和发明就可能会更精细，他们的满足就可能会像好音乐一样美妙动人：而现在，他们却用他们的痛苦叫声来充斥这个世界，因而甚至太过经常地用**痛苦感情**来充斥这个世界！他们不知道对自己做些什么——因此他们就把他人的不幸画在墙上：他们永远需要他人！而且总是不同的他人！——原谅我，我的朋友呵，我已经斗胆把我的**幸福**画在墙上。

① 准备稿：总是有意愿行动的力量——因此首要地是劳动和困厄！困厄(Noth)是必须的！——编注

421 # 第二部（第57—107节）

57[1]

致现实主义者。——你们这些清醒的人，你们感觉自己已经作好了准备去对付激情和幻想，你们喜欢把自己的空虚搞成一种骄傲和装饰，你们自诩为现实主义者，并且暗示人们，世界
108 的现实性质就是它显现给你们的那样：仿佛现实只在你们面前才揭去了面纱，而你们自己也许就是现实的最佳部分，——呵，你们亲爱的赛伊斯[2]的神像！但以你们完全揭去了面纱的状态，你们不也是具有至高激情的幽暗造物，与鱼儿可有一比，而且始终还太类似于一位热恋的艺术家吗？——对于一位热恋的艺术

---

① 准备稿："现实！"对于一位热恋者来说，什么是"现实的"啊？我们不也全都在最清醒的状态中，依然是具有至高激情的动物，与鱼儿可有一比！进一步，在最冷酷的状态中，我们其实总是根据几千年的习惯来评估事物——而且此种评估在激情中有其起源！现实世界始于何处！确凿地，任何一种感官印象不也是一种幻想，而所有人类过去的判断和激情全都致力于这种幻想！一座山！一片云！其中到底什么是"现实的"呢？——这与实在论针锋相对，实在论搞得过于轻松了：它求助于那些以为已经做好了对付激情和想象的清醒者更粗糙的偏见。——编注

② 赛伊斯（Sais）：古埃及的城市。德国诗人席勒著有《赛伊斯的蒙面神像》。——译注

家来说,什么是“现实”啊!你们始终还随身携带着那些起源于过去几个世纪的激情和热恋的关于事物的估价!你们的清醒中始终还并入了一种隐秘的和不可消除的醉意!例如你们对于“现实”的爱——呵,这可是一种古老的“爱”!在任何一种感觉中,在任何一种感官印象中,都含有这种古老的爱的成分:而且同样地,无论哪种幻想、偏见、非理性、无知、恐惧,还有此外的一切,全都致力于此,纠缠于此。那儿一座山!那儿一片云!其中到底什么是“现实的”呢?你们这些清醒者,把其中的幻想和整个人为**附加物**抽掉吧!是的,如果你们能够做到**这一点**!如果 422
你们能够忘掉自己的来源、过去、学前预备学校,——忘掉你们整个人性和动物性!对我们来说,并不存在任何“现实”——对你们来说也不存在,你们这些清醒者——[①],我们相互间早就不像你们以为的那样陌生了,也许我们超越醉态的善良意志,是与你们**无能于**克服醉态的信念一样值得重视的。[②]

58[③]

唯有作为创造者!——认识到事物**怎么被称呼**要比它们是什

① 你们这些清醒的人……你们这些清醒者!……你们这些清醒者——]参看歌德:《少年维特之烦恼》,“在 8 月 12 日”,维特与阿尔伯特谈话:“你们这些理性的人啊!……羞愧吧,你们这些清醒者!羞愧吧,你们这些智者!”——编注

② 你们这些清醒者——,我们……]准备稿:唯有这些人问自己,是否人们必须或者想要在这首诗中继续创作“世界”,抑或人们不能,因而也不必继续创作——就像你们!你们这些清醒者!你们这些反刍动物!——编注

③ 准备稿:事物怎么被称呼——要比人们所相信的重要得多,可谓极其重要。——编注

么重要得多，重要得太多了，这曾经使我心力交瘁，而且还一直使我心力交瘁。一个事物的名誉、名头和外表[①]、效用、通常的尺寸和分量——此类东西在起源上绝大多数是一种谬误，一种任意性，有如一件衣服被披在这个事物身上，与事物的本质，甚至与事物的外壳都是格格不入的——由于对此类东西的信仰及其一代代的不断生长，它们仿佛就在事物中渐渐增长，化为事物的躯体本身了：开始时的外表和假象最后几乎总是成了本质，并且作为本质而起作用！要是有人以为只要指出幻想的这种来源和这种雾霭便足以消灭本质上有效的世界即所谓的“现实性”，那会是什么样的一个傻瓜！唯有作为创造者，我们才能消灭什么！——然而我们也不能忘记这一点：为了长久地创造新“事物”，只需创造出新的名称、估价和或然性便足矣。

59[②]

我们艺术家！——当我们爱一个女人时，我们容易有一种
423 对于自然的仇恨，怀恨于每个女人都会蒙受的所有可憎的自然本性；我们根本就不愿想这些，但一旦我们的心灵触及这些事物，就会不耐烦地痉挛，而且正如人们所说的，会轻蔑地向自然看去：——我们受了伤害，自然似乎干预了我们的占有物，而且

① 此处“外表”(Anschein)意为“假象”。——译注

② 参看11[53]准备稿：皮囊下的人对人来说是一个厌恶对象；他们不愿意想到这一点。听到“消化”，对某些女人来说是不适的。这种情感是与知识的吞食(Einverleibung)相抵制的。对表面、形态和皮囊的承认——是人性的。——编注

是用那最亵渎的双手。这时候我们就对所有生理学充耳不闻,暗暗地给自己下命令:“我完全不愿意听说,人除了*心灵和形式*,还是某种不同的东西!”对于所有爱恋者来说,“皮囊下的人”是一种恐怖和不可思议,一种对上帝和爱的亵渎。——那么,正如现在爱恋者在自然和自然本性方面依然能感受到的那样,从前每一个崇拜上帝及其“神圣万能”的人也能一样感受:在天文学家、地质学家、生理学家和医生关于自然所说的一切中,他看到的是一种对自己最宝贵的占有物的干预,因而是一种进攻,——而且还有一个无耻的进攻者!“自然规律”在他听来有如一种对上帝的诽谤;根本上,他甚至太乐于看到一切驱动机制都归结为道德上的意志行为和专横行为:——但因为没有人能为他表明这种服务,所以,他向自己*隐瞒了*自然和驱动机制,他同样完全能够生活在梦里。呵,从前这些人善于*做梦*,而首先不必入睡!——而我们今天的人更精于此道,有着我们全部的对于清醒状态和白昼的善良意志!足以去爱、去恨、去欲求,根本上就是去感受,——精神和梦想的力量*立即*攫住了我们,我们睁着眼睛,冷静地去直面所有危险,沿着最危险的道路往上攀登,登上了幻想的屋顶和尖顶,而且毫不眩晕,仿佛天生就会攀登——我们这些白天的梦游者啊!我们这些艺术家啊!我们这些自然天性的隐瞒者啊!我们这些渴求月亮和上帝的人啊!我们这些死寂的、不懈的漫游者啊,我们在高处,但我们并不把它看作高原, 424
而是把它视为我们的平原,我们的安全之所!

60[①]

女人及其远方影响。——我还有耳朵吗？我只不过是耳朵，再不是别的什么了吗？这里我置身于热烈的激浪之中，其白色火舌向我闪烁，直抵脚跟：——从四面八方向我咆哮、胁迫、呼叫，发出尖锐的声音，而在最深的深渊，老态的地震之神在唱自己的咏叹调，有如一头吼叫的公牛一般低沉：它踏着这样一种震撼大地的节拍，即便这种饱经风霜的岩石魔鬼的心脏也在身体里颤抖。突然地，就像从虚无中诞生，在这个地狱迷宫的门前，离门只有几寻[②]远，——出现了一条大帆船，静悄悄地犹如一个幽灵滑了过来。这幽灵般的美啊！她用何种魔力抓住！什么？世上的一切安宁和静默运载于这条船上么？难道我的幸福也坐在这个寂静的场所，我的更为幸福的

① 准备稿：笔记本 M III 5：你若有所思地置身于礁岩中，你周围激浪汹涌，带着钢铁般的节奏。在你的不远处，拐过一个角落，就像从虚无中突然诞生，一条大帆船滑来，[在幽灵般的美和寂静中]它的死一般寂静的美在我看来真的是幽灵似的。我们根据我们正好逗留于其中的噪音来衡量事物的静止：而且对女人们来说就是寂静的场所，一个男人在其全部抛投和筹划的激浪中所渴望的就是她们的隐退：但这只不过是一种 actio in distans[远程行动]。——笔记本 N V 7，第 189 页：你若有所思地置身于礁岩中，你周围激浪汹涌——在你的不远处，一条大帆船的幽灵般的美滑过，无声无息——参看波德莱尔：《烟火》第八篇(*Fusée* VIII)："这些又美又大的船，在平静的水面上难以觉察地晃着(摇摇摆摆)，这些坚固的船，一副游手好闲思乡心切的神情，难道不是在用无声的语言对我们说：我们何时开往幸福？"(Ces beaux et grands navires, imperceptiblement balancés (dandinés) sur les eaux tranquille, ces robustes navires, á l'air désceuvré et nostalgique, ne nous dissent-ils pas dans une langue muett: Quand partons-nous pour le Bonheur?)，见《全集》(*Œuvres complètes*)，巴黎，1968 年，第 1253 页。——编注

② 寻(Klafter)：古代长度单位，相当于两臂伸张的长度，约合 1.9 米。——译注

自我,我的第二个永恒的自身?[①] 不死但也不再活么?是作为一个幽灵般的、寂静的、观望的、滑行的、漂浮着的中间物吗?就如同那只船,以其白色的帆,有如一只硕大的蝴蝶从幽暗的海面上飘过!是的!飘**过**人生此在(Dasein)!就是这个了!或许就是这个了!——似乎这里的喧嚣已经把我搞成一个幻想者了?所有大喧嚣都使我们把幸福置于寂静和遥远之中。当一个男人置身于他**自己的**喧嚣中,置身于他的抛投和筹划的激浪之中:他也很可能会看到寂静的、迷人的人物从自己身边掠过,这些人物的幸福和退隐是他所渴望的,——**那就是女人们**。他几乎认为,在女人们那儿寓居着他更优秀的自身:在这些寂静的场所,最喧嚣的激浪也会变成死一般的寂静,生命本身也会变成关于生命的梦想。可是!可是!我 425
的高贵的狂热者啊,甚至在最美的帆船上也有如此之多的噪音和喧嚣,不幸的是有如此之多的细小琐碎的喧嚣声!用哲学家的语言来说,女人的魔力和极强作用,乃是一种远方影响,是一种 actio in distans[远程行动]:但这就首先需要——**距离**!

61

敬重友谊。——在古代,友谊的情感被视为最高的情感,甚至高于知足者和智者的最引以为荣的骄傲,其实可以说是这种骄傲的唯一的和更神圣的手足兄弟:那个马其顿国王的故事很好地表

① 注意此句中的“自我”(Ich)与“自身”(Selbst)之别,英译本分别译作 ego 与 self。参看英译本,第123页。——译注

达了这一点。这位国王送给一位鄙弃世俗生活的雅典哲学家一些钱，结果被后者拒收了。“怎么回事?”这位国王问，“难道他没有朋友吗?”国王这话是想说：“我敬重智者和独立者的这种骄傲，但如果在他心里朋友的分量胜过了他的骄傲，我会对他的人品有更高的敬意。如果哲学家不知道两种最高的情感，——而且不知道两者孰重孰轻，那么，他在我面前就贬低了自己!”

62

爱情。——爱情甚至会宽恕被爱者的欲望。

63

426 **音乐中的女人**。——和煦而湿润的风何以也能把音乐的情调和富有创意的欢乐旋律带来呢？它们不就是那充满教堂并且使女人们产生恋爱想法的风么?[①]

64[②]

怀疑论者。——我担心，在其内心最隐秘的隐匿之所，年纪变

① 带来呢？它们不就是……］准备稿：带来呢？——而这些想法似乎骑在屈拉蒙塔那风(tramontana，地中海沿岸的一种干冷北风。——译者)上。——编注

② 准备稿：我担心，女人们在其内心最后的隐匿处比任何一个男人都更多地是怀疑论者。——编注

老的女人比所有男人都更有怀疑精神:她们相信人生此在的表面就是其本质,而所有的德性和深度在她们看来都只是对这种“真理”的遮掩,对一种pudendum[外阴、外生殖器]的十分值得想望的遮掩——,也就是关乎正直和羞耻的事,此外无他。

65

奉献。——有一些贵妇人,有着某种精神贫困,她们为了**表达**她们最深的奉献,除了献出自己的贞操和羞耻心,就不知道其他办法了:这在她们看来就是她们至高的东西。而且这种馈赠也经常被接受,而并没有给予者所假定的那样深切的责任,——一个十分伤感的故事!

66

弱者的强大。——所有女人在夸大自己的弱点方面都机灵得很,实际上她们在弱点方面点子很多,为的是完全表现为脆弱不堪的花瓶,甚至一小粒灰尘也会伤着它:她们的存在就是要男人把自己的粗暴记在心上,并且担起自己的良心。于是她们抗御强者和一切“动用武力的权力”。

67

伪装自己。——现在她爱上他,从此以如此安宁的信赖盯着

427 前面，就像一头母牛：可是苦啊！她完全变了，显得不可思议，恰恰这一点使他着魔！他正好已经有了太过稳定的心情！难道她不会很好地把她原先的性格伪装起来吗？把无情伪装起来？难道爱情不是这样劝告她的吗？Vivat comoedia[喜剧万岁]！

68

意志与情愿[①]。——有人领着一个小伙子，来到一位智慧的男人面前，跟智者说："瞧，这是一个被女人毁了的人！"这个智慧的男人[②]摇了摇头，笑了。"是男人吧，"他叫道，"是男人把女人毁了：女人缺少的一切，都要在男人身上得到补偿和改善，——因为男人为自己做出女人的形象，而女人是按照这个形象来塑造自己的。"——"你对女人太仁慈了，"围观人群中有人说，"你不懂女人！"这位智慧的男人[③]答道："男人的本性是意志，女人的本性是情愿，——这是性别的法则，真的！是对女人的冷酷法则！所有人就其此在[④](Dasein)来说都是无辜的，而女人是在次等意义上无辜的：谁能给她们足够的抚慰和柔情呀。"——"什么抚慰啊！什么柔情啊！"人群中另一个人嚷道；"我们必须把女人调教得更好

① 此处"意志"(Wille)与"情愿"(Willigkeit)有相同的词根。"情愿"(Willigkeit)也有"愿意、顺从"的意思。——译注

② 领着一个小伙子，来到……]准备稿：查〈拉图斯特拉〉指着一个小伙子：瞧，人们说这是一个被女人毁了的人！"查〈拉图斯特拉〉。——编注

③ 这个智慧的男人]准备稿：查〈拉图斯特拉〉。——编注

④ 此在]准备稿：存在(Sein)。——编注

些!"——"我们必须把男人调教得更好些,"这个智慧的男人[①]说道,示意那个小伙子跟他走。——但小伙子没有听他的[②]。

69

复仇能力。——一个人不能自卫,因此也就不想自卫,这在我
们眼里还不会给他带来耻辱:但我们却要蔑视那种既无能力又无善
良意志进行复仇的人,——不管是男人还是女人。如果我们并不相 428
信,一个女人懂得在某种情况下熟练地操起匕首(任何一种匕首)**对**
付我们,她能抓牢(或者如人们所言,"迷惑住")我们吗?抑或对付
自己:在某种特定情形下,这或许是更严重的复仇(中国式复仇)。

70[③]

支配主人们的女主。——正如人们有时在剧院里听到的,有一种深沉有力的女低音,它突然为我们拉开了帷幕,让我们看到我

---

① 这个智慧的男人]准备稿:查〈拉图斯特拉〉。——编注

② 但小伙子没有听他的]准备稿无此句;参看《马太福音》(Matth.)19:22。——编注

③ 准备稿:迄今为止,关于威严的、有力的女人,我只是通过剧院里的女低音才获得一个概念[例如通过比安乔利尼(Biancholini,1846—1905 年,意大利女歌唱家。——译者)]。——虽然按照戏剧的意图,此类女低音通常不是要给出这样一个概念,而是要唤起一个关于男性情人的概念,例如关于罗密欧的情人的概念——但这种情况在我这儿从未发生过:我总是处处听到母性的和家庭主妇的色彩:不过,从这种女低音中,我却听出了女人十分崇高的心灵,她那能够做出了不起的抉择、牺牲、反驳和突发奇想的能力——这是一个理想,在现实世界中有时也有东西比一种音调更吻合于这个理想。——编注

们通常不会相信的可能性：我们一下子就相信了，世上某个地方可能真有这样的女人，她们具有崇高的、英勇的、威严的心灵，她们能够而且乐意做出了不起的反驳、抉择和牺牲，能够而且乐意统治男人们，因为在她们身上，男人的精华已经超越性别，变成具体真实的理想了。虽然按照戏剧的意图，此类女低音恰恰不是要给出这样一个关于女人的概念：通常她们表演的是理想的男性情人，例如罗密欧之类的角色；但按我的经验来判断，期待这样一个女低音产生出此类效果的剧院和音乐家，在这方面是完全必然地要失算的。人们不相信这种情人：这种声音始终还存留着一种母性的和家庭主妇的色彩，而且尤其是在这种声音的音调里充满爱意之时。

71①

论女人的贞洁。——在高贵②女人的教育方面，有某种十分
429 令人惊讶和非凡的东西，确实，也许没有更为悖谬的东西了。人人都同意，她们在 eroticis[性爱]方面所受的教育，是要让她们变得尽可能无知，使她们对性爱有一种深深的羞耻感，使她们在提及此类物事时便会产生极度的不耐烦和逃避之心。根本上，女人的全部“荣誉”都只在此发挥作用：她们此外还有什么没有被扭曲的！但在性爱方面，她们理当打心眼里保持无知：——对于她们的这种“恶”，她们应当不视不听，不言不想：是的，在这里知识就是恶！那

① 参看 8[69]；12[110]。——编注

② 高贵］誊清稿无此词。——编注

好！就好比随着一记可怖的霹雳被抛入现实和知识之中，婚姻亦然——而且是通过那个她们最爱和最珍视的人：她们突然发觉爱与羞耻的冲突[①]，实即不得不一体地感受到狂喜、奉献、义务、同情，以及关于突如其来的与上帝和动物的毗邻关系的恐惧——天知道此外还有什么！——实际上，她们在此为自己打了一个无与伦比的心灵之结！甚至那个最聪明的善于识人者，其充满同情的好奇心也不足以猜度，这个和那个女人如何善于寻找这种谜团的答案和这种答案的谜团，以及在女人可怜的四分五裂的心灵里必定会引发何种可怖的、广泛的怀疑，实即女人最终的哲学和怀疑是如何在这个点上抛锚的！——此后一如既往地深深地沉默：而且经常是一种对自身的沉默，一种对自身的视而不见。——年轻女子们尽力显示出浅薄无知和无所用心；她们当中最优雅者则假装出一种放肆。——女人们容易把自己的丈夫视为她们的婚姻的问号，把她们的孩子视为一种辩解或者赎罪[②]，——她们需要孩子，她们对孩子们的愿望完全不同于丈夫的愿望。——总而言之，人们可不能对女人太温和[③]！[④]

① 突然发觉爱与羞耻的冲突]据作者修改前的校样：发现结合中的无耻。——编注

② 或者赎罪]誊清稿无此词。——编注

③ 实际上，她们在此为自己……]准备稿：实际上，人们在此为自己打了一个可怕的心灵之结，甚至那些最聪明的善于识人者的好奇心也不能猜度，女人们如何千差万别地善于寻找这种谜团的答案——尤其是因为，关于这一点，一种深深的沉默此后一如既往地受到了关注——倘若没有这种魅力，女人们对我们来说会是多么无聊。——编注

④ 总而言之，人们……]誊清稿无此句。——编注

430 72

母亲。——动物对于雌性的看法有别于人类;对动物来说,雌性就是生产性的存在物。在动物那儿是没有父爱的,但存在着诸如对某个爱侣的幼仔的爱,以及对于这种爱的习惯之类的东西。在幼仔身上,雌性动物满足了自己的统治欲,幼仔就是一种财产,就是一种忙碌,某种对它们来说完全理所当然的东西,人们可以拿它喋喋不休:这一切都是母爱,——母爱是可以与艺术家对自己的作品的爱相提并论的。怀孕使雌性变得更温柔、更耐心、更恐惧、更乐于臣服;同样地,精神的孕育也产生出与雌性特征相近的沉思冥想者的特征:——那是雄性的母亲。——动物以雄性为美。

73

神圣的残暴。——有一个男人抱着一个刚生下来的婴儿去找一位圣徒。“我该拿这个孩子怎么办呢?”他问圣徒,“他可怜,长得畸形,半死不活。”圣徒厉声叫道:“弄死他,弄死他,然后你把他抱在手里三天三夜,你就会获得一种记忆:——于是你就决不会在你不该要孩子的时候生孩子了。”——男人听了这话,失望地离开了;许多人责骂圣徒,因为他建议杀掉婴儿,无异于劝人施暴。圣徒说:“但让婴儿活着,不是更残酷吗?”

74

失败者。——那些可怜的女人总是难免失败,她们在自己心
爱的男人面前变得不安不稳,多嘴饶舌:因为诱惑男人最稳靠的办 431
法是某种隐秘的冷漠的柔情。

75①

第三性。——“一个矮男人是有点背理怪异,但毕竟是个男人,——而矮女人与高个女人相比,我就觉得她有另一种性别了”——一个年老的舞蹈大师说。矮女人从来都不美——年老的亚里士多德②说。

76

最大的危险。——倘若不是所有时代的大多数人都感觉到他们的头脑——他们的“理性”——的培育乃是他们的骄傲,他们的

① 准备稿:矮女人与高个女人的差异在我看来是如此重大,以至于如果有人说三个性别而不是两个性别,我是不会奇怪的。——编注

② 亚里士多德]尼采想到的文字如:《尼各马可伦理学》1123b6—8:ὥσπερ καὶ τὸ κάλλος ἐν μεγάλῳ σώματι, οἱ μικροὶ δ᾽ ἀστεῖοι καὶ σύμμετροι, καλοὶ δ᾽ οὔ[正如俊美意味着身体修长,身材矮小的人只能说是标致、匀称,而不能说俊美]以及《修辞学》1361a6—7:θηλειῶν δὲ ἀρετὴ σώματος μὲν κάλλος καὶ μέγεθος...[女子的身体要美丽和高大……]。——编注

职责，他们的德性，感觉到自己被所有的幻想和思想放纵所伤害或者羞辱，感觉到自己是“人类健康理智”之友：那么，人类或许早就毁灭了！在人类头上，曾经漂浮，而且仍将不断地漂浮他们最大的危险，就是那种突发的**癫狂**（*Irrsinn*）——也就是在感觉、看和听中任意性的突发，对头脑的放纵状态的享受，对人类非理智状态的快感。癫狂世界的对立面并不是真理和确定性，而是一种信仰的普遍性和普遍约束力，质言之，是判断的非任意性。而且，迄今为止人类最伟大的工作，乃是对十分多的事物达成相互一致，并且为自己装上一个**一致法则**——且不论这些事物是真实的还是虚假的。这就是把人类保存下来的头脑的培育；——但相反的冲动始
432 终还如此强大，以至于根本上我们不能有太多的信心来谈论人类的未来。事物之形象（Bild）不断推移，而且还将继续滑移，也许从现在起比任何时候都要更多地和更快地变动；恰恰出类拔萃的人物持续地抗拒那种普遍的约束力——尤其是**真理**的探究者！那种信仰作为平凡的信仰不断地给更精细和优雅的头脑带来一种厌恶和一种新的贪婪：而且就是他对所有精神过程所要求的缓慢速度，那种对乌龟的模仿，在此被当作规范来承认，使艺术家和诗人变成了叛徒：——这些不耐烦的人物，在他们身上突发一种正式的对于癫狂的乐趣，因为癫狂具有一种十分欢快的速度！所以，需要一种有德性的理智，——呵，我愿意使用最无歧义的词语——需要一种**有德性的愚蠢**，需要**缓慢**精神的不可动摇的节拍，以便伟大的总体信仰（Gesammtglauben）的虔信者能坚守在一起，继续他们的舞蹈：这是这里需要和要求的一个头等必需品。**我们其他人都是例外和危险**，——我们永远需要捍卫！——现在，为了支持例外，真

的可以说些什么了,前提是例外决不想变成常规。[①]

77[②]

有好良心的动物。——南欧人喜欢的一切东西都是粗鄙的——无论是意大利歌剧(例如罗西尼和贝利尼的歌剧)还是西班牙的冒险小说(吉尔·布拉斯[③]的法文版最为我们所接受)——对于这一点,我并非一无所知,但它也并没有冒犯我,就如同人们在漫步庞贝市[④]以及根本上就在阅读任何一本古书时碰到的粗鄙

① 而且,迄今为止人类最伟大……]准备稿:但现在,这种信仰增长起来,存活下来,因此把自身带入危险之中——事物之形象(Bild)不断推移和滑移,恰如那个使事物变得可观、可听和可感的东西——持续不断地[对这种信仰的追求]是这种信仰中的一个有力的偏好,即要求快速地、突发地和不耐烦地增长,也就是要发疯!难道不正是那些最有才华者最多地忍受这种不耐烦之苦,最多地缠绕于那种信仰所需要的速度之烦闷无聊中?诗人和艺术家不就是对那种癫狂之爆发的普遍乐趣的标志,可以说不就是它的领舞者么?所以,需要有一种科学的精神以及有德性的理智,需要那种信仰的信徒们的惊人舞蹈中不可动摇的节拍:这是这里要求和需要的头等必需品。没有它,地球便会成为人类的疯人院,而且这只是短时间的,只有一夜——因为人类的生命和延续系于那种信仰的普遍性和普遍约束性,系于被人类命名为"理性"的东西。——我的朋友们,拥有自己的理性,传布自己的理性,并且最终使之具有立法作用,这是充满神奇和崇高的事:正是这些愚人或者出身低等的人,他们嘲讽这种神奇性[原文如此!]和崇高性,因为它——在其他许多事物当中——也要求某种缓慢——所有高尚的事物都是缓慢的。——编注

② 参看12[69]。准备稿:在吉尔·布拉斯那儿和意大利歌剧中偶尔出现的粗鄙性并没有辱没我——但它也没有冒犯我,因为它不知羞耻,相反对自身十分确信和有把握,自视为"美好"。——编注

③ 吉尔·布拉斯]参看7[81]。——编注

④ 庞贝市(Pompeji):一译"庞培"。位于意大利西南沿海坎帕尼亚地区的一座古城,位于维苏威火山东南麓,公元79年8月24日被维苏威火山喷发的火山灰埋在了地下,却因此而保留了大量古罗马帝国的建筑遗迹和艺术文物,成为世界上最为著名的古城遗址。——译注

433 性：这种粗鄙性从何而来？难道是这里缺乏羞耻心，一切粗鄙的东西才如此稳靠和自信地登场，就如同在同一种音乐或小说中某些高贵、秀丽和热烈的东西一样吗？“动物与人一样有自己的权利：就让它自由地四处乱跑吧，而你，我亲爱的邻人，无论如何你也依然是这种动物嘛！”——这在我看来就是事情的道理所在，也是南方人的特性。坏趣味与好趣味一样有自己的权利，如果坏趣味成了一种大需求，一种确实的满足，可以说是一种普遍的语言，一种绝对可理解的面具和姿态，那么，它甚至有一种胜过好趣味的优先权：与之相反，精选的好趣味始终具有某种探索、尝试的性质，对于自己的理解没有完全的确信，——它现在和过去都不是大众化的！保持大众化的是**面具**！因此，就让所有这些面具要素在旋律和华彩乐段中、在这种歌剧节奏的跳跃和欢快中奔跑吧！甚至是古代的生活！如果我们不理解对面具的乐趣，使用一切面具要素时的好良心，那么，我们能懂得面具的什么呀！这里是古代精神的浴场和休养之所：——也许，这浴场更需要古代世界的稀罕和崇高人物，甚于粗鄙之人。——与之相反，北方作品中的粗鄙转向，例如在德国音乐中，却让我极受伤害。这里有一种**羞耻感**，艺术家自我贬降，甚至不能免于羞愧脸红：我们与之一道羞愧，并且十分受伤，因为我们预感到，他是因为我们的缘故才相信必须贬低自己的。[①]

① 与之相反，北方作品中的……］准备稿：德国作品中的粗鄙性（例如瓦格纳的《唐豪瑟》和《漂泊的荷兰人》某些措辞）让我极受伤害——但这里也有一种羞耻感，以及我意识到的在艺术家本身心灵中的一种具有贬降作用的屈尊（Condescendenz）——我与之一道羞愧。——编注

78

我们应当感谢什么。——只有艺术家,尤其是戏剧艺术家,他
们才给人装上了眼和耳,让人带着几分开心去听和看每个人自己 434
是什么,自己体验了什么,自己想要什么;只有他们才教我们关于英雄人物的评价,这英雄原是隐藏在所有这些普通人的每个人身上的;只有他们才教我们一种把自己看作英雄的艺术,就是远远地、可以说简化和美化地把自己看作英雄的艺术,——这种艺术乃是使自己“大出风头”的艺术。只有这样,我们才能摆脱身边某些低等琐事!要是没有这种艺术,那我们除了前景(Vordergrund)就什么也不是了,完全生活在那种透镜的魔力之中,这种透镜可以使最切近和最庸俗的东西显得无比伟大,表现为现实性本身。——也许在那种宗教身上也有类似的功劳,它叫人用放大镜观察每个人的罪恶,并且把罪人变成一个伟大的、不朽的罪犯:通过描写他周围的永恒视角,宗教教人远远地把自己看作某种消逝了的、整体的东西。

79[①]

非完美性的魅力。——我看到这里有一位诗人,他与某些人一样,通过自己的非完美性来施展一种更高的魅力,胜于他用手弄得圆润和完美的一切所造成的魅力,——确实,此公的优势和声望

① 参看 12[4]。——编注

与其说来自他充沛的力量，倒不如说起于他最后的无能。其作品从来不把他真正想表达出来的、他**希望见识过**的东西完全表达出来：看起来，似乎他有过对一种幻象（Vision）的预先品尝，而从来不曾拥有幻象本身：——但对于这种幻象的巨大渴望已经留在他的心里了，而且他从中取得了他同样巨大的盼望和饥渴的雄辩能力。借着这种雄辩能力，他把自己的听众提升到一个境界，使之超
435 越他的作品，超越所有的“作品”，并且为观众安上翅膀，让他们飞升到通常观众从未达到的高度：如此，他们本身也变成了诗人和先知，向他们的幸福的创造者表达赞赏，就仿佛是这个创造者直接引导他们，使他们看到了他的至圣和终极，就仿佛这个创造者达到了自己的目标，真正**看到**和传达了自己的幻象。其实他没有真正达到目标，这倒是使他的声望受益。

80①

艺术与自然。——希腊人（或者至少是雅典人）喜欢听到巧妙

---

① 准备稿：处于艰难处境中并且懂得好好谈论这种处境的人们。——没有幻想！清晰的精神，尽可能少的激情之深度和背景！一切都必须能够变成理性和言辞！——[古代]悲剧舞台的特性表明，它是反对幻想的：所有悲剧人物运用的语言风格也告诉我们同样的道理。——相反：所有歌剧大师都煞费苦心，谨防人们弄清楚他们的人物特征。一个偶然的字眼便被算作提示处境的关键词，他们要让处境自己来说明自己——他们全都没有勇气，让人唱啦-啦-啦，并且把这整个当作音乐滑稽戏：歌剧到底是什么。连瓦格纳的诗歌（还没有人在剧院里听出它们的什么来）也是为读者写的，而不是为听众写的，而且它们也显示出对所有想要被理解的歌剧作曲家的抵制——对于他们，我们应当相信的不是言辞，而是音调。——瓦格纳的诗歌如同他的音乐，是有前提的，那就是：在上演前，人们已经背熟了他的诗句和音乐（通常人们既听不懂言辞，也听不懂音乐）。——编注

的讲话:是的,他们确有这样一种强烈的癖好,这比其他任何东西都更能把希腊人与非希腊人区别开来。而且,甚至对于舞台上的激情,他们也要求它巧妙地讲话,并且容忍带有狂喜的戏剧诗行的非自然性:——在自然中,其实激情是如此沉默寡言!如此喑哑和羞涩!抑或,当激情找到言辞时,那也是混乱的、非理性的和自我羞愧的!多亏了希腊人,我们所有人现在都习惯了这种舞台上的非自然的做作,正如拜意大利人所赐,我们能忍受,而且乐于忍受另一种非自然的做作,即**歌唱的**激情。——聆听处于最艰难处境中的人巧妙地和详细地讲话,这已经成了我们的一个需要,而这需要是我们在现实中没法得到满足的:在生命濒临深渊之际,现实中人多半失去了脑子,肯定失去了美好的语言,而悲剧英雄却还能找到言辞、理由、意味深长的表情,整体上讲就是一种清醒的精神状态,这委实令我们欣喜。这种**对自然的偏离**也许是为人类之骄傲而备的最惬意的午餐;因此根本上,人类热爱艺术,以之为一种崇高的、英勇的非自然性和习惯约定的表达。如果戏剧作家没有把 436
一切转换为理性和言辞,而是始终都把一段残余的**沉默**保留在手上,那么,我们就有理由责备他:——恰如一位歌剧音乐家,如果他不懂为最佳的艺术效果发现旋律,而只知道寻找一种富有效果的“自然的”结巴和叫喊,那么我们就会对他不满的。这里**应当**违背的就是自然!这里恰恰粗鄙的幻想之刺激**应当**为一种更高的刺激让路!希腊人在这条道上走得很远很远——远得让人惊恐!他们把舞台构造得尽可能狭窄,不准用深度的背景来制造各种效果,他们使演员不可能有表情变化和轻微动作,把演员转变成一个庄重、僵硬、假面具似的妖怪,同样地,他们也剥夺了激情本身的深层背

景，为之规定了美好讲话的规则，确实，为了抵抗令人恐惧和令人同情的形象的基本效果，他们竭力地做了一切事：因为**他们本就不想要恐惧和同情**，——向亚里士多德致敬，致以最高的敬意！但当亚里士多德谈到希腊悲剧的最终目的时，他肯定没有说到点子上，更遑论击中要害了！就让我们来看看希腊悲剧诗人们，看看是**什么**最多地激发了他们的勤勉、他们的创造性、他们的竞争心，——肯定不是那种要用情绪征服观众的意图！雅典人去看戏，是**为了听优美的讲话**！优美的讲话正是索福克勒斯所关心的！——原谅我的这种异端邪说吧！——**严肃歌剧**的情形是十分不同的：所有歌剧大师都煞费苦心，谨防人们弄清楚他们的人物特征。一个偶尔匆匆拾起的字眼就可能帮助不专心的听众：但整个说来，情境必

437 须能说明自己，——但完全无关乎讲话！——他们全都这样想，因此他们全都是用言辞来开他们的玩笑。要完全表达他们对言辞的最终蔑视，也许他们只是缺乏勇气：在罗西尼[①]那儿更多地是一点儿放肆，他是想让人从头到尾一直都唱啦-啦-啦-啦——这或许是这方面的理性之举！对于歌剧中的人物性格，我们应当相信的恰恰不是“言辞”，而是音调！这就是差异，这就是美好的**不自然**，为它之故，人们才去看歌剧的！甚至干宣叙调(recitativo secco)[②]，真正说来也不能被听作言辞和文本：这种半吊子音乐倒是应当首

① 罗西尼(Gioacchino Rossini，1792—1868 年)：意大利作曲家，生前创作了 39 部歌剧以及宗教音乐和室内乐。——译注

② 干宣叙调(recitativo secco)：宣叙调指欧洲歌剧、清唱剧等大型声乐中类似朗诵的曲调，原是与咏叹调(aria)并用的一种乐曲，常在咏叹调之前，具有引子作用。18 世纪出现了一种说话式(parlando)的宣叙调，因这种宣叙调缺乏抒情性而被称为“干宣叙调”。——译注

先使音乐的耳朵稍事休息(从旋律中获得休息,作为这种音乐最高雅,因而也最费力的享受)——,但很快出现了某种不同的东西:也就是一种不断增长的不耐烦,一种不断增长的抵触,一种新的对整个音乐、旋律的好奇心。——从这个观点出发来看,理查德·瓦格纳的艺术是何种情况呢?[1] 也许是异样的?我常常觉得,在瓦格纳的作品上演之前,仿佛人们必须已经背熟了他的作品的言辞与音乐:因为若没有这一点——在我看来——,人们就既听不懂言辞,甚至也听不懂音乐。[2]

81[3]

希腊趣味。——"这有什么美的呢?"——那个土地丈量员在看完《伊菲格尼》[4]的演出后说——"里面没有任何东西得到了证明呀!"莫非希腊人已经远离了这种趣味?至少在索福克勒斯那里,"一切都得到了证明"。

① 何种情况呢?]誊清稿;大八开本版:何种情况呢?也许一样?誊清稿结尾删掉:——或许总还会有一种韶光出现(来自法国或者俄罗斯?),针对这种音乐。整个瓦格纳艺术落入 recitativo(当然是作为 recitativo umido,极少只是 secco!)的概念和辩护之中——这是人们也必须看到的一种可能性,如果人们要思考音乐与道德的辩证联系的话。——参看相关的准备稿:12[168]。——编注

② 甚至干宣叙调(recitativo secco)……]准备稿:(也许瓦格纳艺术的情形亦然,也许是异样的——我时常觉得,在瓦格纳的作品上演之前,仿佛人们必须已经背熟了他的作品的[文本]言辞和音乐:因为若没有这一点,人们就既听不懂言辞,也听不懂音乐。经常我也会有别样的感觉。)——编注

③ 轶事可见于叔本华:《作为意志与表象的世界》第一卷第 3 章 § 36。——编注

④ 《伊菲格尼》]罗西尼作品。——编注

82[①]

风趣是非希腊的。——希腊人在他们全部的思想中都非常合
438 逻辑，非常质朴；他们对此毫不厌烦，至少在他们漫长的美好时代是这样，就像法国人经常做的那样：他们竟然太喜欢跳一小步，跳到了对立面，真正说来，只有当逻辑精神通过大量此类向对立面的小步跳跃而泄露出它在**社交方面**的规矩和自控时，他们才能忍受逻辑精神。对法国人来说，逻辑表现为必要的，就像面包和水，但一旦逻辑要纯粹地和唯一地被享有时，它也就类似于面包和水，表现为一种囚犯食物了。在一个良好的社会里，人们从来都不必要求成为唯一和完全正确的，那是所有纯粹逻辑所要求的：所以，在全部法国人的风趣(esprit)里总有一份非理性。——与法国人的过去和现在相比较，希腊人的群体感远远没有发育起来：所以，在最有才智的希腊男人那里也少有风趣，所以，即使在希腊丑角身上也少有诙谐笑话，所以——呵呵！甚至我的这些话，人们也是不会相信的，而我心里还有多少这类话呀！——Est res magna tacere [沉默是一件了不起的大事]——马尔蒂阿[②]说道[③]，与所有饶舌之

---

① 准备稿：古代建筑师对严格的数学比例有一种轻度的反感，中世纪在这个点上是无关紧要的：逻辑的情形就是如此。希腊人是十分精确的：法国人亦然，但他们却想要跳一小步，转向反面，表面上[风趣(esprit)]。在音乐的节拍中也是如此，以及在对丰富情感的感觉中。——编注

② 马尔蒂阿(Valerius Martial，40 年—104 年)：西班牙出生的罗马诗人，有 12 卷本的《警句》传世，作品以敏锐、风趣为特点。——译注

③ Est res magna tacere……]参看马尔蒂阿：《警句》(*Epigr.*)IV，80，6："res est magna tacere"[沉默是一件了不起的大事]。——编注

人一样。

83[①]

翻译。——一个时代如何做**翻译**,如何努力吞食过去的时代和书籍,这是我们评估这个时代所拥有的历史意识程度的依据。高乃依时代的法国人,还有法国大革命时代的法国人,他们对于古代罗马的强力占有方式,是我们再也没有勇气面对的方式了——这是由于我们有了更高的历史意识。而古代罗马本身呢:它多么暴力而又天真地把自己的手伸向古代希腊的全部美好和崇高的东西!它如何把这一切翻译入罗马的当代之中!它怎样有意而又漠然地抹去了眼下此刻(Augenblick)这只蝴蝶翅膀上的尘埃啊!所
以,贺拉斯有时会翻译阿尔克乌斯[②]或者阿尔基罗修斯[③]的作品, 439
普罗帕兹[④]会翻译卡里马库斯[⑤]和菲勒塔斯[⑥]的作品(若**允许**我们来评判,他们乃是与忒奥克里特[⑦]相同档次的诗人):原本的创作

① 参看 10[B23]。准备稿:我意愿,我们会有勇气像古人那样翻译:也即翻译入当代之中,完全不考虑创作者是何时的,是什么,有何经历:为我们做准备,在其中安排好自己,向着它提升我们,生长入它之中!(例如贺拉斯之于阿尔克乌斯——人们不光是略去了什么,还添加了对当代的影射——人们也删掉了作者的名字!)——编注

② 阿尔克乌斯(Alcäus,约公元前 600 年):古希腊抒情诗人。——译注

③ 阿尔基罗修斯(Archilochus,约公元前 7 世纪):古希腊诗人。——译注

④ 普罗帕兹(Properz),本为普罗佩提乌斯(Sextus Propertius,约公元前 50 年—约前 15 年):古罗马诗人。——译注

⑤ 卡里马库斯(Callimachus,公元前 311 年—前 245 年):古希腊诗人。——译注

⑥ 菲勒塔斯(Phletas),本名为菲利塔斯(Philitas,公元前 308 年):古希腊哀歌诗人。——译注

⑦ 忒奥克里特(Theokrit,约公元前 300 年—前 260 年):古希腊诗人。——译注

者体验到这个那个，并且把相关的象征写进自己的诗里，这与贺拉斯和普罗帕兹有何相干啊！——作为诗人，他们厌恶于那种先行于历史意识的好古猎奇心，作为诗人，他们不承认这些完全个人的事物、名称以及一个城市、一个海岸、一个世纪所具有的一切（作为其服装和面具），立即以当代的和罗马的东西取而代之。他们似乎是在问我们：“难道我们不该革旧图新，在其中找到**我们自己**吗？难道我们不该把自己的心灵吹入这僵死的身体里吗？因为它毕竟死了：而一切死东西是多么丑陋啊！”——他们不知道历史意识的乐趣；过去之物和外来之物对他们来说是一种难堪，而且作为罗马人，他们把它看作一种达到罗马式占领的刺激。实际上，翻译就是占领，——不光是略去了历史的东西：不，人们还添加了对当代的影射，首要地，人们删掉了诗人的名字，而代之以自己的名字——并没有偷窃的感觉，而是怀着罗马帝国的最佳良心。

84

论诗歌的起源。——热爱人类的想象力，同时也主张本能道德性学说的人，他们会作如下推断：“假如人们在任何时候都把功利当作最高的神祇来加以崇敬，那么，在世界上诗歌是从何而来的呢？——这种对讲话和言语的节律化，它毋宁是要抵抗，而不是要求传达的明晰性，而且尽管如此，依然有如一种对全部功用的合目
440 的性的嘲讽，在世上处处对空射击，还将继续对空射击！诗歌的具有野性之美的非理性是要驳斥你们，你们这些功利主义者！诗歌恰恰是要**摆脱**功利——这提升了人类，激励人类去追求道德和艺

术!"现在,在这方面,我不得不讨好一下功利主义者,——确实,他们鲜有权利获得人们同情!在诗歌得以产生和存在的那些古老时代里,其实人们看到的就是诗歌的功利,而且是一种很大的功利——当时,人们让韵律渗透入讲话和言语之中,那是一种韵律的强力,它对句子成分进行重新安排,叫人选择词语,重新为思想着色,使之变得更幽暗、更陌异、更疏离:这当然是一种迷信的功利啊!人们发现,人要记住一首诗比记住一个自由随意的讲话更容易[①],既如此,就应当借助于韵律把人类的愿望和要求更深地烙印于诸神上;同样地,人们以为,有韵律的滴答声可以穿越更大的距离让人听到;有韵律的祈祷似乎能让诸神更切近于人耳。但首要地,人们想要利用的是人听音乐时在自己身上经验到的那种基本的征服:韵律是一种强制力;它产生出一种不可克服的乐趣,即顺从和调协的乐趣;不光是脚步,而且心灵本身也随节拍而动,——人们推断,很可能诸神的灵魂也是这样!所以,人们企图通过韵律来**强制**诸神,对其施加一种强力:人们抛给诸神诗歌,犹如一个魔力圈套。还有一种更奇异的想法:而且也许正是这种想法对诗歌的产生发挥了最强大的作用。在毕达哥拉斯学派那里,这种想法表现为哲学学说和教育窍门:但远在哲学家产生之前,人们就承认了音乐的力量,即音乐具有一种发泄情绪、净化心灵、减缓 ferocia animi[心灵戾气]的作用——而且恰恰是通过音乐的韵律感。当 441
心灵失去了真正的张力和和谐时,人们必须随歌手的节拍**起**

① 人们发现,记住一首诗……]参看司汤达:《论爱情》(*De l'amour*),第233页:"诗是为帮助记忆而发明的"(Le vers furent inventes pour aider la memoire)。——编注

舞，——此即这种治疗术的处方。以此治疗术，特尔潘德[①]平息了一场叛乱，恩培多克勒使一个狂躁者平静下来，达蒙[②]净化了一个患相思病的少年的心思；以此治疗术，人们甚至把变得狂野的、渴望复仇的诸神也纳入治疗。首先，人们把其情绪的狂喜和放纵推向极致，也就是使狂躁者发疯，使渴望复仇者溺死于复仇：——所有放荡的狂热崇拜都想要一下子释放一种神性的 ferocia[戾气]，把它变成一种狂欢（Orgie），以便这种神性后来被感觉为更自由和更安静的，并且让人归于安宁。按其词根来看，旋律（melos）意味着一种镇静剂，并不是因为旋律本身是柔和的，而是因为它的效果使人变得柔和。——而且，不光是在礼拜歌曲中，而且也在远古时代的世俗歌曲中，都含着一个前提：韵律感具有一种魔力，例如在汲水或者划船时，歌曲是一种对被设想在这儿活动的神魔（Dämone）的陶醉，它使神魔变得顺从、不自由，使之变成人类的工具。而且，只要人行动，人就有歌唱的动因，——每一次行动都与神圣的襄助相联系：魔法歌曲和咒语似乎是诗歌的原始形态。当诗句也被用于神谕宣示时——希腊人说，六音部诗行是在德尔菲[③]发明的——，韵律也应当在这里产生一种强制力。让自己预言——这原本意味着（根据在我看来很有可能的这个词的词源）：让某物得到规定；人们相信，只要为自己赢得了阿波罗，就能够迫使将来就范：按照最古老的观念，阿波罗远远不只是一个预见的

① 特尔潘德（Terpander）：公元前 7 世纪中期古希腊的一位著名诗人和七弦琴演奏者，被称为希腊音乐之父。——译注

② 达蒙（Demon）：公元前 5 世纪古希腊哲学家和诗人。——译注

③ 德尔菲（Delphi）：古希腊城名，阿波罗神殿所在地，位于距雅典 150 公里的帕那索斯山。古希腊人把德尔菲视为地球的中心。——译注

神。正如那个惯用语所说的那样，在字面上和韵律上准确地，它捆住了将来：但这个惯用语却是阿波罗的发明，阿波罗作为韵律之神 442 也能捆住命运女神。——从整体上观察和追问：对于人类古老的迷信方式，究竟有什么东西比韵律**更有用**呢？有了韵律，人们可以做一切事：魔法般地推进工作；迫使一个神显现、临近、听从；按自己的意志来安排将来；使自己的心灵从一种过度(畏惧、躁狂、同情、复仇欲等)中释放出来，而且不光是自己的心灵，也包括最凶煞的神魔的灵魂，——没有诗，人们什么也不是，有了诗，人们几乎就成了上帝。这样一种基本情感再也不能完全根除了，——甚至到现在，在经历与此种迷信的几千年之久的斗争之后，我们当中最智慧者有时也依然不免沦为韵律的傻子，哪怕只是由于他把一种思想**感受为更真实的**——如果它具有格律的形式，随一种神性的蹦跳(Hopsasa)一道出现。始终还有一些极严肃的哲学家，不论他们多么严格地对待确定性问题，都依然要援引**诗人的箴言**，为的是给予自己的思想以力量和可信度——这难道不是一件十分搞笑的事吗？——其实对于一种真理而言，诗人赞同它比反对它更危险！因为正如荷马所言：“歌者确实多有欺骗！”[①]——

85

善与美。——艺术家不断地**颂扬**——他们不做其他任何事

① 荷马所言：“歌者……”]根据亚里士多德：《形而上学》，983a，3，毋宁说是一个谚语：ἀλλὰ κατὰ τὴν παροιμίαν πολλὰ ψεύδονται ἀοιδοί[古谚有云：诗人多谎言]；也可参看梭伦(Solon)：残篇第 21(狄尔编)。——编注

体——:而且是颂扬所有那些状态和事物,后者享有好名声,能给人机会,或者让人感觉良好或伟大,或者让人感觉陶醉,或者让人感觉快乐,或者让人感觉舒适和智慧。对于人的幸福而言,这些被
443 精选的事物和状态的价值是确凿的和有定论的,它们是艺术家的客体:艺术家总是在暗中守候,伺机去发现此类东西并且把它们拉入艺术领域之中。我想说:艺术家本身并不是幸福和幸福之物的估价员,但他们总是跻身于这些估价员近旁,怀着极大的好奇心和兴致,希望立即就能利用后者的评估。因为他们除了不耐烦,也具有宣告者的大肺腔和奔跑者的双脚,所以,他们也总是成为第一批颂扬新的善的人,而且经常表现为这样的人,后者首先把它称为善,进而把它估价为善。然而,再说一遍,这是一个错误:他们只是比真正的估价员更敏捷和更大声。——而真正的估价员到底是谁呢?——是富有者和有闲者。

86[①]

关于戏剧。——这个日子重又赋予我强烈而崇高的情感,而且倘若我在当日晚上可以欣赏音乐和艺术,那么我完全明白,我不想要何种音乐和艺术,就是说,我不想要所有那些使听众陶醉、使听众上升到强烈而崇高的情感的某个瞬间的音乐和艺术,——那些日常心灵的人们,他们在傍晚时分不像在凯旋车上的胜利者,而倒是像备受生活鞭打的疲惫骡子。倘若没有令人陶醉的工具和理想的鞭

① 准备稿:如果这个日子赋予你强烈而美好的情感,那么你就不需要艺术——或者你异样地站在它面前,带着不一样的需要和不一样的趣味。你并不渴望艺术地被煽动和被提升——这不是一个需要添上翅膀的疲惫者——。——编注

打,那些人哪会知道什么"崇高的情绪"啊！——因此他们拥有自己的激发热情者,正如他们拥有自己的美酒一样。但对我来说,他们的饮料和醉态又算什么啊！这个受激发的热情者需要酒吗？相反,他以某种厌恶瞧着工具和中介,后者在此应当产生一种没有充足理由的作用,——这是一种对心灵高潮的模仿！什么？有人要给鼹鼠 444
安上翅膀和骄傲的想象,——在它爬进洞里入睡前？有人要把它送到剧院,把大望远镜放在它那模糊而又疲乏的眼睛面前？那些人的生活不是"行动",而是一桩交易,他们坐在舞台前,注视着台上异样的人物,对后者来说,生活不只是交易么？"这是合适的呀,"你们说,"这就是消遣,这就是教养！"——好吧！那我就太缺乏教养了：因为这个情景太过经常地令我厌恶。谁若自己身上有足够多的悲剧和喜剧,他就最好远离于剧院;或者有个例外,就是整个过程——包括戏剧、观众和剧作家在内——对他来说变成了真正的悲剧和喜剧,以至于与之相反,上演的剧目对他来说只有微不足道的意义。对于有点像浮士德和曼弗雷德的人,他与戏剧中的浮士德和曼弗雷德有何相干呢！——而这肯定还会让他想到一点,即:根本上有人把这类人物角色搬到戏中了。在那些无能于思考和激情——而只会陶醉——的人面前最强烈的思想和激情！而且思想和激情只是陶醉的手段！戏剧和音乐乃是欧洲人吸食的大麻和咀嚼的槟榔！呵,谁能告诉我们整个麻醉剂的历史啊！——那几乎就是"教养"(Bildung)的历史,所谓的高等教养的历史！[1][2]

① "教养"(Bildung)的历史,所谓……]誊清稿:文化！——。——编注

② 而只会陶醉——的人面前……]准备稿:而只会陶醉——的人面前最强烈的思想和激情！而且思想和激情只是陶醉的手段？戏剧艺术乃是麻醉剂(Narcoticum)！诗人们乃是人工葡萄酒的制造者！麻醉剂！——编注

87①

艺术家的自负。我相信，艺术家们经常并不知道自己最擅长于做什么：在这一点上，他们是太自负了。他们的心智指向某种更高傲的东西，而不愿表现为这种细小的花花草草，后者新鲜、稀罕而美丽动人，懂得怎样以真正的完美性在自己的土地上生长起来。
445 他们自己花园里和葡萄园里终归美好的东西，被他们草率地低估了，他们的热爱与他们的见识不是相同档次上的。{可}这里有一位音乐家，他能够找到来自受苦难、受压迫和受折磨的灵魂王国的音符，甚至进一步赋予无声的痛苦以语言，在这方面，他比无论哪一位音乐家都有更多的高超技巧。在晚秋色彩的表现方面，在一种终极的、最后和最短的享乐那不可描写的动人幸福的表现方面，没有人能与他一较轩轾；他知道一种音调，来表现灵魂那个隐秘而可怕的午夜，那时候，原因与结果仿佛已经乱了套，某个东西每时每刻都可能“从虚无中”脱颖而出。极其幸运地，他从人类幸福最深层的根基中汲取养料，可以说是从人类幸福那被一饮而尽的杯中汲取；在这只杯中，最苦涩、最讨厌的汁液最终与最甜蜜的汁露合在一起了。他知道灵魂那种疲惫的推移，灵魂再也不能跳跃和飞翔了，其实就是再也不能行进了；他胆怯地洞察到那深藏起来的痛苦、毫无慰藉的理解、毫无承认的告别；的确，作为洞见了一切隐

① 准备稿：12[37]。——编注

秘苦难的俄尔甫斯[①],他比任何一个人都要伟大,有些东西根本上是通过他才被加诸艺术的,而一直以来,这些东西都显得不可表达,甚至于配不上艺术——例如那些愤世嫉俗的反叛者,唯有苦难深重者才能够成为这种反叛者,同样地,还有灵魂的某些细小微末的东西,可以说是灵魂的双重天性的鳞片——,是的,他是细枝末节方面的**大师**。但他并不**愿意**做这种人!而毋宁说,他的性格热爱恢宏的墙壁和大胆的壁画!……他没有觉察到,他的精神有着另一种趣味和癖好——一个相反的透镜——而且最喜欢安静地坐在坍塌房屋的角落里:在那里隐蔽地,把自己隐藏起来,他画着自己那些真正的杰作,它们全都短小得很,经常只有一个节拍的长度,——在那里他才变得十分优秀、伟大和完美,也许只有在那里。——但他不知道这一点!他太自负了,不可能知道这一点。

88

446

严肃地追求真理。——严肃认真地追求真理!人们对这话的理解是多么不同啊!同一些观点、证明和检验方式,一个思想家会感到它们本身是一种轻率,他在这个或者那个时刻被这种轻率所战胜,不免羞愧,——同一些观点,却能使一个艺术家,一个遇到这

① 俄尔甫斯(Orpheus):古希腊神话人物,具有超凡的音乐天资。曾用琴声打动冥王哈得斯,从冥府中救出妻子欧律狄刻,但冥王告诫俄尔甫斯在离开冥府途中不得回头张望,在冥途将尽之际他抑制不住心中爱意,回首观望妻子是否跟随,终使妻子永远重归冥府。悲痛的俄尔甫斯最终死在一帮崇拜酒神狄奥尼索斯的疯狂女子手中。——译注

些观点、有时以这些观点为生的艺术家，产生这样一种意识，即：现在他被追求真理的至深的严肃性所掌握了，而且值得赞赏的是，他虽然身为艺术家，但同时也显示出一种追求假象之对立面的极为严肃的欲望。所以有可能，一个人恰恰以其严肃的激情才泄露出，迄今为止他的精神在认识王国里表演得多么肤浅和自足。——难道不是我们视为**重要的**一切把我们泄露了？这表明什么是我们的重点，什么无关紧要。

89[①]

现在与从前。——如果我们失去了那种更高级的艺术，节庆的艺术，那么我们的全部艺术作品的艺术还有什么要紧的啊！从前，所有艺术作品都是在人类的节庆大街上树立起来的，作为高尚和福乐的时机的标志和纪念碑。如今，人们想要用艺术作品把可怜的衰竭者和患病者从人类的痛苦大街上引开，哪怕只是贪婪的片刻；人们给他们提供一种小小的陶醉和疯狂。

90[②]

447 **光明与阴影**。——不同思想家的著作和文章是不同的：有

① 参看11[170]。——编注

② 准备稿：有些文章是光明，从一种向他们闪亮的认识的照射当中获得的光明；有些文章是阴影，灰色与黑色的复制品，那是白天预先在我心灵中建造起来的东西的阴影。两者都是物质，但却是极其不同的。——编注

的把光明集中在书里，他们善于敏捷地从一种向他们闪亮的认识的照射中窃得光明，并且把它带回家；有的只描述阴影，灰色与黑色的复制品，那是白天预先在他们心灵中建造起来的东西的阴影。

91

当心。——众所周知，阿尔菲利[①]向吃惊的同时代人叙述自己的生平事迹时，说了大量的谎话。他说谎，乃是由于那种针对自身的专横，而他对这种专横的证明方式是，声称他为自己创造了独特的语言，强制自己当了诗人：——最后他找到了一种严苛的崇高形式，用来挤压和榨取自己的生活和回忆：其中有过太多的折磨和痛苦。——对于柏拉图自己写的生平事迹，我也是不会相信的：卢梭的也是，还有但丁的《新生》(*vita nuova*)。

92[②]

散文与诗歌。——值得注意的是，散文大师几乎全都是诗人，无论是公开的或者哪怕只是隐蔽地和对“私下”而言；真的，只有面对诗歌，才能写出好散文！因为散文是一场不间断的与诗歌的优美战争：散文的全部魅力皆在于不断地规避和对抗诗

---

① 阿尔菲利(Graf Vittorio Alfieri，1749—1803 年)：意大利诗人，悲剧作家，其自传为意大利最重要的传记作品之一。——译注

② 准备稿：四个伟大的散文家。——编注

歌；任何抽象之物都可能被当作针对诗歌的狡黠手段，有如一种
嘲讽的声音；任何枯燥和冷静都是要把那迷人的女神带入迷人
的绝望之中；两者之间经常也有片刻的接近、和解，接着就是一
448 种突兀的回跳和取笑；往往帷幕被徐徐拉开了，耀眼的光得以照
射进来，而女神恰好在享受她的朦胧和深沉色彩；往往是从女神
口中取得的话，照着一种曲调被唱了出来，而这曲调却使女神以
纤纤玉手掩住了耳朵——因此，在这场战争中有无数的快乐，也
包括种种失败，而那些非诗人，即所谓的散文家，竟对此毫无所
知：——所以他们写的和讲的也只是坏散文！**战争是一切美好
事物之父**[①]，战争也是优秀散文之父！——本世纪有四位稀奇的
真正具有诗人气质的人物，他们在散文上达到了大师水准，而本
来这个世纪是达不到这个水准的——正如我们已经暗示过的那
样，原因就在于缺乏诗歌。这个世纪产生了歌德，又廉价地利用
了歌德。撇开歌德不谈，我只举出吉亚柯莫·莱奥帕迪、普罗斯
佩·梅里美、拉尔夫·瓦尔多·爱默生和瓦尔特·萨瓦歌·兰
道，[②]后者是《想象的会话》的作者。在我看来，这四位堪称散文
大师。

① 战争是一切美好事物之父］参看赫拉克利特：残篇第 53（第尔斯-克兰茨）。——编注

② 吉亚柯莫·莱奥帕迪（Giacomo Leopardi，1798—1837 年）：意大利诗人；普罗斯佩·梅里美（Prosper Merimee，1803—1870 年）：法国作家；拉尔夫·瓦尔多·爱默生（Ralph Waldo Emerson，1803—1882 年）：美国哲学家和作家；瓦尔特·萨瓦歌·兰道（Walter Savage Landor，1775—1864 年）：英国作家。——译注

93[1]

而你究竟为什么要写作？——A：我不是那种一面挥笔疾书一面**思考**的人；更不属于面对打开的墨水瓶，坐在椅子上，呆呆地看着稿纸，任由激情左右的人。我对所有写作都感到烦恼或者羞愧；写作对我来说又是一个必需品，——甚至用比喻来说，写作是令我作呕的。B：那么你为什么还要写作呢？A：是呀，亲爱的，私下里说说罢：我至今还没有找到别的办法来**摆脱**自己的思想。B：为什么你想要摆脱你自己的思想呢？A：为什么我想要摆脱？是我想要摆脱吗？不，我必须。B：够了！够了！

94 449

死后的生长。——丰特奈尔在其不朽的《死者对话录》中抛出了一些关于道德事物的细微而大胆的说法，在当时被当作一种不免让人担心的诙谐笑话的背谬和游戏；即便是趣味和精神的最高裁判也看不出其中有更多的什么意味，——是呀，也许丰特奈尔自己也不知道。现在发生了某种不可置信的事：丰特奈尔的这些想法竟然成了真理！科学证明了它们！游戏成真了！

① 准备稿：一位一面挥笔疾书一面思考的思想家想干什么啊！[或者]那些诗人，他们面对打开的墨水瓶，坐在椅子上，呆呆地看着稿纸，任由激情左右！写作当成为一个必需品，人们可能不无羞愧地想到这个必需品——关于此事的比喻已然是令人作呕的。——。——编注

还有，我们读那些对话时的感觉，与伏尔泰和爱尔维修[①]阅读时的感觉是不一样的，我们不由自主地把对话的作者提升到一个不同的和高得多的档次上了，甚于伏尔泰他们的做法，——对头吗？不对头？

95[②]

尚福尔。——像尚福尔[③]这样一个熟识人类和民众的人恰恰是来帮助民众的，并不以哲学的断念和防御姿态袖手旁观，对于这一点，我能为自己做的解释无非是：在他身上，一种本能比他的智慧更强大，而且从未得到满足，那是对所有血统贵族的仇恨：也许正是他母亲的太过容易解释的旧恨[④]，通过他对母亲的爱而被说成是神圣的，——一种仇恨本能，从少年时代起就等待着报复母亲

① 爱尔维修(Helvétius,1715—1771 年)：法国哲学家。——译注

② 参看 12[121]；15[22]；15[37]；15[71]。尼采关于尚福尔的文献来源：P.-J. 斯太尔：《尚福尔的故事，生平与著作》(*Histoire de Chamfort, sa vie et ses ceuvres*)，作为尚福尔：《思想、格言、轶事、对话》(*Pensee-Maximes- Anecdotes-Dialogue*)一书的导言，……新版……巴黎。(《尚福尔的故事》，注明为布鲁塞尔 1856 年 10 月 4 日)尼采藏书。准备稿：笔记本 N V 7，第 13 页：尚〈福尔〉他的格言集和戏谑集也〈许〉是世上所有书籍中最具有震撼力的：令人震颤。笔记本 NV7，第 36 页：尽管有像米拉博这样一位代言人，但迄今为止，尚福尔对于法国人来说依然是陌生的和麻烦的，以至于连〈圣〉伯夫的无成见的精神也反对尚〈福尔〉，犹如被激怒了———参看斯太尔：上引书，第 25 页："圣伯夫的敏感性"(La susceptibilité de M. Sainte-Beuve…)；斯太尔对圣伯夫关于尚福尔的著作进行了论战[《星期一漫谈》(*Causerie du lundi*)，第 IV 部分，第 414—434 页，巴黎，1852 年]。笔记本 N V 7，第 144 页：尚福尔牺牲了他的老人，旧政权的老人，并且他不是袖手旁观，而是前往帮助民众，由此做出忏悔。——编注

③ 尚福尔(Chamfort,1741—1794 年)：法国剧作家和小说家。——译注

④ 也许正是他母亲的太过……]尚福尔是一个私生子，参看《尚福尔的故事》，第 12—13 页。——编注

的机会。而且现在,生命及其天才——呵,最有可能的情形是,他
血管里流着父亲的血诱使他加入这种贵族的行列,与后者并肩而
坐——历经许多年许多年之久!但最后,他再也受不了自己的样
子,处于旧政权下的“老人”样子;他陷入了一种剧烈的忏悔激情之
中,并且**以此激情**,他便穿上了群氓的衣裳,作为**他自己的**羊毛僧
衣!他的坏良心就是复仇的耽搁。——假如尚福尔当时是更高一 450
级的哲学家,那么,革命就得不到它悲剧性的玩笑和它最尖锐的芒
刺了:革命就会被看作一个愚蠢得多的事件,不是这样一种精神的
诱惑。然而,尚福尔的仇恨和复仇却教育了整整一代人:最尊贵的
人也经受了这种训练。人们倒是来考量一下,米拉博[①]对于尚福
尔的景仰就如同对于他更高、更老的自己,他指望从后者那里获得
动力、警告和裁决,并且忍受之,——米拉博作为人,属于一个完全
不同档次的伟人,甚至不同于昨天和今天的大政治家当中的头等
人物。——不无稀奇的是,尽管有这样一位朋友和代言人——我
们毕竟有米拉博致尚福尔的书信[②]——这个在所有道德家中最诙
谐的人对于法国人来说还是陌生的,无异于司汤达,后者在**这个**世
纪的法国人当中也许是思想最丰富、感觉最敏感的。难道是因为
司汤达骨子里具有太多德国人和英国人的气质,而不能为巴黎人
所容忍?——而尚福尔则是一个富于心灵幽深底蕴的人,抑郁、受
苦、炽热,——是一位认为笑是治疗生活的必要药物的思想家,哪

① 米拉博(Mirabeau,1749—1791 年):法国政治家和政论家,主张君主立宪制。——译注

② 米拉博对于尚福尔的景仰……]参看 15[22];尼采阅读了米拉博致尚福尔的信,作为上面提到的斯太尔著作的附录。——编注

天不笑，他便若有所失[①]，——与其说他是一个法国人，倒不如说他像意大利人，是但丁和莱奥帕迪的近亲！我们知道尚福尔的遗言：“啊，我的朋友，”他对西耶斯[②]说，“我终于要离开这个世界了。在这世上，不是心碎，就是得变得铁石心肠——。”[③][④]这肯定不是一个垂死的法国人说的话。

① 是一位认为笑是治疗……]参看尚福尔：同上书，第 66 页：“所有的日子中，最失落的是没有笑的那一天”(La plus perdue de toutes les journees est celle ou l'on n'a pas ri)。——编注

② 西耶斯(Sieyes，1748—1836 年)：法国政治家、革命家，致力建立民主的民族统一国家。——译注

③ 原文为法文：Ah! mon ami, je m'en vais enfin de ce monde, où il faut que le cœur se brise ou se bronze——。——译注

④ “啊，我的朋友，”他对……]对此，格奥尔格·勃兰克斯(Georg Brandes)写信给尼采(1888 年 4 月 3 日)：“所引用的话并不是尚福尔的最后之言，这要看他自己的说法：《奇人轶事》(*Caractères et Anecdotes*)：D 先生与 L 先生之间的谈话，作为对如下句子的说明：很少有人，很少有事，让我感兴趣，但最让我不感兴趣的，是我自己(Peu de personne et peu de choses m'interessent, mais rien m'interesse moins que moi)。结论是：活着，看着世人，就必须或者伤透了心，或者铁石心肠(en vivant et en voyant les homes, il faut que le cœur se brise ou se bronze.)”。查尔斯·安德勒(Charles Andler)(《尼采的生平和思想》(*Nietzsche, sa vie et sa pensée*)，第二版，巴黎 1958 年，第 I 章，第 146 页，注 4)假定：尼采从乌赛(Arsèene Houssaye)为他的尚福尔著作版本(1857 年)所做的导言中接受了这个轶事；在这个版本中，事实上也可以找到勃兰克斯所指的谈话(正文第 61 页)，但不是在尼采所熟悉的斯太尔的版本中，斯太尔虽然在自己的《尚福尔的故事》中(第 50 页)从乌赛的另一部著作《十八世纪肖像集》(*Protraits du XVIII, Siècle*)引用了尚福尔的“最后之言”，但没有把这个“谈话”认作尚福尔的残篇。安德勒实事求是地认为：“可能尚福尔临死时，准是在念着他很久以前引用过的一条格言”(Cependant Chamfort a pu mourir en prononçant un aphorisme cité par lui bien avant.)。——编注

96[1]

两位演说家。——在这两位演说家当中,有一位比较偏于激
情,只有当他沉浸于激情时,他才能达到对于自己事务的全部理 451
性:唯激情才把足够的热血和激昂抽出来,注入他的大脑里,从而迫使他的高度智慧得以开启。另一位有时也可能会尝试同样的事:借助于激情,响亮地、热烈地和富于魅力地表达自己的事情,——但通常效果不佳。于是,他很快变得说话模糊而混乱,开始夸大其词,经常长篇大论,反而激起人们的疑心,怀疑他的事务的理性成分:确实,他自己也感受到了这种怀疑,而由此就说明了他为何会突然转入一种极其冷漠、极其令人厌恶的语调,从而在听众心里激起了一种怀疑,怀疑他此前的全部激情是不是真实的。在他那里,每一次的激情都是潮水泛滥,淹没了精神心智;也许是因为其激情比第一位演说家更强罢。然而,当他抵抗自己蜂拥而来的情绪风暴,并且可以说对之加以嘲笑时,他处于其力量之顶峰:只有在这个时候,他的精神才完全从自己的藏匿处走了出来,那是一种逻辑的、嘲讽的、游戏的,但也可怕的精神。

97

论作家的饶舌。——有一种愤怒的饶舌,——常见于路德,也

① 参看 8[91]。——编注

可见于叔本华。另一种饶舌出于一个太大的概念公式储存，比如在康德那里。乐于用常用的措辞来表达同一事物，则产生了第三种饶舌：我们可以在蒙田那里找到它。第四种饶舌基于阴险的本性：谁读过当代著作，在此就会想起两位作家[①]。一是由于乐于说好话、乐于采用优美的语言形式：这种饶舌在歌德的散文中并不少见。二是由于内心[②]喜欢喧嚣和混乱的感觉：例如在卡莱尔那里就有这种饶舌。

452

98[③]

赞扬莎士比亚。——把莎士比亚当作人来赞扬，在这件事上我能说的最美好的话莫过于：他相信布鲁图[④]，并且对于这种德性没有丝毫的怀疑！莎士比亚把自己那部最佳的悲剧献给了

① 在此就会想起两位作家］准备稿：在此就会想起杜林（E. Dühring）和瓦格纳的著作。——编注

② 内心］誊清稿；大八开本版：纯粹。——编注

③ 准备稿：笔记本 N V 7，第 141 页：莎士比亚把布鲁图想得有多么崇高，这一点可明见于他是如何描绘恺撒的，他称恺撒为“布鲁图最好的朋友”——这样一个人，此外还是一个非凡的天才，给世界增添光彩的人，如果他有害于自由，人们就必须把他干掉——莎士比亚如是想：悲剧必须叫布鲁图：这是莎士比亚对伟人的信仰。对此可参看策尔特致歌德的信：“福斯（Voß）直接断言：戏剧不必叫*尤利乌斯·恺撒*，*而必须叫布鲁图*；*布鲁图这个最后的罗马人和诗人的宠儿是主角*”（1830 年 3 月 30 日）。笔记本 N V 7，第 66 页：如果他知道自己的时代，**我就知道他的脾气**——布鲁图对这位诗人说道——布鲁图是哲学家。——布鲁图，当这位诗人带着自己的智慧和强求走来时，布鲁图甚至失去了耐心。——编注

④ 布鲁图（Lucius Junius Brutus，公元前 85 年—前 46 年）：又译“布鲁图斯”。罗马贵族。其祖先为罗马共和国的缔造者卢修斯·朱尼厄斯·布鲁图。曾策划刺杀恺撒。——译注

布鲁图——这部悲剧现在还总是被搞错了名字——,也就是献给了最厉害的崇高道德的典范。心灵的独立性!——这是这里的关键!对此可能没有更大的牺牲了:如果一个人热爱自由,热爱伟大心灵的自由,而自己最亲最爱的朋友却威胁到他的自由,那么,他就必须能够为之牺牲掉自己最亲爱的朋友,哪怕他是一个最精彩的人,是给世界增添光彩的人,是无与伦比的天才:莎士比亚必定有此感受!莎士比亚给予恺撒的崇高地位就是他能向布鲁图表明的最华美的荣耀:只有这样,莎翁才能把布鲁图的内在难题,同样也把能够解开这个结的心灵力量提升至惊人之境!——难道真的是政治自由推动这位诗人走向对布鲁图的同情,——使之成为布鲁图的共犯?抑或,政治自由只不过是某种不可言说的东西的一个象征?也许我们面对的是这位诗人自己心灵中某种依然不为人知,而诗人只能通过象征手法来谈论的幽暗的事件和奇遇?与布鲁图的忧郁相比较,哈姆雷特的全部忧郁又算得上什么!——也许莎士比亚也是基于亲身的经验才知道[①]布鲁图的忧郁,正如他知道哈姆雷特的忧郁一样!也许他也与布鲁图一样,有过自己的阴暗时刻和凶恶天使![②]——但尽管可能有这样的相似性和隐秘关联:莎士比亚却拜倒在布鲁图的整个形象和德性面前,觉得自惭形秽和遥不可及:这方面的证据已经被他写进悲剧中了。在悲剧中,他两次让一位诗人出场,

① 知道]誊清稿;大八开本版:知道了。——编注

② 也许莎士比亚也是基于……]据准备稿:也许这就是莎士比亚!也许对他来说也有一种"恶的精神"!也许德性的伟大在他听来也像至深黑夜的忧郁和孤独的音乐!——编注

453 两次倾泻了对他的这样一种烦躁不堪的最后的轻蔑，以至于听起来像是一种叫喊，——就像自我轻蔑的叫喊。[1] 当诗人出场时，布鲁图，甚至布鲁图也失去了耐心；这时候的诗人自负、做作、纠缠不休，就像诗人惯有的样子，表面上充斥着各种伟大的可能性，也包括道德上的伟大，但在其行为和生活的哲学中，他甚至极少达到普通的诚实性。“如果他知道自己的时代，**我就知道他的脾气**，——跟带铃铛的小丑一起滚吧！”[2]——布鲁图叫道。我们理当把这话回译到写下它的诗人的心灵中去。

99[3]

叔本华的追随者。——关于文明民族与野蛮人的接触，我们可以看到：低级文化通常会首先接受高级文化的恶习、弱点以及放荡不羁的行为，由此出发感受到一种施加给自己的魅力，最后借助

---

① 听起来像是一种叫喊……］准备稿：听起来显得像是一种叫喊——仿佛他对我们说：我是什么，你们且把诗人抛出去吧！我是有着全部智慧和狂妄的蠕虫！为什么人们没有把我踩死！我是要被践踏的——这里是有鉴于布鲁图来说的！——编注

② “如果他知道自己的时代……］参看莎士比亚：《尤利乌斯·恺撒》，IV，3。誊清稿结尾删除：连人类的这种令人愉快的事也蒙受自我轻蔑！蒙受它带来的快乐的轻蔑！——编注

③ 参看4［307］准备稿：某个艺术家毕生在对自己创造的形象的解释上犯错了，因为他作为思想家太弱了，没有一种对所思之一切的宏大综观。举例说来，直到其生命的中期，瓦格纳一直都受到黑格尔的误导；进而，当他从自己的形象中看出叔本华的学说，他再一次做了同一件事，而且更为粗暴：在我看来无疑地，意愿之清白无辜，对所有伟大激情的内在［?］辩护，对自私自利的齐格弗里德式的解释（这种自私自利有权不顾虔诚和感恩而杀死一个生物）是（ist）［原文如此！］深深地违悖瓦格纳精神的。——编注

于所获得的恶习和弱点,让高级文化中某些有价值的力量一道感染自己:——对于这一点,我们也无需远游到野蛮民族那儿,完全可以从近处看个明白,当然是某种被精细化和被灵性化的东西,不是那么容易把握到的。**叔本华**的德国信徒们到底首先从他们的大师那里接受了什么呢?——与这位大师的优势文化相比较,他们必定会觉得自己十分野蛮,方能首先野蛮地同样为他所吸引和引诱。这是他严苛的事实感,他力求明亮和理性的善良意志(这种善良意志经常使他显得像英国人而不是德国人)吗?抑或是他的理智良心的强大吗?——这种理智良心**经受着**存在与意志之间的一个终生矛盾,并且逼使他甚至在自己的著作里不断地、几乎在每个点上都自相矛盾。抑或是他在教会和基督教上帝事务方面的纯洁 454
性吗?——因为在这方面他的纯洁是迄今为止没有一个德国哲学家能比的,以至于他生生死死都是"伏尔泰信徒"。抑或是他关于直观的理智性、关于因果律的先天性、关于理智的工具本性和意志的不自由的不朽学说?不,这一切并不令人着迷,并没有被感受为具有迷人魅力的:可是,在叔本华任自己受要成为世界的解谜者这样一种虚荣的冲动所诱惑和败坏的地方,这位事实思想家不无神秘的尴尬和托词,乃是关于一种**唯一意志**的不可证明的学说("一切原因都只是此时此地意志之显现的偶然原因","生命意志在每种生物中,哪怕是在最渺小的生物中,都是完全地和不可分地现成的,如此完整地被集中起来,就像在过去存在过、现在存在和将来存在的一切中"),对**个体的否定**("所有狮子根本上只是一只狮子","个体的多样性是一种假象";正如连进化也是一种假象:——他把拉马克的思想称为"一种天才的、荒谬的错误"),关于**天才**的

狂想（“从审美直观中，个体不再是个体，而是纯粹的、无意志的、无痛苦的、无时间的认识主体”；“主体完全消溶于被直观的对象中，成了这个对象本身”），**同情**之荒谬以及在其中成为可能的principii individuationis［个体化原理］突破，乃是所有道德性的源泉，加上下面这些断言，诸如“死亡根本上是此在（Dasein）的目的”，“一个已经死去的人也可能产生一种神奇的作用，这种可能性是先天地不可否认的”之类：这位哲学家的这些和类似的**放荡言行**和恶习总是首先被接受，并且被搞成信仰的事情了：——因为恶习
455 和任情恣性总是最容易被模仿，不要求长时间的预习。且让我们来谈谈活着的叔本华信徒当中最著名的理查德·瓦格纳吧。——已经在一些艺术家身上发生的事也发生在瓦格纳身上了：他在对自己创造的形象的解释上犯错了，也误认了他最本己的艺术所隐含的哲学。直到其生命的中期，瓦格纳一直都受到黑格尔的误导；当他后来从自己的形象中看出叔本华的学说，并且开始用“意志”、“天才”和“同情”来表达自己时，他再一次做了同一件事。尽管如此，依然真实的是：没有任何东西比瓦格纳的主角身上的真正瓦格纳品质更违悖瓦格纳精神的了：我指的是至高的自私自利的清白无辜，对伟大的激情的信仰也即对善本身的信仰，一句话，瓦格纳主角面貌中的齐格弗里德因素[①]。叔本华也许会说：“这一切嗅起来更有斯宾诺莎的气息而不是我的气息。”所以，不论瓦格纳有多么好的理由去寻求其他哲学家而不是寻求叔本华，但他屈从于这

① 齐格弗里德（Siegfried）：瓦格纳根据古代北欧神话《尼伯龙根之歌》写成四联剧《尼伯龙根的指环》，其中第三部为《齐格弗里德》，讲述了齐格弗里德历经重重磨难，最终夺取指环并收获爱情的曲折故事。——译注

位思想家的魔力,这种魔力使他不仅对所有其他哲学家视而不见,而且甚至看不到科学本身;他的全部艺术总是越来越多地意愿充当叔本华哲学的配对物和补充,总是越来越明确地更高的虚荣,就是变成人类认识和科学的配对物和补充。激发他走到这一步的,不光是这种哲学的整个神秘的富丽堂皇(后者也刺激了一个卡廖斯特罗[①]):甚至这位哲学家的个别举动和情绪也始终是诱惑者![②]例如,瓦格纳对德语语言的腐败大光其火,其实就是叔本华式的;倘若人们在此应赞成这种模仿,那么,同样毋庸讳言,瓦格纳的风格本身没少染上所有的溃疡和肿瘤,后者的样子使叔本华十分愤 456
怒,而且,鉴于那些用德语书写的瓦格纳信徒们,瓦格纳狂(Wagnerei)开始表明自己有多么危险,此前只有某种黑格尔狂表明自己是这样的。瓦格纳对犹太人的仇恨是叔本华式的,虽然犹太人有极其伟大的事功,但瓦格纳本人却不能公正地对待之:犹太人其实是基督教的创造者啊。瓦格纳试图把基督教理解为一粒吹散了的基督教种子,并且要为欧洲——在短暂地亲近于天主教-基督教的程式和情感的情况下——准备一个佛教的时代,他这种尝试也是叔本华式的。瓦格纳有关对动物慈悲为怀的说教也是叔本华式的;而众所周知,在这方面,叔本华的先行者是伏尔泰,此公与他的追随者一样,也许也善于把自己对某些事物和人们的仇恨伪装成对动物的慈悲。至少,瓦格纳在其说教中表达出来的对于科

① 卡廖斯特罗(Cagliostro,1743—1795年):意大利江湖骗子、魔术师、冒险家。——译注

② 变成人类认识和科学的……]作者修改前的校样:成为人类认识和科学的配对物和补充。是的,瓦格纳追随他的导师本身进入岔路中,是的,直至达到他的趣味的特异反应性(Idiosyncrasien)。——编注

学的仇恨，肯定不是起于仁慈和善良——当然也不是来自一般**精神**。——最后，如果一位艺术家的哲学只不过是一种事后追加的哲学，并不对他的艺术本身构成任何损伤，那么，这种哲学也就无关紧要了。人们还不足以提防，免得因为一个偶然的，也许十分不幸的和傲慢的假面具的缘故而对一位艺术家心生怨恨；我们可不要忘了，可爱的艺术家们全都有，而且全都必须有一点儿戏子味，他们要是没有演戏能力是难以持久的。让我们忠于瓦格纳，忠于他身上**真实的**和**原始的**东西，——而且尤其是因为，我们这些瓦格纳的信徒也忠于我们自己，忠于我们身上真实的和原始的东西。让我们把他那理智的情绪和痉挛留给他吧，而倒是公正地来考量一下，一种艺术（比如他的艺术）**需要**何种稀奇的营养和必需品才
457 能存活和发展！无关紧要的是，他作为思想家常有不当之举；公正和忍耐不是**他的**事。只要他的生活对于自己具有正当性，并且保持正当性，这就够了：——这种生活大声呼唤我们中的每个人："做个男人吧，不要跟随我，——而是跟随你！跟随你自己！"[①] **我们的**生活也应当对我们自己保持公正性！我们也应当自由而无所畏惧地，以清白无辜的自身性，从我们自身中生长和繁荣！而且，当我考察这样一个人时，即便在今天也与从前一样，在我耳畔响起这样的句子："激情比恬淡寡欲和伪善更佳，诚实做人，即便是在恶行中的诚实，也比因传统德行而丧失自我更佳，自由的人可能是善的也可能是恶的，但不自由的人却是本性的耻辱，不能分有任何天上人间的慰藉；最后，**意愿自由的每个人都必须通过自身成为自由的**，

① 做个男人吧，不要……］参看歌德：《维特》第二版（1775 年）之箴言。——编注

自由是不会作为神奇赠礼掉到任何人的怀抱里的”。(《理查德·瓦格纳在拜罗伊特》,第94页)[①]

100[②]

学会敬重。——正如人要学会轻蔑,同样也必须学会敬重。每个人,当他走上新的道路,并且也把众人带上新的道路时,都会惊讶地发现,这些被带上路的众人在表达感恩时显得多么笨拙和贫乏,甚至,哪怕仅仅**能够**说出感谢的竟也是多么稀罕。每当他们想要说话时,仿佛总是如鲠在喉,结果他们只会咳嗽,在咳嗽中又不会吱声了。一个思想家感受到自己思想的影响及其改造和震撼的强力,其感受方式近乎一出滑稽戏;有时候,看起来仿佛那些受到这种影响的人们感觉自己因此受了伤害,并且

① 无关紧要的是,他作为……]誊清稿:但这种艺术——他的艺术与所有艺术一样健康——的确不该“想要成为直接行动的导师和教育者;艺术家只在这种理解中才成为一个教育者和立法者”。(《理查德·瓦格纳在拜罗伊特》,第29页);参看WB11和4(第1卷第506页第29行—第507页第3行);第452页第15—17行。——编注

② 准备稿:人也必须学会敬重:所有走上新道路的人都会惊讶地发现,这些被带上路的人在表达感恩时显得多么笨拙和无所用心,甚至对于最高的促进而言,他们哪怕仅仅说出感谢竟也多么稀罕。一位具有改造和震惊意义的作家得以从其读者身上感受到这种作用,其感受方式经常是可笑的——经常是侮辱性的。事情仿佛是,读者必须以某种方式放弃自己对他的报复,或者不得不特别无教养地向他表明自己的抵制,他的不曾放弃的自身独立性——其间最好的朋友经常会变得不可忍受。——几代人以后,人们学会了感恩方面的独创性——而且这时候通常会出现一个人,他是伟大的感恩接受者,这不只是为了他自己以行动证实的好事。因此,在人们有了一个世纪之久的训练,懂得尊重技艺高超者之后,李斯特(Liszt)便大获全胜;因此,在德国音乐懂得在整个地球上制造快乐之后,瓦格纳便大获全胜了,人们敬重这种音乐,因为人们为它最著名的代表缴纳了关税。贝尼尼(Bernini)的情形就是这样。——编注

458 正如他们所担心的那样，仿佛他们只会用各种坏习惯来表达他们那受到威胁的独立性。哪怕只是为了发明一种礼貌的感谢惯例，也需要整整几代人：只有到很晚的时候，才会出现那个时间点，一种精神和天才才进入了感恩之中：这时候通常也会出现一个人，他是伟大的感恩接受者，这不只是因为他自己做的好事，而多半是因为他的前辈们渐渐积存起来的一个至高者和至善者的宝贵财富。

101[①]

伏尔泰。——凡有宫廷的地方，就都有讲好话的准则，因而也就有适合于所有写作者的风格的准则。但宫廷的语言就是宫廷侍臣的语言，**侍臣没有专业**，即便在谈论科学问题时也禁止自己使用任何方便的专门术语，因为它们听起来有专业的味道；所以，在充斥某种宫廷文化的国度里，专门术语以及显露专家身份的一切东西，都是一种**风格上的瑕疵**。当今，所有的宫廷都已经沦为过去和现在的讽刺漫画，人们惊奇地发现，甚至伏尔泰在这一点上也极其脆弱和难堪（例如在他关于丰特奈尔和孟德斯鸠这类风格作家的评论中），——我们完全从宫廷趣味中解放出来了，而伏尔泰则是宫廷趣味的**完成者**！

---

① 参看12[170]。——编注

102

给语文学家的一句话。——有许多书大有价值，极为贵重，以至于好几代学者都好好利用了它们，通过学者们的努力，这些书得以保持纯净和明白可解，——把这个信念一而再再而三地加固起来，此乃语文学存在的意义。语文学预设了一点，即：世上不乏那些稀罕的人物(尽管人们没有马上看到他们)，他们真正懂得如何 459
利用十分珍贵的书籍：——他们本身很可能会成为写这类书或者能写这类书的人。我想说的是，语文学是以一种高贵的信念为前提的，——为了少数几个总是“将要到来”而又并不在此的人，必须预先了结掉大量难堪，甚至不洁的著作：一切都是 in usum Delphinorum[为皇太子所用][1]的著作。

103[2]

论德国音乐。——现在，德国音乐更甚于其他任何音乐，已经

---

① 此处“in usum Delphinorum”[为皇太子所用]：因法国国王路易十四之子的老师的建议，删改古希腊罗马经典作家的著作，使之成为“洁本”而“为皇太子所用”的教材。——译注

② 准备稿：笔记本 N V 1：如果你来设想一下歌德身旁的贝多芬，他就立即表现为“桀骜不驯的人”(就像歌德在卡尔斯巴德碰面后给他的称号)，表现为半野蛮人、情绪不佳者、自虐者、愚蠢的着迷者、愚蠢的不幸者、与被安慰者相对的真诚的无节制者，与艺术家相对的空想家。贝多芬差不多就是卢梭太过喜欢成为的东西，而且卢梭正是作为这种东西而生活在他的理想读者眼里——当时人们把这种东西称为“自然”。现在人们可能发现，这词什么也没说出来，歌德是更自然的[对此可见笔记本 M II 1 第 70 页的异文：连歌德也是自然的]。在那个时代，人们追求善意的半拉子。——编注

是欧洲音乐了，因为只有在德国音乐中，欧洲通过革命所经历的变化得到了表达：唯有德国音乐家擅长于表达激动的民众，擅长于制造一种巨大的人为的噪音，后者甚至不需要十分响亮，——而举例说来，意大利歌剧只知道仆役和士兵的合唱，而不知道“民众”①。此外，从所有德国音乐中都可以听出一种小市民对高贵(noblesse)的深深妒忌，尤其是妒忌作为一种宫廷的、骑士的、老派的、自信的上流社会之表达的机智(esprit)和高雅(élégance)。这不是音乐，就像歌德的门外歌手的音乐，它也在“室内”演奏，而且让国王称心；这里的意思并不是：“骑士勇敢地注目，美人投怀送抱”②。要是没有突如其来的良心谴责，甚至美惠三女神也不会出现在德国音乐中；只是有了本土的美惠三女神的妩媚，德国人才开始感受到自己是完全道德性的——而且由此开始变本加厉，越来越追求其狂热的、博学的、往往暴躁的“崇高”，那种贝多芬式的崇高。如果你要来设想一下追求**这种**音乐的人，那就只要想想贝多
460 芬，看看当他出现在歌德身旁时，比如那次与歌德在特普利茨(Teplitz)相遇时是怎么说的：那是半野蛮碰到了文明，平民遇到了贵族，听话的人与善良的，甚至比单纯“善良”更甚的人会面，空想家与艺术家相聚，需要安慰者与被安慰者相对，夸张者、怀疑者与公平者碰在一起了——贝多芬乃是郁郁不欢者和自虐者，是怪癖的疯子、极乐的不幸者、真诚的无节制者，是自负而粗野之

① “民众”]在笔记本 N V 7 的补充：一个意大利人告诉我，德国人更精通美妙的噪音，他因〈此〉偏爱德国音乐。——编注

② “骑士勇敢地注目……”]参看歌德：《歌手》。——编注

人——总而之言,是一个“桀骜不驯的人”[1]:歌德本人对贝多芬也有此感觉,并且给了他这个称号;歌德这个特立独行的德国人,至今尚未出现与之匹配的音乐!——最后让我们进一步来考量一下,德国人身上现在有一种越来越[2]蔓延开来的对旋律的蔑视以及旋律感的萎缩,这种状况是不是可以被理解为一种民主的恶习和革命的后果?因为旋律具有这样一种对法则的公然乐趣,以及这样一种对所有变易之物、未成形之物和任意之物的反感,以至于它听起来就像一种对欧洲事物的**古老**秩序的回响,就像一种回归这种古老秩序的诱惑。

104[3]

论德语的音调。——我们知道德语源自何处,几个世纪以来它成了普通书面德语。德国人具有对来自**宫廷**的一切的敬畏之心,他们有意把宫廷文书当作范本,在他们要**书写**的一切中,尤其是在他们的信函、证书、遗嘱等中,莫不如此。文书式写作,就是按宫廷和政府方式写作,——与人们碰巧生活在其中的城市的德语

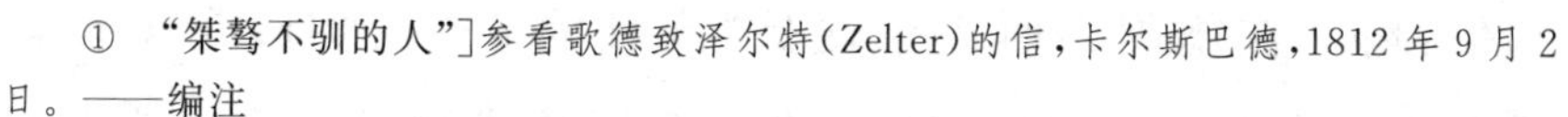

① “桀骜不驯的人”]参看歌德致泽尔特(Zelter)的信,卡尔斯巴德,1812 年 9 月 2 日。——编注

② 此外,从所有德国音乐中……]据誊清稿:此外,所有德国音乐听起来都像是种对高贵的、骑士的、宫廷的高雅(Eleganz)和规矩的违抗和嘲讽,根本上是不允许自己优雅(Anmuth)的,因为优雅有点儿受到怀疑,即有想成为“高雅”的嫌疑:为什么德国音乐家只允许自己有某种乡村的、未经训练的、暴躁的优雅,这种优雅也在“民众”中出现——贝多芬式的妩媚。从这个观点出发来看,现在甚至前者也出现了。——编注

③ 准备稿:德国人怀有对于来自宫廷的一切东西的敬畏之心,就他们的书面语而言(也就是在信函、证书、法令、圣经等中),他们具有这种敬畏之心。——编注

相比，这是有一些高雅和讲究之处的。渐渐地，人们也像书写那样做结论和讲话了，——于是人们变得更高雅和讲究了，在用词方
461 式、遣词造句，最后甚至在音调上都是这样：人们说话时装出一种宫廷腔，到最后，这种装腔作势竟成了自然。也许在任何地方都没有发生过完全类似的事：书写风格强力支配着整个民族的言语、客套、炫耀，成为一种超出方言的共同语言的基础。我相信，德语的音调在中世纪，尤其是在中世纪以后，是深度土气和粗鄙的：在最近几个世纪里，它变得有点儿高贵了，主要是因为人们觉得有必要大规模地模仿法语、意大利语和西班牙的音调，而且恰恰是德国（以及奥地利）的贵族，他们对于母语是完全不能满足的。而对蒙田甚或拉辛来说，尽管有了这种练习，德语听起来必定还是太过粗鄙的：即便到现在，混杂于意大利下层民众当中的一些游客嘴里的德语，听起来始终还十分粗糙、野蛮、嘶哑，仿佛来自烟雾腾腾的房间和不懂礼貌的地带。——现在我注意到，在以前宫廷文书的赞赏者当中，如今又有一种类似的对音调之高雅的渴望蔓延开来，德国人开始适应一种十分奇怪的“音调魔力”，长此以往，这可能会成为一种危害德语的真正危险，——人们在欧洲再也找不到更可恶的音调了。声音中含着某种嘲讽、冷酷、漠然、粗俗：现在在德国人听起来便是“高雅的”——而且，在年轻官员、教师、女士、商人的声音中，我听到了追求这种高雅的善良意志；是的，连小姑娘们都在模仿这种军官德语呢。因为正是军官，而且是普鲁士军官，他们是这种音调的发明者：这同一些军官，作为军人和专业人士，具备那种值得赞赏的谦逊礼节，那是全体德国人都得学习的（包括德国教授和音乐家们！）。但一旦

这些军官们开口说话和活动，就成了古老欧洲最不谦逊和最乏 462
味的人物了——毫无疑问，军官们自己对此是无意识的！而且，那些善良的德国人也是无意识的，他们把军官们视为一等的和最高雅的上流社会的人加以赞叹，并且乐于让军官们来“定调子”。这也正是军官们所做的！——而且首先是那些中士和下士在模仿军官们的调子并且把它粗糙化。且来听听那些军事口令吧，现在人们在所有城门前操练时，德国城市里到处都有这种死板口令的咆哮声：这种吼叫声听起来是何等傲慢，具有何种暴怒的权威权，又有多么讥讽的冷酷啊！德国人真的是一个音乐的民族吗？可以肯定的是，德国人如今在他们的语言的音调上已经把自己军事化了：很可能，德国人在练熟了军事化地说话以后，终于也将军事化地书写了。因为某些音调的习惯会深深地蔓延到性格中：——很快地，人们就有了恰好与这种音调相适应的言语和措辞，最后也就有了与之相应的思想！也许人们现在就在以军官方式写作了；也许对于人们今天在德国所写的，我只是读得太少了。然而有一点是我越来越确定的：那些甚至波及国外的德国官方声明并没有从德国音乐中获得灵感，而倒是受一种乏味而骄横的新音调刺激的。德国最重要政治家的几乎所有讲话，哪怕他是通过其皇家喉舌而被人们听到的，却都含有一种被外国人[①]厌恶地拒绝的腔调：但德国人[②]却能忍受之，——他们忍受自己。

① 外国人]准备稿：英国人。——编注

② 德国人]准备稿：普鲁士人。——编注

105

作为艺术家的德国人。——德国人一旦真正陷入激情中（而且不是像通常那样，仅仅陷入追求激情的良好意志中），他们
463 就表现出他们不得不这样做的样子，而不会进一步来想想自己的行为。然而真相是，他们表现得十分笨拙和丑陋，仿佛毫无节奏和韵律，以至于观众们在此只能感受到他们的困苦或者他们的感动，再无其他：——**除非**德国人能把自己提升到某些激情能够做到的崇高和迷狂境界。这样的话，甚至德国人也会变**美的**！**在何种高度上**美才能把它的魔力本身倾注到德国人身上呢？对此问题的预感驱使德国艺术家进入高处和过高的境地，进入激情的肆意放纵之中：也就是一种真正深刻的渴望，要求超越丑陋和笨拙，要求至少能向外观望——去观察一个更美好、更轻松、更南方、更阳光的世界。因此，他们的痉挛往往只不过是一个标志，表明他们想要**跳舞**：这些可怜的熊啊，在他们身上，隐蔽的水泽仙女和森林之神驱动着他们的本质——同时甚至有更高的神明呢！

106

作为代言人的音乐。——“我渴望有一位音乐大师，”一位革

新者对自己的门徒说,“他要学习我的思想,今后就用自己的语言来讲我的思想[1]:这样,我才能更好地为人所接受,更好地深入人心。人们可以用音乐把人诱向任何一种谬误和任何一种真理:谁能**反驳**一种音乐呀?”——“那么,你是想被人们看作不容反驳的吗?”他的门徒说。这位革新者答道:“我希望[2]幼苗成长为大树。为让一种学说成长为大树,它必须有好一阵子被人相信:为了它被人相信,它必须被人视为不容反驳的。大树需要风暴、怀疑、害虫、邪恶,方能显示出其幼苗的本性和力量;如果它不够强壮,就让它折断吧! 可是,一棵幼苗始终只是被消灭,——而不是被反 464
驳!”——当他说完这话,他的门徒狂热地叫道:“可我相信你的事业,而且认为它是那么强大,以至于我将说出一切,说出我心里依然反对的一切。”——这位革新者暗自笑了,用手指恐吓他。[3] 然后他说道:“你这种门徒是最佳的,但却是危险的,并不是每一种学说都是你能容忍的。”

① 一位革新者对自己的……]准备稿:查〈拉图斯特拉〉说,他要学习我的思想,今后用自己的语言来讲我的思想。——编注

② 他的门徒说。这位革新者……]准备稿:他的门徒之一说。查〈拉图斯斯特拉〉答道,我希望。——编注

③ 而不是被反驳!”——当他……]准备稿:而不是被反驳。[我有对一种音乐的渴望,这种音乐说着曙光的语言。”在这里,他的弟子之一拥抱着他,并且叫喊]当他说完这话,人群中有个人热〈情地〉叫道:“啊,我的”,这个向他发问的门徒热情地叫喊:“啊,你是我真正的[大师]老师! 我认为你的事业是那么[美好]强大,以至于我将说出一切,说出我心里反对的一切。”查〈拉图斯特拉〉[微笑了],暗自取笑这番话,用手指[指他]指着他;参看 12[119]。——编注

107[①]

我们对艺术的最终感谢。——倘若我们不曾喜欢艺术，没有发明出这种对非真实之物的崇拜方式：那么，关于现在由科学给予我们的普遍的非真理和欺骗的洞见——关于幻想和谬误（作为认识着和感觉着的此在的条件）的洞见——，或许就是完全不可忍受的。正直或许会导致厌恶和自杀。但现在，我们的正直却具有一种对抗的力量，它能帮助我们回避此类结果：艺术作为求假象的善良意志。我们不能总是禁止我们的眼睛，去把某物剪裁修圆，最后作成诗歌：而且这样一来，这就不再是我们通过变易之河流（Fluss des Werdens）来承受的永恒的非完美性了——于是我们以为自己承受了一位女神，并且在这种服务中感到骄傲和天真[②]。作为审美现象，此在（Dasein）对我们来说始终还是可忍受的，[③]而且，艺术为我们的眼睛、双手，尤其是好良心提供了可能性，使我们能够把我们自身变成这样一个现象。我们有时必须让自己休息，我们的

① 参看11[285]；12[29]。准备稿：倘若我们不曾喜欢艺术，没有发明出这种对非真实之物的崇拜方式：那么，关于现在由科学给予我们的普遍的非真理和欺骗的洞见，或许是不可忍受的。正直或许会导致厌恶和自杀。但现在，我们的正直却具有一种对抗的力量，它能帮助我们回避此类结果：我们回想一下，假如艺术在此存在，我们便抬高骗子，喜欢被骗。瞧，这个人（Ecce homo）。——编注

② 艺术作为求假象的意志……］作者修改前的校样：我们回想一下，假如艺术在此存在，我们便抬高骗子，喜欢被骗。——编注

③ 尼采在《悲剧的诞生》第5节中的表达是："唯有作为审美现象，此在与世界才是永远合理的"。参看尼采：《悲剧的诞生》，第5节，科利版《尼采著作全集》第1卷，德文版，柏林/纽约，1988年，第47页；中译本，孙周兴译，商务印书馆，2017年，第48页。——译注

做法是，往上往下看自己，从一种艺术距离出发来对自己笑或者对自己哭；我们必须去发现隐藏在我们的认识激情中的英雄，同样还得发现其中的傻子，为了能够欢欣于我们的智慧，我们必须时而欢欣于我们的愚钝！恰恰因为我们从根底上说是沉重而严肃的人，465
比人有更重的分量，所以，除了促狭鬼的帽子，没有任何东西对我们有好处：面对我们自己，我们需要这顶帽子——我们需要一切放纵的、飘游的、跳动的、嘲笑的、稚气的和福乐的艺术，方不至于丧失掉我们的理想要求我们的那种超拔于事物的自由。如果我们恰恰以我们敏感的正直完全沦于道德之中，而且因为我们在这方面对自己提出的过于严苛的要求，竟还变成了有德性的怪物和稻草人，这对我们来说或许是一种倒退。我们同样能够超越于道德：而且不仅可以高蹈于道德之上，带着一个时刻担心滑倒和跌落的人的恐惧和僵硬，而且也可以在道德之上飘浮和游戏！——为此，我们如何可能少得了艺术——以及傻子呢？——只要你们依然以某种方式羞于面对自己，你们就还不是我们中的一员！[①]

① ，而且，艺术为我们的眼睛……]作者修改前的校样：所以我们竟意愿归属于为此做这件事的人！使之变得美好的人！——编注

467 # 第三部(第 108—275 节)

108[①]

新的斗争。——佛陀[②]死后,人们还在一个山洞里展示他的幽灵,达几百年之久,——那是一个非常可怕的幽灵。上帝死了:但依照人类的方式,也许历经几千年之久,还会有山洞来展示上帝的幽灵。——而我们——我们还必须战胜上帝的幽灵!

109[③]

我们要当心!——我们要当心,不要以为世界是一个活的东

---

① 参看 14[14]。准备稿:笔记本 N V 7,第 16 页:质言之,你们要当心上帝的阴影——人们也称之为形而上学。笔记本 N V 7,第 104 页:我们也必须与上帝的阴影作斗争——而且这已经达几百年之久——因此长久地、长久地,还会有山洞,在其中———。——编注

② 佛陀(Buddha):本名悉达多·乔达摩(Siddharta Gotama,前 560 年—前 480 年),佛教创始人,生于释迦族,故又名释迦牟尼。佛陀简称为佛,其意为觉悟者。——译注

③ 参看 11[108,157,201,213]。准备稿:笔记本 M III 1,第 49 页:你们要当心,不要说世界是一个活的东西。世界该往何处延展啊!世界该以何为生啊!世界可能如何成长和增多啊!——你们要当心,不要说死与生相对立。生者只 (接下页注释)

西。世界该往何处延展?世界该以何为生?世界可能如何成长和增多呢?我们确实大概知道有机体是什么:而且,难道我们应当把只在地球外表感知到的完全衍生的、迟晚的、稀罕的、偶然的东西重新解释为本质性的、普遍的、永恒的东西,正如那些把宇宙称为一个有机体的人所做的那样?这让我感到恶心。进一步,我们要当心,不要相信宇宙是一台机器;宇宙肯定不是为某个目标而构造起来的,以"机器"一词,我们是给予宇宙一种太高的荣耀了。我们要当心,不要一般地和普遍地假设某种像我们邻近的星星的循环运动一般简洁规矩的东西;甚至看一看银河,我们就能生出一种疑 468
窦,是不是在那里不存在太过粗糙和悖谬的运动,同样地也不存在

(接上页注释) 不过是死者之一种:而且是稀罕的一种。——你们要当心,不要说世界永远在创造新事物。——你们要当心,不要说自然是有规律的。有的只是必然性:其中没有命令者,也没有听从者,也没有逾越者。——如果你们知道不存在任何目的,那么,你们也就知道没有任何偶然可言。因为只有在一个有目的的世界那儿,"偶然"一词才是有意义的。——你们要当心,不要以为存在任何永久持续的实体,哪怕是多么微小;原子就像爱利亚学派的神一样是一种谬误。存在着束(Büschel)以及力线(Kraftlinien),后者的终点是数学的点,但不是物质的点。根本没有什么物质,正如根本就没有上帝。笔记本 M III 1,第 34 页:宇宙当然不是一台"机器"——这就是说,宇宙的本质被过高评价了。怎么啊!是朝着某个目标而被构造起来的!笔记本 M III 1,第 74 页:最深的谬误在于,我们把宇宙本身设想为某种有机体——我们确实大概能够推算出有机体的起源过程,指出必然的步骤。怎么啊!说到底,无机体根本上是有机体的进化和衰落!愚蠢啊!笔记本 M III 1,第 18 页:我们要当心,不要一般地和普遍地假设某种像我们的星星的循环运动一般简洁规矩的东西——甚至看一看银河,我们就能生出一种疑窦,是不是在那里没有出现太过粗糙和悖谬的运动,不存在具有永恒的直线落体轨迹的星球,等等。我们生活在一种特例秩序中,而且这种秩序以及它所创造的相当的持久性又使特例中的特例、有机体的形成成为可能。然而,世界的总特征永远是混沌(Chaos),这意思并不是缺乏必然性,而是缺乏秩序、美、划分以及我们审美人性的所有名堂。从我们的理性出发来判断,失败的投掷首要地并不是规则,整个游戏永远重复自己,但特例并不是隐秘的目标,甚至"失败的投掷"一说就是一种人化。校样结尾删除:普罗米修斯还永远摆脱不了他的猛禽!——编注

具有永恒的直线[1]落体轨迹以及类似运动的星球。我们生活于其中的星球秩序是一个特例;这种秩序以及由之限定的相当的持久性又使特例中的特例成为可能:此即有机体的形成。然而,世界的总特征永远是混沌(Chaos),这意思并不是缺乏必然性,而是缺乏秩序、划分、形式、美、智慧以及我们审美人性的所有名堂。从我们的理性出发来判断,失败的投掷根本就不是规则,特例并不是隐秘的目标,整个百音钟装置永远重复着自己决不能被称为旋律的曲子,——而且最后,甚至“失败的投掷”一词就是一种人化,它本身包含着一种责难。可是,我们如何可能责难或者赞美宇宙啊!我们要当心,不要模仿着说宇宙是无情的、非理性的或者相反:宇宙既不完美,也不美丽,也不高贵,也不想成为所有这一切的任何一项,宇宙根本不求模仿人类!我们的审美判断和道德判断完全不能应用于宇宙![2] 宇宙也没有任何自我保存的本能,根本没有什么本能;宇宙也不知道任何规律。我们要当心,不要说自然是有规律的。有的只是必然性:其中没有命令者,也没有听从者,也没有逾越者。一旦你们知道不存在任何目的,那么你们也就知道没有

---

① 直线]第一版第二次印刷;作者样书;大八开本版中被更正;第一版中为:垂直。参看1882年8月22日尼采致加斯特的信:“‘永远垂直的落体轨迹’是不可能的……”。——编注

② 不要模仿着说宇宙是……]笔记本 M III 1,第74页:不要把“无情、残酷、非理性、缺乏高贵情感等等”投放入存在(Sein)之本质中,由此来诋毁此在(Dasein)的价值——就像悲观主义者,但根本上也包括单子论者(Monadiker)等等。我们必须完全非理性地和不假思索地来设想,审美和道德价值的任何谓词根本上都不可能应用于宇宙——宇宙毫无意愿,它既不会变得完满,也不会变得美丽,也不会变得高贵,等等。——卡斯帕〈里〉(Casp<ari>)第288页以卑鄙的方式呼吁“警告的情感”(abmahnende Gefühl)!尼采在此引用了奥托·卡斯帕里:《物的联系》(*Der Zusammenhang der Dinge*),《哲学文集》(*Gesammelte philosophische Aufsätze*),布雷斯劳,1881年。尼采藏书。——编注

任何偶然可言:因为只有在一个有目的的世界那儿,“偶然”(Zufall)一词才是有意义的。我们要当心,不要说死与生相对立。生者只不过是死者之一种,而且是十分稀罕的一种。——我们要当心,不要以为世界永远在创造新事物。不存在任何永久持续的实体(Substanz);就像爱利亚学派的神一样,物质(Materie)也是一种谬误。但何时我们才能结束我们的当心和照料啊!何时上帝 469
的所有这些阴影将不再蒙蔽我们?何时我们才会把自然完全非神化!何时我们才能开始以一种纯粹的、重新被发现、重新被拯救的自然,把我们人类**自然化**!

110[1]

认识的起源。——在漫长的历史时期里,知识分子只是制造了谬误;其中一些谬误被证明为有用的,是对种类具有保存作用的:谁若碰到了它们或者继承了它们,他便以更大的运气为自己和自己的后代而开展斗争。此类错误的信条总是不断地得到继承,最后几乎成了人类的基本种类库存,诸如如下信条:存在着持久的事物[2],存在着相同的物,存在着物、质料、物体,一物就是它显现给我们的东西,我们的意志是自由的,对我来说好的东西本身也是好的。只是到十分晚近的时候才出现了此类信条的否定者和怀疑者,——只是到最近才出现了作为最虚弱的认识形式的真理。看起来,人们不能凭真理而生活,我们的有机体是根据真理的对立面

① 参看 11[335]。——编注

② 事物]准备稿:事物(语言所依据者)。——编注

而被安排的；它所有的高级功能，感官的感知和任何一种一般感觉，都是与那些在古老时代被吞食的基本谬误一道工作的。更有甚者：甚至在认识范围内，那些命题变成了人们据以测定“真”与“不真”的标准——直到纯粹逻辑最遥远的区域。因此，[①]认识的**力量**并不在于它的真理性程度，而倒是在于它的年纪、它的被吞食状态、它的特征——作为生命条件。在生活与认识似乎发生冲突的地方，从来没有过严重的斗争；在那里，否定和怀疑被当作疯狂行为[②]。那些特立独行的思想家，比如爱利亚学派的思想家，他们
470 却仍然建立和确定了自然谬误的对立面，相信也可能根据这种对立来**生活**：他们把智者虚构为具有不变性、非个人性和直观普遍性的人，既是一又是一切，具有一种适合于那种颠倒的认识的特有能力；他们相信他们的认识同时也是**生活**的原则。但为了主张所有这一切，他们不得不就自己的状态来**欺骗**自己：他们不得不为自己捏造了非个人性和没有变化的持久性，不得不错认了认识者的本质，不得不否定本能在认识中的力量，一般地把理性理解为完全自由的、自发的活动；他们对以下事实视而不见，即：在与通用有效性的冲突中，或者在对安宁或者唯一占有或者支配地位的要求中，他们也达到了自己的命题。真诚性[③]和怀疑的更微妙的发展最后也使这些人成为不可能；他们的生活和判断也表明自己取决于一切

① 区域。因此，]准备稿：区域（例如每个物都是自身相同的，A＝A：实际上并没有这样的东西）。因此，——编注

② 与认识似乎发生冲突的……]准备稿：得到考虑的地方，再也没有严肃的斗争，在这里，一种否定被当作疯狂行为，连敌人也必须按照他所谓的“谬误”生活。——编注

③ 命题。真诚性]准备稿：命题。理想的合理性的生物和没有激情的生命，在对立判断的基础上构造起来的德性，作为世人据以生活的德性。真诚性。——编注

感觉性的此在(Dasein)的古老欲望和基本谬误。——在两个对立的命题显得**可适用**于生活的地方，就往往会形成那种更微妙的真诚性和怀疑，因为两者与基本谬误相一致，所以能够就更高或者更低的对于生活的**功利**程度进行争论；同样地，在新的命题显示出虽然不是对生活无用，但至少也无害的地方，就表达出一种理智的赌兴，而真诚性和怀疑就像一切游戏一样是无辜的和走运的。渐渐地，人类大脑充满了此类判断和信念，于是在这种混乱状态中产生了一种发酵、斗争和权力欲。不光是功利和快乐，而且任何一种欲望，都支持了这种谋求“真理”的斗争；这种理智的斗争变成了一种忙碌、一种刺激、一种职业、一种义务、一种尊严——：最后，认识和对真理的追求便作为一种需要而被列入其他需要中了。从此开

始，不仅信仰和信念，而且考验、否定、怀疑、异议，都成了一种**权** 471
力，所有“邪恶的”本能都从属于认识，效力于认识，并且获得了被许可者、被尊重者、有用者的荣光，最后甚至获得了**善人**的眼睛和无辜。因此，认识便成了生命本身的一部分，而作为生命，认识成了一种不断增长的权力：直到最后，认识与那些古老的基本谬误相互碰撞，两者都作为生命，两者都作为权力，两者都在同一个人身上。一个思想家：现在就是这样一个存在物，在他那里，既然追求真理的冲动证明自己为一种保存生命的权力，那么，这种追求真理的冲动就与那些保存生命的谬误展开了它们第一次斗争。与这种斗争的重要性相比，其他一切都无关紧要：在此提出了有关生命之条件的最终问题，并且做出了以实验来回答这个问题的首次尝试。真理在多大程度上能忍受吞食(Einverleibung)？——这就是问

题，这就是实验。①

111

逻辑的起源。——逻辑起于人脑的何处呢？肯定起于非逻辑（Unlogik），这个非逻辑的领域原始地必定是无比巨大的。然而，却有无数的人物，他们做了不同的推论，有异于我们现在做的推论，这些人物已经走向毁灭了：尽管他们或许是更真实的！举例说来，有关食物或者有关与自己敌对的动物，谁若不懂得经常地找到"相同者"，也就是说，谁若概括得太过缓慢，在概括时太过小心，他存活下来的可能性就要小得多，小于在所有类似的东西中立即猜出相同性的人。但是，这种把类似的东西处理为相同者的占优势的倾向，一种非逻辑的倾向——因为根本就不存在相同者——，首
472 先创造了逻辑的全部基础。同样地，为了实体概念得以产生（此概念对于逻辑来说是不可或缺的，尽管在最严格的意义上没有任何现实之物与之相应），事物身上的变化必定是长期地没有被看到，

① 在两个对立的命题显得……］准备稿：——唯在哪里才能产生更微妙的真理感？在命题对生活来说无关痛痒或者显得无关痛痒的地方，抑或对立的命题**可适用**于生活，但能够就功利进行争论的地方——更高的功利性作为真理之论据：这是一个长长的认识层级。在另一种情形下，真理之寻求乃是无关紧要的游戏（首先可能是算术）。在大量的命题又被视为已经得到确定之后，它们被聚集在一起，并且陷于相互斗争之中：研究者支持，好奇者、闲散者亦然，产生了一种忙碌、一种刺激等等——认识和对真理的追求便作为一种需要而被列入其中了：现在不光信念成了一种权力，而不如说，连考验、否定、怀疑、异议都成了一种权力，所有"邪恶的"本能都被赋予认识了。认识便成了生命本身的一部分，因而成了权力的一部分。而且这种权力不断增长！最后，它产生出一种生命体的斗争，追求真理的冲动就与限定生命的古老谬误相互碰撞！——编注

没有被感受到;那些不能仔细观看的人,比那些看到一切“都在流变中”的人们更具优势地位。自在自为地,任何一种推论方面的高度谨慎,任何一种怀疑的倾向,对于生命来说就是一大危险。倘若不是相反的倾向已经被培育地异常强大,那么没有任何生命体会保存下来——而所谓相反的倾向,就是宁愿肯定而非中止判断,宁愿犯错和虚构而不是等待,宁愿赞同而非否定,宁愿作出判断而不要中规中矩。——我们现在的大脑里的逻辑思想和推论过程,符合于那些本身全都十分非逻辑的和不公正的欲望的进程和斗争;通常我们只经验到这种斗争的结果:现在,这个古老的机制如此迅速和如此隐蔽地发生在我们身上。[①]

112[②]

因与果。——我们称之为“说明”:但正是“描述”[③]使我们比认识和科学的较早阶段更显赫。我们描述得更好,——我们能做的说明跟我们的所有前人一样少。我们发现了一种多重的相继序

① 自在自为地,任何一种……]准备稿:甚至怀疑和不信的程度——对于继续生活来说——曾经是、现在也是高度危险的,必定会产生一种**倾向**,宁愿肯定而非中止判断,宁愿犯错、虚构而不是等待,宁愿作出判断和审判。这种宁愿判断、宁愿肯定和否定的非逻辑倾向同样也是逻辑的一个基础。与逻辑思想和推论过程相应的,必定是大脑里的一个过程——当然不是一个逻辑的过程——(磷和钾盐与“思想”有何关系啊!),而是一个欲望过程(这些欲望必须全都细心地个别地得到培育)。——编注

② 参看 16[16]。——编注

③ 此处“说明”(Erklärung)与“描述”(Beschreibung)之分具有深远的思想史意义,“说明”指的是因果说明,而“描述”显然可以与现象学的“描述”和解释学的“解释”相贯通。——译注

列，而较古老文化的质朴的人们和研究者却只看两个东西，即人们所说的“原因”与“结果”；我们把变易（Werden）形象完美化了，但没有超越这个形象，也没有深入到这个形象背后。在任何情形下，都有一系列“原因”十分完整地摆放在我们面前，我们便推断：这个必须在先发生，那个才跟随而来，——但我们因此没有**把握**任何东西。例如在每一次化学变化中，质（Qualität）一如既往地显现为一
473 个“奇迹”，每一种移动亦然；没有人对“碰撞”做过“说明”。我们又怎能说明啊！我们动用一些不存在的纯粹事物，诸如线、面、体、原子、可分的时间、可分的空间——，当我们首先把一切都搞成**形象**（*Bilde*），搞成我们的形象时，说明又该如何成为可能的呢！把科学视为对事物的尽可能忠实的人化，这就够了，我们描述事物及其相继序列，由此学会越来越准确地描述自己。原因与结果：可能永远不会有这样一种二元性，——实际上我们面对的是一种*continuum*［连续性］，我们把若干部分与之分离开来，恰如我们始终只把一种运动感知为孤立的点，也即真正说来并非观看，而是推断出来的。许多果突然地显突出来，这种突然性使我们迷惑；但这对我们来说只是一种突然性。在这个突然性的片刻，有无限多的过程是我们没法察觉的。一种理智，它把原因与结果视为*continuum*［连续性］，而不是按照我们的方式把它们视为可任意肢解的片段，它看到了发生事件的流变——这种理智就会摈弃因果概念，否认一切条件制约。

113

论关于毒药的学说。——为了形成一种科学的思想，得有如此之多的要素凑在一起：而且所有这些必要的力量必须已经逐个地被发现、被训练、被培养！然而，只要它们还是分离的，那么，它们就十分经常地具有一种完全不同的作用，不同于现在，现在它们在科学思想范围内相互限制和相互管控：——它们发挥了毒药作用，例如怀疑的欲望、否定的欲望、等待的欲望、聚集的欲望、分解的欲望等。在这些欲望学会把握它们的并存，并且相互间感到自己成了某个人身上的一种具有组织力量的功能之前，一大批人[①]

就已经成了牺牲品！还有，要在科学思想中添加艺术力量和生活 474
实践智慧，形成一个更高的有机体系，我们离这一点还有多远啊？——与这个有机体系相关，学者、医生、艺术家和立法者(正如我们现在所了解的那样)必定表现为可怜的老古董！[②]

114

道德的范围。——我们看到一个新的图像[③]，立即就借助于

① 一大批人]准备稿：无数代学者。——编注

② 还有，要在科学思想中……]准备稿：还有，我们还远远不能在科学势力的系统中添加艺术力量和生活实践智慧——始终还是一个准备阶段。歌德已经预感到了必定会碰在一起的东西——而且就像后来艺术家、立法者和医生变成可怜的老古董———。——编注

③ 图像]誊清稿：事物。——编注

我们所取得的全部旧经验来构造它，**每每要依照**我们的正直和公正的**程度**。除道德体验外根本没有别的体验了，即便感官感知领域也是如此。

115[①]

四种错误。——人通过自己的各种错误而受到教育：第一，人认为自己始终是不完美的；第二，人赋予自己一些虚构的特性；第三，较之动物和自然，人觉得自己处于一个错误的等级中；第四，人不断发明出新的价值榜，并且在某个时期内把它看作永恒的和绝对的，结果，有时是这种人类欲望和状态，有时则是那种人类欲望和状态，占了首要地位而且因这种估价而变得高贵起来。如果我们无视这四种错误的作用，我们也就忽略了人道、人情和“人类尊严”。

116

群畜本能。——当我们碰到一种道德时，我们就会发现一种对人类本能和行为的评估和排序。这种评估和排序始终是某个群
475 体和群畜的需要的表达：什么东西首先对**它们**有益——什么东西其次和再次——，这也是所有个体的最高价值标准。个体受道德引导，成为群畜的功能，仅仅作为功能而把价值归于自己。因为一

① 准备稿：人通过自己的各种错误而受到教育：1）人认为自己是不完美的；2）带有一些虚构的特性；3）处于错误的等级中；4）具有变化的价值榜，结果，渐渐地各种不同的欲望变得高贵起来了。——编注

个群体的保存条件是完全不同于另一个群体的保存条件的，所以才有十分不同的道德；而着眼于即将来临的群畜和群体、国家和社会的根本改造，我们可以预言，还将出现大有分歧的道德。道德性乃是个体身上的群畜本能。

117

群畜的良心谴责。——在人类极漫长和极遥远的时代，有过一种与当今完全不同的良心谴责。如今，人们感觉到只对自己意愿的和做的事情负责，而且本身都有自豪感：我们所有的法学教师都以个体的这种自我感和快乐感为出发点，仿佛这儿向来都是法律的源泉。然而，在人类极其漫长的岁月里，没有比感觉孤独更可怕的事了。独自存在，感受孤独，既不服从也不支配，成为一个个体——这在当时并不是一种快乐，而是一种惩罚；人们被判决“成为个体”。思想自由甚至被当作一种不适。我们今天感觉法规和顺从是一种强制和丧失，而在从前，人们却把自私自利视为一种痛苦的事情，一种真正的困厄。成为自身，按照自己的标准和分量来评估自己——这在当时是违背趣味和风尚的。这方面的爱好被认为是疯狂：因为任何痛苦和恐惧皆与孤独联系在一起。那个时候，“自由意志”是与坏良心紧紧相连的：人们越是不自由地行动，人们行动中越多地表现出群畜本能而不是个人意识，则人们就越是在道德上高估自己。伤害到群畜的一切，不论是个体有意的还是无 476
意的，在当时都会使个体受到良心的谴责——而且他的邻人亦然，其实整个群畜都是如此！——在这一点上，我们已经在最大程度

上改变了自己的观念。[①]

118

善意。——若是一个细胞转变为一个更强大的细胞的功能，这是有德性的吗？它必须如此，别无选择。若是更强大的细胞同化了较弱的细胞，这是邪恶的吗？它同样必须如此，别无选择；这对它来说是必然的，因为它力求充裕的补偿，并且意愿再生。因此，在善意（Wohlwollen）方面，我们必须区分：占有欲望与屈服欲望，依据的是强者或弱者对善意的感受。在意愿把某物改造为自己的功能强者身上聚集了快乐与欲求；而在想成为功能的弱者身上，则聚集了快乐与被欲求的意愿。——同情本质上是前者的，是一种看到弱者时产生的占有欲望的愉快冲动：在此还必须思量的是，"强"与"弱"是相对的概念。

119

不要利他主义！——在许多人身上我看出一种过剩的力量和欲望，意愿成为一种功能；他们奋力向前，并且对于他们正好能成

① 思想自由甚至被当作……]准备稿：权力感总是引起一种新的竞赛，以及统治者和财产的变化。"思想自由"甚至就是不适。我们今天感觉法规和顺从是一种强制和丧失：但从前的人们却把个人的自私自利视为痛苦的事情，一种真正的困厄。宁可跟在后面跑！连统治者也企图通过解释偶然事件和精神暗示而使自己变得依赖于人。这就有了背逆趣味的行为。一切个体性的东西都是恶的，是疯狂！——基督教道德作为返祖现象（Atavismus）已经被战胜了！——编注

为一种功能的所有那些地方,他们有着极敏锐的嗅觉。这也包括那些女人,她们把自己转换成某个男人的功能(这功能在他身上恰恰发育得虚弱不堪),如此这般地变成他的钱包,或者变成他的政治,或者变成他的社交。当这种女人把自己嵌入外来的有机体之中时,就最好地保存了自己;如若她们没有成功地做到这一点,她们就会恼怒、敏感,把自己吞没。

120 477

心灵的健康。——有一个广受欢迎的、具有医学疗效的道德公式(其倡议者是希俄斯的阿里斯顿[①]):"德性就是心灵健康"[②]——为了变成可用的,这个公式至少得略加改动,表述为:"你的德性是你的心灵的健康"。因为健康本身[③]是不存在的,以此方式来界定某个事物的所有尝试,都遭到了可悲的失败。为了确定**什么东西**对于你的**身体**来说是健康的,关键在于你的目标、你的视野、你的力量、你的动力、你的谬误,尤其是你心灵的理想和幻象。因此有无数种身体健康;而且,人们越多地允许无与伦比的个体再次昂起自己的脑袋,人们越多地忘掉了关于"人人平等"的信条,则关于一种正常健康的概念(与正常的饮食、正常的疾病过程一道)也必定越多地被我们的医生所摈弃。进而或许才到时候了, 179

① 希俄斯的阿里斯托(Ariston von Chios,约活动于公元前3世纪中期):古希腊哲学家,曾师从斯多亚派哲学家芝诺。——译注

② "德性就是身体健康"] 参看阿尼姆(J. von Arnim):《斯多亚派残篇》(*Stoicorum veterum fragmenta*)第I卷,残篇第359。——编注

③ 德语原文为Gesundheit an sich,或译为"自在的健康"。——译注

我们可以来思索**心灵**的健康和疾病，并且把每个人特有的德性置入其健康之中：诚然，在某个人那里看起来或许是健康，在另一个人那里可能是健康的对立面。最后依然有一大问题：我们是否能够**少得了**疾病，甚至是为发展我们的德性？尤其是，我们对于认识和自我认识的渴望是否需要健康的心灵，也同样需要患病的心灵？简言之，追求健康的唯一意志是不是一种偏见，一种胆怯，也许是一种极精细的野蛮和落后？

121

生活并非一种论证。——我们想好了一个我们能够在其中生
478 活的世界——通过假定和采纳体、线、面，因与果，动与静，形式与内容：要是没有这些信条，现在没有人能坚持活下去了！不过，这还丝毫没有证明它们。生活并非一种论证；生活的条件或许就包含着谬误。

122[①]

基督教中的道德怀疑。——基督教也对启蒙运动做出了一大贡献：它以一种十分透彻而有效的方式传授了道德怀疑论：有

---

① 准备稿：基督教的一大壮举是**道德怀疑**论。现在人们也不得不把这种怀疑论扩展到自己的宗教状态上。而且不得不失去指控和忧愤的声音。针对爱比克泰德，我们充满了隐秘的精细和洞察：古代在道德上是幼稚的。拉罗什富科延续了这一进程。（窝王纳侯爵搞糟了趋势）。——编注［窝王纳侯爵（Vauvenargues，1715—1747）：法国道德哲学家，著有《反思与箴言》等。——译注］

所指控、有所忧愤，但带着不懈的耐心和精细：它消灭了每个个人身上对自己“德性”的信仰：它让古代并不稀缺的那些伟大的有德性者从地球上永远地消失了，让那些自以为完美、以一个斗牛士英雄的威严四处游走的公众人物永远消失了。当我们今天——受过这种基督教怀疑论学校的教育——来读古人的道德书，例如塞内卡和爱比克泰德[①]的道德书，我们就会感受到一种愉快的优越感，并且充满了隐秘的洞察和概观，这当儿我们的心情，就仿佛一个小孩子在一个老人面前说话，或者一个年轻美丽的热烈女郎在拉罗什富科[②]面前说话：我们便更好地知道了德性是什么！但最后，我们也把这同一种怀疑态度应用于所有的宗教状态和过程上面，诸如罪恶、懊悔、恩典、神圣化等，并且让蠕虫深入挖洞，使得我们即便在阅读基督教图书时也有同一种精细的优越感和洞察：——我们于是也更好地知道了宗教情感！是时候了，得好好认识和描写这些宗教情感，因为连古老信仰的虔信者也正在灭绝：——至少为了认识，让我们来拯救他们的映象和他们的类型吧！

① 塞内卡(Seneca，约公元前4年—公元65年)：古罗马政治家、斯多葛派哲学家，曾任帝国会计官和元老院元老，后任尼禄皇帝的家庭教师与顾问。爱比克泰德(Epiktetus，约55—约135年)：古罗马最著名的斯多亚派哲学家之一。——译注

② 拉罗什富科(La Rochefoucauld，1613—1680年)：法国思想家，主要著作有《道德箴言录》等。——译注

479

123[1]

认识不只是一种工具。——即使**没有**这种新的激情——我指的是认识的激情——科学也会得到促进:迄今为止,科学都是在没有这种激情的情况下成长和壮大起来的。对科学的美好信仰,如今统治着我们国家(从前甚至统治着教会)的对科学有利的偏见,根本上乃基于以下事实,即:那种无条件的癖好和渴望如此稀罕地在科学中得到了表现,而且科学恰恰**没有**被视为激情,而是被视为状态和“伦常”(Ethos)。确实,有认识的 amour-plaisir(好奇心)往往就够了,有 amour-vanité[2] 即对认识的习惯连同关于名誉和食物的隐秘意图,这就够了;许多人除了阅读、收集、整理、观察、继续叙述,不知道如何打发过多的闲暇,对他们来说,这也够了:他们的“科学冲动”乃是他们的无聊。罗马教皇利奥十世[3]有一回(在他致贝鲁瓦杜斯[4]的信中)歌唱了科学:他把科学称为我们生命中最美的装饰和最大的骄傲,称为幸与不幸方面一项高贵的事务;“没

---

① 准备稿:即使没有认识的激情,各门科学也会得到促进——基于 amour-plaisir(好奇心)和 amour-vanité(虚荣之爱),进而基于习惯,为了它们的功利,实即基于对这个和那个东西产生的无聊。这里缺乏恐怖的和英勇的视角。——编注

② amour-plaisir、amour-vanité]据尼采所熟悉的司汤达著作《论爱情》(*De l'amour*)。——编注

③ 罗马教皇利奥十世(Der Papst Loe der Zehnte),原名为乔凡尼·德·美第奇 Giovanni de' Medici,1475—1521 年):文艺复兴时期最后一位教皇,在位期间 1513—1521 年,是教皇谱系上第 219 位教皇。作为佛罗伦萨共和国豪门美第奇家族族长,利奥十世即位后挥霍教廷公款,也慷慨动用私财,加速圣彼得大教堂工程进度,增加梵蒂冈藏书,使罗马再度成为西方文化中心。——译注

④ 贝鲁瓦杜斯(Filippo Beroaldus,1472—1518 年):意大利人文主义者。——译注

有科学”，最后他说，“一切人类的行动便会失去牢固的支撑，——即使有了科学，人类的行动也还是可变的、十分不稳靠的！”不过，这位勉强具有怀疑精神的教皇，与教会里所有其他的科学的赞颂者一样，也隐瞒了自己关于科学的最终判断。从他的言辞中可以听出来——尽管对于这样一位艺术之友来说，这是十分奇怪的——他是把科学置于艺术之上的；但最后，他在此并不谈论他实际上高高置于一切科学之上的东西，并不谈论“被启示的真理”和“灵魂的永恒拯救”，其实这只不过是一种礼貌而已，——与之相对，对他来说什么是生命的装饰、骄傲、维持、保障啊！“科学是第二等的东西，不是任何终极的、绝对的东西，不是热情的对象”，——这个判断留在利奥的心里：这根本上就是基督教对科学 480
的判断啊！在古代，科学的尊严和赞赏被降低了，是由于即使在科学最热心的信徒当中，对**德性**的追求也是居于首位的，而且人们相信，当他们把认识当作德性的最佳工具时，他们已经给予认识最高的赞美了。认识意愿超越单纯的工具，这在历史上还是某种新东西。

124①

在无限者的视域中。——我们离开了陆地，登船出海！我们拆毁了身后的桥梁，——更有甚者，我们毁掉了身后的陆地！

① 准备稿：我们离开了陆地，更有甚者，我们不仅拆毁了身后的桥梁，我们毁掉了陆地，抛向了大海。现在，小船啊！小心呀！你身畔就是大海！好像在你身畔和在你周围都是无限性！——编注

现在,小船啊!小心呀!你身畔就是大海,这是真的,大海并不总是波浪汹涌,有时它躺在那儿,如丝如金,如良善的梦幻。但也会有这样的时光,此时你将认识到,大海是浩瀚无限的,没有什么比无限更可怕的东西。噢,可怜的鸟儿,它觉得自己自由自在,现在要冲破这牢笼!呵,如果你患上对陆地的思乡病,仿佛那里有更多的自由,——那么,就再也没有“陆地”了!

125①

疯子。——你们是否听说过那个疯子,他大白天点着灯笼,跑到市场上不停地喊叫:“我寻找上帝!我寻找上帝!”——由于那里刚好聚集着许多不信上帝的人,所以他引起了一阵哄然嘲笑。怎么搞的!上帝丢失了吗?其中一个说道。他是不是像小孩一样走错

① 参看14[25,26]以及相关准备稿;12[77,157]。准备稿:有一次,查〈拉图斯特拉〉大白天点着灯笼,跑到市场上喊叫:我寻找上帝!我寻找上帝!——由于那里刚好聚集着许多不信上帝的人,所以他引起了一阵哄然嘲笑。怎么搞的!他失魂了吗?其中一个说道。他是不是像小孩一样走错了路?另一个说。还是他迷失了自己?他害怕我们吗?他坐船走了吗?流亡了吗?——人们议论纷纷,哄然大笑。查拉图〈斯特拉〉突然闯进人群之中,并张大双眼瞪着大家。上帝到哪里去了?他大声喊叫,我要对你们说出真相!我们把他杀死了——我和你们!我们都是凶手!但我们是怎样杀死上帝的呢?我们又如何能将海水吸光?是谁给我们海绵去把整个地平线拭掉?没有这个地平线——我们建筑艺术还是什么啊!我们的房子今后还会牢牢矗立吗?我们自己还会稳稳站立吗?难道我们不是在继续赶路吗?而且是在朝前后左右各个方向赶!——还有高和低吗?难道那儿不会更冷吗?是否黑夜不会永远降临且日益黯淡?我们不必在大白天点亮提灯吗?难道我们没有听到那正在埋葬上帝的挖掘坟墓者吵嚷的声音吗?难道我们没有嗅到[空气中的火和灰烬]神性的腐臭吗?——就连诸神也腐朽了!上帝死了!「上帝永远死了!」是我们杀死了他!我们将何以自解,最残忍的凶手?曾经是这世界上最神圣和最万能的他——现在已倒在我们的刀下——有谁能洗清我们身上的血迹?有什么[圣水]水能清洗我们自身?我们应 (接下页注释)

了路？另一个说。还是他躲起来了？他害怕我们吗？他坐船走了吗？流亡了吗？人们议论纷纷，哄然大笑。这个疯子突然闯进人群之中，并张大双眼瞪着大家。“上帝到哪里去了？”他大声喊叫，“我要对你们说出真相！**我们把他杀死了**——你们和我！我们都 481
是凶手！但我们是怎样杀死上帝的呢？我们又如何能将海水吸光？是谁给我们海绵去把整个地平线拭掉？当我们把地球移离太阳照耀的距离之外时又该做些什么？它现在移往何方？我们又将移往何方？要远离整个太阳系吗？难道我们不是在朝前后左右各个方向赶吗？还有高和低吗？当我们通过无际的虚无时不会迷失吗？难道没有宽广的空间可以让我们呼吸吗？难道那儿不会更冷吗？是否黑夜不会永远降临且日益黯淡？我们不必在大白天点亮提灯吗？难道我们没有听到那正在埋葬上帝的挖掘坟墓者吵嚷的声音吗？难道我们没有嗅到神性的腐臭吗？——就连诸神也腐朽了！上帝死了！上帝真的死了！是我们杀死了他！我们将何以自解，最残忍的凶手？曾经是这世界上最神圣和最万能的他现在已倒在我们的刀下——有谁能洗清我们身上的血迹？有什么水能清

(接上页注释)　该[庆祝]举办什么样的祭典呢？难道这场面对我们来说不会显得太过于隆重了吗？难道我们不能[成长起来，差不多]使自身成为上帝，就算只是感觉仿佛值得一试？再也没有更伟大的行为了！——而因为这个行为的缘故，我们的后人将生活在一个前所未有的更高的历史之中。说到这里，查〈拉图斯特拉〉静下来，举目望望四周的听众，听众也[是]寂然无声并惊讶地看着他。最后，查〈拉图斯特拉〉将提灯掷在地上，而使灯火熄掉了，裂成碎片。“我来得太早了，”他说，“[这不是]我来得不是时候，这件惊人的事件还在途中游走，⌈而且还要游走⌉——它尚未传到人们的耳朵里。雷电需要时间，星光需要时间，[事件]大事也需要时间，即使它们已经被做完了。[有一些对你们来说的[事件]大事]。这件大事比最远的星辰距离人们还要更为遥远——[虽然他们自己]虽然他们已经做了这件事！”参看欧根·比瑟(Eugen Biser)：《上帝之死的宣言》，载《高原》(第56期)，1963年，第137—152页。——编注

洗我们自身？我们应该举办什么样的祭典和庄严的庙会呢？难道这场面对我们来说不会显得太过于隆重了吗？难道我们不能使自身成为上帝，就算只是感觉仿佛值得一试？再也没有更伟大的行为了，——而因为这个行为的缘故，我们的后人将生活在一个前所未有的更高的历史之中！”说到这里，疯子静下来，举目望望四周的听众，听众也寂然无声并惊讶地看着他。最后，他将提灯掷在地上，而使灯破火熄。“我来得太早了，”他接着说，“我来得不是时候，这件惊人的大事还在途中游走，——它尚未传到人们的耳朵里。雷电需要时间，星光需要时间，大事也需要时
482 间，即使在人们耳闻目睹之后亦然，而这件大事比最远的星辰距离人们还要更为遥远——**虽然他们已经做了这件事**！”据说，在同一天，这个疯子还跑到各个教堂里，在里面唱他的 Requiem aeternamdeo[安魂弥撒曲]。而当有人问他缘由时，他总是回答说：“假如这些教堂不是上帝的陵墓和墓碑，那么，它们究竟还是什么玩意？”

126①

神秘的说明。——神秘的说明被认为是深刻的；真相是，它们甚至连肤浅都谈不上。

---

① 准备稿：神秘的说明是最肤浅的说明。——编注

127[1]

最古老之虔信的后果。——每一个无所用心的人都以为,意志是唯一地起作用的东西;意愿是某种单纯的、绝对被给予的、不可推论的、自在地可理解的东西。[2] 当他做某事时,比如执行一次打击,他确信**他**就是这个打击者,而且他打击了,是因为他**意愿**打击。他根本没有注意到这里的任何问题,而不如说,**意志**之情感足以使他采纳原因与结果,而且足以使他相信他**理解**了因果关系。对于事件的机制,对于为完成打击必须了结的百倍复杂而精细的工作,同样对于意志本身的无能,也即无能于哪怕仅仅完成这项工作的极细小部分,他是一无所知的。对他来说,意志乃是一种魔法般地起作用的力量:对意志的信仰,作为对结果之原因的信仰,乃是对魔法般地起作用的力量的信仰。现在,无论人们在哪里看到一个事件,他都原本地相信有一种意志作为原因和人格意愿的存在在背后起作用,——机械论概念是与他格格不入的。但因为人类在极长久的时间里只相信人格(而不相信质料、力量、事物,等等),所以对人来说, 483
对于原因与结果的信仰便成了一种基本信仰,是人在某事发生之处普遍地要使用的基本信仰,——即便到现在也还是本能性的,而且是一种渊源极古老的返祖现象。“没有原因便没有结果”、“每一种结果又都是原因”,此类命题表现为对下列狭隘得多的命题的普遍化,即“有作用、产生结果处都是被意愿的”、“只有对有意愿的人才

---

① 参看12[63,74,226]。——编注

② 此处“意志”原文为der Wille,“意愿”原文为Wollen。——译注

起作用、产生结果”、“从来不存在一种作用或结果的纯粹地、无后果的遭受，相反，一切遭受都是一种意志的激动”（行为、防御、报仇、报复等），——但在人类的远古时代，上述前一些命题与后一些命题却是同一的，前者并不是后者的普遍化，而毋宁说，后者是前者的解说。叔本华有一个假设，称“一切在此存在之物都只是某种意愿之物”；他以这个假设把一个古老的神话提升到了至高的王座上；他似乎从未尝试过一种意志分析，因为他跟每个人一样，都相信一切意愿的单纯性和直接性：——而意愿只是一个运行良好的机制，几乎逃脱了观察的眼睛。对叔本华，我要提出如下几个命题：第一，为了让意志产生，必须有一种关于快乐和不快的表象。第二，一种强烈的刺激被感受为快乐或不快，这是阐释性的理智的事情，后者当然多半是无意地为我们工作的；同一种刺激是可能被阐释为快乐或者不快的。第三，只有在理智生物那儿才有快乐、不快和意志，绝大多数的有机物是没有此类东西的。

128[①]

祈祷的价值。——祈祷是为那些人发明的，他们根本上从来

① 准备稿：笔记本 M III 5：有一些人，他们根本上从来不思想，不知道或者觉察不到心灵的升华，但他们也不得不消磨时间——在神圣的场所，这些人应当做些什么呢？他们在重要的处境里究竟应当如何行动，方能算比较庄严而有价值？为此，所有宗教都发明了祈祷，作为一种长期的机械功夫与记忆的努力，以及一种手、足、眼的相同的固定的姿态。根本上，倘若要缓解这些人的欲望的压抑，就必须整天以这样的劳作来充填——这就是古代修道院制度所导致的结果。可爱的基督新教教徒现在就要抗议，想要升华！仿佛人们竟可以规定他们似的！！笔记本 N V 7：祈祷作为庄严的时间消磨——要害在于，它是机械的。——编注

没有自己的思想,他们不知道或者觉察不到心灵的升华:在生活的
神圣场所,以及所有要求安宁和某种尊严的重要处境,这些人应当 484
做些什么呢? 为了这些人至少不**起扰乱作用**,或大或小的所有宗教创始人的智慧就把祈祷这一形式交付他们,作为一种长期的机械的嘴上劳作,与记忆的努力和手、足、眼的相同的固定的姿态相联系! 于是让他们像西藏人那样,无数次地吟诵“唵嘛呢叭咪吽”[①],或者就像在贝那勒斯[②],让他们一边掐指,一边念叨神的名字罗摩-罗摩-罗摩[③](如此等等,优雅地或者毫不优雅地):或者让他们把毗湿奴[④]的名字叫上千遍,把安拉[⑤]叫上九十九遍:或者让他们使用转经筒[⑥]和玫瑰花环[⑦],——最重要的事体是,他们会有固定的一段时间从事这项工作,并且表现出一种可承受的样子:他们的祈祷方式是为了那些知道自己的思想和升华的虔信者的利益而发明的。而且,即使是这些虔信者也有疲倦的时候,尽管一系列

① “唵嘛呢叭咪吽”(om mane padme hum):佛教的六字大明咒,又称六字大明陀罗尼、六字箴言、六字真言、嘛呢咒,是观世音菩萨心咒,源于梵文。此咒含有诸佛无尽的加持与慈悲,是诸佛慈悲和智慧的音声显现,六字大明咒是“嗡啊吽”三字的扩展,其内涵异常丰富,奥妙无穷,蕴藏了宇宙中的大能力、大智慧、大慈悲。——译注

② 贝那勒斯(Benares):印度北部一城市,位临恒河,为印度教之圣地。——译注

③ “罗摩-罗摩-罗摩”原文为:Ram-Ram-Ram。罗摩(Ram)有时也作 Rama,是印度神话史诗《罗摩衍那》中的主角,后渐被神化,成为印度教卡比尔教派的唯一之神。——译注

④ 毗湿奴(Vishnu):为印度教三大天神之一,梵天主管创造,湿婆主掌毁灭,毗湿奴则是“维护”之神。——译注

⑤ 安拉(Allah):真主。穆斯林尊之为独一无二的神。——译注

⑥ 转经筒(Gebetmühlen):转经筒又称“嘛呢”经筒、转经桶等,与八字真言和六字真言(六字大明咒)有关,藏传佛教认为,持颂真言越多,越表对佛的虔诚,可得脱轮回之苦,因此人们除口诵外还制作“嘛呢”经筒,把六字大明咒经卷装于经筒内,用手摇转。——译注

⑦ 玫瑰花环(Rosenkränze):印度人的习俗,以玫瑰花环献给贵宾。——译注

令人敬畏的言辞和音调以及一种虔诚的机制令他们愉快。然而,假定这些稀罕的人——在每一种宗教中,虔诚者都是例外——懂得如何自助:那些精神上的贫困者不懂得如何自助,若是禁止他们发出祈祷之声,那就意味着取消了他们的宗教:正如基督新教越来越表明了这一点。宗教对于这种人的要求无非是,他们**保持安宁**,以眼、手、脚以及一切器官:由此,他们有时会变得更美,而且——更像人!

129

上帝的条件。——“要是没有智慧的人,上帝本身也不可能存在”——路德[1]言之有理;但是,“要是没有愚蠢的人,上帝就更不可能存在”——这是善良的路德没有说过的!

485 130

危险的决心。——基督教决心要揭示这世界是丑恶的,于是确实把这世界弄得丑恶了。

131

基督教与自杀。——基督教把在它形成之际提出的对于自杀的要求弄成了它的权力的杠杆:它只允许两种自杀方式,用至高的

① 路德(Martin Luther,1483—1546 年):德国神学家,16 世纪欧洲宗教改革倡导者,基督教新教路德宗创始人。——译注

尊严和至高的希望把它们掩饰起来,并用一种可怕的方式禁止所有其他的自杀方式。然而,殉教和禁欲者的慢性自戕却是被允许的。

132

反基督教。——现在,反基督教不再是我们的理由,而是我们的趣味。

133

规律。——一个无法避免的假设,依此假设,人类必定会一再衰败。这个假设却长期地比对某个非真实之物的最坚定的信仰(有如基督教的信仰)**更有力量**。长期地:在此意味着万年之久。

134[①]

作为牺牲品的悲观主义者。——在一种对于此在(Dasein)的深度反感占据优势的地方,就会暴露出一个民族长期所犯的严重的饮食错误所造成的后果。所以,佛教的传布(**不是**它的起源)在很大程度上取决于印度人过多的、几乎唯一的大米膳食,以及由此

① 参看11[274];《快乐的科学》第145节。——编注

造成的普遍的身体衰弱[①]。也许近代欧洲人的不满乃是基于以下
486 事实，即：我们的前世即整个中世纪，由于日耳曼民族的爱好对于欧洲的影响，完全沉湎于酗酒了：中世纪，意思就是欧洲的酒精中毒。——德国人对于生活的反感，本质上就是一种冬季重病，包括德国人住房里地窖空气和火炉毒素的不良作用在内。

135[②]

罪恶的起源。——基督教占上风或者曾经占上风的地方，人们现在都能感受到罪恶：罪恶乃是一种犹太式的情感和一种犹太式的发明，而且着眼于所有基督教道德的这个背景，实际上基督教就是要把整个世界“犹太化”。基督教在欧洲在多大程度上成功地做到了这一点，我们可以根据那种陌异性程度来获得最精细的感受，也就是古代希腊——一个没有罪恶感的世界——对于我们的感觉来说始终还具有的陌异性，尽管有一切力求接近和同化的善良意志，全部世代以及许多杰出的个体都不能没有的善良意志。“唯当你**懊悔**时，上帝才会恩赐于你”——对一个希腊人来说，这话是一个笑话和一种烦恼：他会说“可能只有奴隶才有这样的感觉”。在此预设了一个强大的、超强的，但又有报复欲的上帝：他的权势是如此之大，以至于除了对他的荣耀的伤害，根本就没有一种伤害能施加于他。每一

① 过多的、几乎唯一的……]作者修改前的校样：愚蠢地防止印度人的肉类食物以及由此所决定的胃的过度劳累和[蜕化]疾病。——编注

② 参看15[66]。——编注

种罪恶都是一种敬重的损害,一种 crimen laesae majestatis divinae[损害上帝尊严之罪]——此外无它!悔改、受辱、在尘土中打滚——这是与上帝的恩惠相联系的第一和最后的条件:也就是对他的神性荣耀的恢复!至于罪恶是否会造成别的伤害,随罪恶一道是否会种下一种深刻的不断生长的祸害,像一种疾病一样侵袭和扼杀一个又一个人——这是这个天堂中贪图名誉的东方居民所不关心的:罪恶是一种对他的犯罪,而不是对人类 487
的犯罪!——他把恩惠赐予了谁,也就赐予谁这种对于罪恶之自然后果的无忧无虑。上帝与人类在这里被设想得如此分离、如此对立,以至于根本上是不可能对人类犯罪的,——任何一种行为都**只能根据其超自然的后果**而被考察:而不是根据其自然的后果:这是那种犹太情感所想要的,对它来说,一切自然的东西本身都是有失体面的。与之相反,**希腊人**更接近于这样一个想法,即:连亵渎行为也可能是有尊严的——甚至偷盗,比如在普罗米修斯那儿,甚至屠杀牲口,作为一种疯狂嫉妒的发泄,比如在阿亚克斯[①]那儿:他们需要为亵渎行为捏造一种尊严,并且使之获得尊严,以这样一种需要,他们发明了**悲剧**,——这是一种艺术和乐趣,对于犹太人(尽管有其全部的诗人天赋和对崇高事物的爱好)来说,在其最深刻的本质方面依然是格格不入的。

① 阿亚克斯(Ajax):荷马史诗和索福克勒斯悲剧中的英雄。——译注

136

特选民族。——犹太人，他们感觉自己是诸民族当中的特选民族，而且是因为，他们乃是诸民族当中的道德天才（由于他们能够比其他任何一个民族都**更深地蔑视**人类本身）——犹太人对于他们的神性君主和圣人大有乐趣，类似于当年法国贵族津津乐道于路易十四。法国贵族被剥夺了全部的权势和骄横，变成可鄙的了：为了不让自己感受到这一点，为了能够忘记这一点，他们就需要一种君王的光辉，一种**无与伦比的**，只有贵族才能接近的君王权威和权力扩张。依照这种特权，他们得以提升至宫廷高位，从那里一眼望去，藐视居于他们之下的一切，蔑视一切，这样一来，他们便超越了全部良
488 心的敏感性。于是乎，他们便蓄意把君王权力之塔垒得越来越高，直抵云端，并且也把他们自己权力的最后基石置于其上了。

137[1]

比喻说法。——耶稣基督只有在犹太人所在的地方才是可能的——我指的是这样一个地方，在那上空老是布满发怒的耶和华[2]的阴暗而庄严的雷雨云。唯有在那里，人们才感受到一缕阳光稀罕而突兀的照射，穿透那可怕的普遍而持久的白夜（Tag-

① 参看《曙光》38;8[97]。——编注

② 耶和华（Jehova）：源于希伯来语《旧约圣经》，是至高、全能、仁慈的神（上帝）。——译注

Nacht),有如一种“爱”的奇迹——作为最受之有愧的“恩惠”的光芒。唯在那里,基督才能梦见自己的彩虹和自己的天国梯子,那是上帝下达人间的天梯;而在别的任何地方,晴朗的天气和阳光则被看作太过寻常的日常现象了。

138

基督的错误。——基督教的创始人认为,人类所受的痛苦莫过于自己的罪:——这是他的错误,是感到自己无罪、没有这方面经验的人的错误!因此,他的心灵充满了那种奇妙的、想象的对于患难的怜悯,这种患难即便在他的民族即罪的发明者那儿也很少是一种大患难!——基督徒们明白了,事后为他们的大师提供正当性,并且把基督的错误神圣化为“真理”。

139[1]

激情的色彩。——这等人物,就像使徒保罗[2]这样的人物,给
激情投去恶狠狠的目光;他们从激情中只了解到肮脏、畸形化和败 489
坏心灵的东西,——所以,他们的理想追求就是要消灭激情:他们

① 准备稿:像保罗这等人物从所有激情中只了解到肮脏:犹太人不像希腊人那样把理想主义转向激情,而是把它转向激情的神性净化:为什么他们在激情状态中总是感受到其中最丑陋的东西,并且感觉到自己远离于他们的理想性——与我们完全相反!基督徒努力在这方面变成犹太人——把所有人都弄成犹太人。——编注

② 保罗(Paul,5—67 年):早期基督教领袖之一,被天主教封为使徒,其著作构成《新约》的重要部分。——译注

把神性视为对激情的完全净化。与保罗和犹太人完全不同，希腊人把他们的理想追求径直转向了激情，并且热爱、弘扬、美化和神化激情；显然，他们在激情中不仅感觉更幸福，而且感觉到比往常更纯洁和更神圣。——那么基督徒呢？他们想要在这方面变成犹太人吗？也许他们已经成了犹太人？

140①

过于犹太化的。——倘若上帝想要成为爱的对象，他就必须首先放弃审判与正义：——一个法官，即使是一个仁慈的法官，也不是爱的对象。基督教的创始人在这方面的感觉不够精细——作为犹太人。

141②

过于东方的。——什么？上帝爱世人，前提是世人信上帝，谁若不信这种爱，上帝就会投以可怕的目光和恫吓！什么？一种有附加条件的爱竟是一位万能的上帝的情感！一种爱，甚至连荣誉心和复仇欲都主宰不了的爱！这一切是多么具有东方气啊！“如

---

① 参看 8[27]。——编注

② 准备稿：对我们的相信如何让人感到舒适，人们可以从下面这一点来认识：上帝使他对人类的爱独立于人对上帝的信仰，对这一点，没有人感到是有失体统的。多么狭隘啊！“如果我爱你，与你有何相干？”这是更高的。——编注

果我爱你,与你有何相干?”[①]这话已经是对整个基督教的充分批判了。

142

薰香。——佛陀说:“不要阿谀施你的施舍者!”人们把这话放在基督教教堂里重复一遍:——那就立即会净化那儿的全部基督教气氛。

143[②] 490

多神论的最大好处。——个体为自己树立了他**自己的**理想,并且从中推导出自己的法则、快乐和权利——迄今为止,这都被视为人类所有迷途中最可怕的,被视为偶像崇拜本身;实际上,少数冒险一试的人总是需要对自己做一种辩护,而且这种辩护通常是

① 如果我爱你,与你有何相干?]参看歌德:《威廉·迈斯特的学习时代》,第 4 卷第 9 节;《诗与真》,第 3 卷第 14 节。——编注

② 参看 12[7]。准备稿:没有关于不同于人类的生物(Wesen)的表象,一切就都还是一隅之地、小家子气:诸神、英雄和各种超人的发明,以及邻人和下等人、侏儒、仙女、半人半马的怪兽的发明,是不可估量的。我们需要这些生物来作比较,的确,我们几乎不能缺少被错误地解释的人类,英雄虚构和圣徒虚构。可是,这种欲望已经消耗了极大部分的力量,这种力量或许可以应用于一种本己的新理想的发明和虚构。但对自己的理想的寻求几乎不是早先人类的任务,他们的任务毋宁在于,不再让一般人类下降到一个已经达到的中等标准之下。诸神和圣徒可以说是人类在大海上获得的软木。“无私”乃是一种善的说教——当时:其中也恰恰包含着对一种个人理想的放弃。“与我一道维护普遍的人类形象吧,阻止每一个想要某种不同东西的人吧,把所有势力转到这儿来吧”——善人如此感受。——编注

这样的:“不是我!不是我!而是**一个上帝**通过我而为!”正是在创造诸神的神奇艺术和力量——多神论——中,这种欲望才能得到释放,才能变得纯净、完美、高贵:因为它原始地是一种普通而微不足道的欲望,类似于顽固、不顺从、嫉妒。**敌视**这种要求个人理想的欲望:这曾经是一切道德的定律。其中[①]只有一个规则:“**这个**人”——而且每个民族都相信自己**拥有**这个唯一的和最后的规则。但超越自身并且在自身之外,在一个遥远的高超世界(Ueberwelt),人们可以看到**众多的规则**:这个神不是对另一个神的否定或者亵渎!在这里人们首先承认了个体,在这里人们首先尊重个体的权利。诸神、英雄以及各种超人的发明,邻人和下等人的发明,以及侏儒、仙女、半人半马的怪兽[②]、萨蒂尔、神魔(Dämonen)和魔鬼的发明,正是对个人之自私自利和骄横自负的辩护的一次不可估量的预习:人们授予此神以自由,以反抗其他的神,这种自由最后也给了人自己,以反抗律法、伦常和邻人。与之相反,一神论,这种关于唯一标准人的学说的僵化结果——也就是关于一个标准神的信仰,除了标准神,就只有虚假的骗人之神了——也许是迄今为止人类的最大危险:人类遭受了那种过早的
491 停滞状态,就我们能看到的而言,是大多数其他物种早就达到了的;其他物种全都相信在自己的种类中只有一个标准动物和理想,并且最终把伦常的道德性转化入自己的血肉之中。在多神论中,

① 不顺从、嫉妒。敌视这种……]誊清稿:嫉妒与谎言。人们必须这样,就如定律和支配一切、无所不在的伦常是必要的:其中。——编注

② 半人半马的怪兽(Centauren):古希腊神话中凶猛而贪婪的怪兽,上半身为人,下半身为兽。——译注

人类的自由精神和多元精神已经得到了预先训练:这是一种力量,它为自己创造新的和属己的眼睛,而且总是一再地为自己创造新的和更本己的眼睛:所以,在所有动物当中,唯对人来说是没有永恒的视域和视角的。

144[①]

宗教战争。——直到现在,群众的最大进步乃是宗教战争:因为宗教战争证明了,群众已经开始带着敬畏之心来处理概念了。唯当各教派之间更精细的争辩使普遍理性精细化了,宗教战争才会发生:结果,连下层群氓钻都起牛角尖来了,小题大作,甚至认为“灵魂的永恒得救”有可能系于概念的细微差别。

145

素食主义者[②]的危险。——主要食用米饭会促使人们服用鸦片和麻醉物品,同样地,主要食用土豆会促使人们去喝烧酒——:而以更为精细的后果看,这也会导致具有麻醉作用的思想方式和感觉方式。与此相一致的是,麻木的思想方式和感觉方式的推动者,就像那些印度教的导师,他们要赞扬一种完全素食的饮食疗

---

① 参看 11[298]。——编注

② 素食者(Vegetaianer):尼采生造的词语,容易让人联想到“瓦格纳信徒”(Wagneraner)一词。瓦格纳晚年吃素,并且在 1880 年的《宗教与艺术》中阐述了素食主义。——译注

法，想把它搞成大众的律法定则，不但本身奉行素食，而且还想使它成为大众遵行的律则：他们想以此来引发和增加能够使**他们**得到满足的需求。[①]

492

146[②]

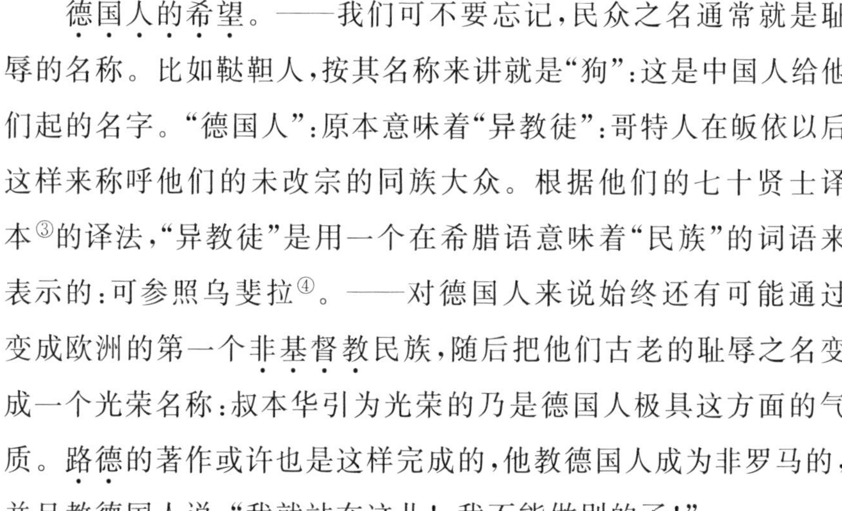

德国人的希望。——我们可不要忘记，民众之名通常就是耻辱的名称。比如鞑靼人，按其名称来讲就是“狗”：这是中国人给他们起的名字。“德国人”：原本意味着“异教徒”：哥特人在皈依以后这样来称呼他们的未改宗的同族大众。根据他们的七十贤士译本[③]的译法，“异教徒”是用一个在希腊语意味着“民族”的词语来表示的：可参照乌斐拉[④]。——对德国人来说始终还有可能通过变成欧洲的第一个**非基督教**民族，随后把他们古老的耻辱之名变成一个光荣名称：叔本华引为光荣的乃是德国人极具这方面的气质。**路德**的著作或许也是这样完成的，他教德国人成为非罗马的，并且教德国人说：“**我**就站在这儿！**我**不能做别的了！”——

① 与此相一致的是，麻木的……]准备稿：相反：麻木的思想方式的推动者偏爱食用米饭和食用土豆(所谓非动物的)，是酒精饮用的反对者，为的是仅仅满足正在产生的需求：对禁欲的称颂。——编注

② 参看尼采1882年7月30日至加斯特的信。——编注

③ 七十贤士译本(Septuaginata)：《旧约》最古老的译本，也是希腊文译本中最古老的译本(公元前三至一世纪)。Septuaginata是希腊字母数字七十。这个称呼来自一个传奇故事：话说埃及王仆托肋买二世(Ptolemy II)有意将希伯来文经典译成希腊文，收入亚历山大里亚图书馆。于是请来七十二位学士，即由以色列十二支派每一支派选六人来译经，于七十二天内译成。——译注

④ 乌斐拉(Ulfilas，约311—383年)：哥特人的主教，为哥特人创立文字，翻译了哥特文的《圣经》。——译注

147

问与答。——野蛮民族现在从欧洲人那里首先接受什么呢？烧酒和基督教，欧洲的麻醉剂。——还有，它们何以迅速走向灭亡呢？——因为欧洲的麻醉剂[①]。

148

宗教改革产生之地。——在教会大腐败之时，德国教会最少腐败：因此在**德国**产生了宗教改革，此乃一个标志，标志着在腐败之初人们就感到无法忍受了。因为相对而言，当时没有一个民族比马丁·路德时代的德国人更有基督信仰了：他们的基督教文化正准备转向一个百花争艳的全盛时期，——只还差了一夜；而这一 493
夜却带来了终结一切的强大风暴。

149

宗教改革的失败。——古希腊人多次尝试建立新的希腊宗教，但屡屡失败了，这表明希腊人甚至在相当早的时期就已经有了高度的文化；这也表明，在希腊必定早就已经有了大量不同的个体，他们的不同困厄是不能用一个唯一的信仰和希望的处方来解

① 还有，它们何以迅速……]准备稿：事情永远如此。宗教就必须据此得到考察。——编注

决的。毕达哥拉斯和柏拉图，也许得加上恩培多克勒，以及要早得多的俄尔甫斯教的狂热者，他们都是旨在创立新的宗教；前两人具有十分地道的创教者的心灵和才能，以至于对于他们的失败，我们不能有足够的惊奇：他们却只是使之变成了教派。每一次，当整个民族的宗教改革失败，而只有教派抬起头来时，我们可以推断，这个民族本身已经十分多样，开始从粗鄙的群氓本能和伦常的道德性中解脱出来：一种重要的悬浮状态，人们习惯于把它当作道德沦丧和堕落来加以诋毁：而实际上这种状态预示着蛋已成熟，蛋壳就要破了。马丁·路德的宗教改革在北方成功了，这是一个标志，表明北方与欧洲南方相比是落后的，只还知道相当单一和单色的需要；要不是南方旧世界的文化渐渐地通过日耳曼蛮族之血的大量混杂而被野蛮化了，丧失了自己的文化优势，那么，或许根本就不会有欧洲的基督教化。一个个体或者一个个体的思想越是能普遍

494 地和无条件地发挥作用，则这里受影响的大众就必定越是趋同，越是低下；而相反的努力则透露了那些也意愿得到满足和实现的内在需要。反过来，如果强大的和有统治欲的人物只能带来一种微末的教派影响，那么，我们就总是可以推断出一种真正的文化高度：这一点同样也适合于各个艺术和认识领域。有统治的地方就有大众：有大众的地方就有奴役的需要。有奴役的地方就只会有少数个体，而且，这少数个体具有反对自己的群畜本能和良心[①]。

---

① 一个个体或者一个个体的……］准备稿：——这种文化内在地最后停滞了，在个别地方（雅典大学）或者在哲学学校（伊壁鸠〈鲁〉斯多亚派）。——一个个体越是能普遍地和无条件地发挥作用，则受影响的大众就必定越是趋同；像理查德·瓦格纳这样有统治欲的人物的相对微末的影响，证明了音乐文化的高度。——因为相反的努力是其他也意愿生活的生物的对立需要。——编注

150[1]

圣徒批判。——为拥有一种德性,难道人们非得要拥有它最残忍的形态吗?——正如基督教的圣徒们所意愿和必须的那种形态;他们作为圣徒只靠着想法和观念来忍受生活,以至于一看见他们的德性,每个人都会突然感到对自己的蔑视。而具有此种影响的德性,我称之为残忍。

151

论宗教的起源。——形而上学的需要并不是宗教的起源(就像叔本华所主张的那样[2]),而只不过是一个宗教的**遗腹子**。在宗教思想的主宰下,人们已经习惯于“另一个世界(后面的、下面的、上面的世界)”的观念,而且在消除宗教幻想[3]的情况下,就会感到一种难过的空虚和缺失,——再有,从这种感觉中又会产生出“另一个世界”,但现在,它只是一个形而上学的“另一个世界”,而不再是宗教上的“另一个世界”。然而,在远古时代里导致人们接受“另 495
一个世界”的东西,**并不是**欲望和需要,而是在解释特定自然过程

① 准备稿:我承认:大多数基督教圣徒的样子对我来说是不堪忍受的:如果说他们拥有德性,他们便总是也拥有最残忍的德性类型。——编注

② 参看叔本华:“论宗教”,载《叔本华选集》,中译本,刘大悲译,台湾志文出版社,2001年,第132—158页。——译注

③ 宗教幻想]作者在校样上的修改;大八开本版。第一版:宗教思想。——编注

时发生的一种错误，是一种智力的窘迫。

152[1]

最大的变化。——所有事物的光照和色彩都变了！我们不再能完全理解，古人是如何感受最切近和最常见的事物的，——例如白昼和清醒：由于古人相信梦，清醒的生活就有了不同的光。整个生活也是这样，借助于死亡及其意义的反射：我们的“死亡”是一种完全不同的死亡。一切体验都发出不同的光，因为上帝在其中闪烁；一切决断和对遥远将来的展望亦然：因为人们得了神谕和隐秘暗示，并且相信预言。“真理”被不同地感受，因为在从前，疯子可能被看作“真理”的代言人，——这使我们感到恐怖或者使我们发笑。任何一种不公以不同方式对情感产生作用：因为人们害怕的是一种神性的报复，而不只是民法的惩罚和侮辱。当人们相信魔鬼和撒旦时，曾有过何种快乐啊！当人们看到神魔就在近处潜伏时，曾有过何种激情啊！当怀疑被感觉为最危险的犯罪，而且被感觉为对永恒的爱的亵渎，对一切美好、崇高、纯粹和仁慈的东西的猜疑时，曾有过何种哲学啊！——我们已经把事物重新着色，我们不断地在事物上描绘，——但面对那位老大师（我指的是古人）的绚丽色彩，这当儿我们能做什么呢！

---

① 参看6[112]。准备稿结尾：所以，通过生理学、统计学和关于健康的学说，我们对道德行为和判断的感觉可能将变得不可捉摸的。以这样的身体，这样的心灵及其运动是极其必然的——就像太阳系的运动。——编注

153

496

Homo poeta[诗人]。——“这部悲剧中的悲剧已经完成了，完全是我亲手把它写成的；也正是我首先在人生此在之中打上了一个道德的结，而且抽得如此之紧，只有一个上帝才能把它解开，——这[①]就是贺拉斯要求的！——现在在第四幕中，我亲自把所有的上帝杀死了，——出于道德！那第五幕应该是什么样？还要从哪儿获得悲剧的解决办法！——我必须着手思考一个喜剧的解决办法吗？”

154[②]

生命中不同的危险。——你们根本不知道自己体验的是什么，你们就像醉汉奔波于生活，偶尔会从一个台阶上跌下去。然则由于你们醉了，你们倒是没有因此伤了筋骨：你们的肌肉太无力，你们的头脑太糊涂，以至于你们并不像其他人，感到这台阶的石头是如此坚硬！对我们而言，生命是一种更大的危险：我们是玻璃做的——当我们碰到什么时，我们痛啊！还有，当我们跌倒时，就丢了一切！

① 才能把它解开，——这]誊清稿：才能把它解开，——nec dues intersit, nisi dingus vindice nodus inciderit[除非有一种结需要一个解放者，否则不用上帝干预]——这；参看贺拉斯：《诗艺》(*ars poetica*)第 191 行。——编注

② 参看 13[2]。——编注

155

我们缺失什么。——我们热爱**大**自然，我们发现了大自然：这是因为我们头脑中没有什么伟人。希腊人则相反：他们对大自然的情感与我们大不相同。

156

最有影响力的人。——一个人抗拒他的整个时代，把这个时代拒之门外，并且追究这个时代的责任，这**一定会**产生影响！他是否想要产生影响，这无关紧要；他**能够**产生影响，这才是关键。

497

157

Mentiri[**说谎**]。——当心啊！——他一沉思：就立即准备好了一个谎言。这是所有民族都经历过的一个文化阶段。考虑一下罗马人用 mentiri[撒谎、臆造]所表达的意思吧！

158

讨厌的个性。——对一切事物都要寻根究底——这是一种讨厌的个性：它让人不断地使劲瞪眼，最后所发现的总是甚于所希望的。

159

每一种德性都有自己的时代。——现在谁若是坚强不屈的，他的正直往往会使他心生内疚：因为坚强不屈是另一个时代的德性，不同于正直。

160

与德性打交道。——即便面对一种德性，人们也可能不顾体面，也可能谄媚奉承。

161

致时代的恋人。——出逃的教士和获释的犯人不断地装出某种神情：他们所意愿的是一种没有过去的神情。——但你们可曾见过那些人，他们懂得未来反映在他们的脸上，他们对你们——你们这些“时代”的恋人——是如此彬彬有礼，以至于他们装出一种没有未来的神情？——

162① 498

利己主义。——利己主义乃是感觉的**透视**法则，据此法则，切

① 参看 11[8]。——编注

近之物显得大而重:而远处的所有事物,其尺寸和分量就缩小了。

163

大胜以后。——一场大胜以后最好的事体,莫过于它解除了胜利者对失败的恐惧感。“我为何不能也失败一回呢?”——他自言自语:“现在我可是有足够的本钱了”。

164

寻求安宁的人。——我知道这些寻求安宁的人物,因为他们在自身周围摆设了大量**黑暗**的物事:谁想要睡觉,他就得把自己的房间弄暗,或者钻进洞穴里去。——这是给那些不知道,也不想知道自己到底最需要寻求什么的人们的一个暗示!

165[①]

论放弃者的快乐。——谁若长时间地彻底弃绝某个东西,那么在他偶然重新遇见它时,他几乎会误以为是发现了它,——每个发现者都会有何种快乐啊!让我们比那在同一个太阳下躺得太久的蛇更聪明些吧!

---

① 准备稿:我已经如此彻底又如此长时间地弃绝某些事物,以至于在偶然重新遇见它们时,我几乎会误以为我发现了它们(例如友谊、音乐、喝酒、消遣)。——编注

166

总是与自己做伴。——在自然和历史方面我的本性所具有的一切都在对我说话,都在赞美我,推动我前进,安慰我——:别的我听不见,或者很快就会忘掉。我们始终只与自己做伴。

167① 499

厌世与博爱。——只有当人们再也不能消化人类、但胃里却装满着人类时,人们才会说对人类厌烦了。厌世乃是一种过于贪婪的博爱和"人类相残"的结果,——但是,我的哈姆雷特王子呀,是谁叫你把人类也当作牡蛎一般来吞食的呢?

168

关于一个病人。——"他的情况很糟!"——哪儿不好了?——"他患了贪欲之病,渴望得到别人的赞美,又找不到维持这种贪欲的食物。"——不可理解呀!全世界都在颂扬他,人们不仅用手,而且也用嘴来抬举他!——"是的,但他对于赞美之声听觉不好。如果有一个朋友赞美他,在他听来,就仿佛这个朋友在赞美自己;如果有一个敌人赞美他,在他听来,就仿佛这个敌人想要

① 参看15[71]。——编注

因此受得赞美；最后，如果其余人中的一员——余下的人根本不会那么多，他是多么著名！——赞美他，那就会侮辱了他，因为人们不愿把他当作一个朋友或者一个敌人[1]；他习惯于说：一个竟然还能对我展示正义的人，跟我有何关系啊！”

169[2]

公开的敌人。——在敌人面前表现出勇敢乃是一件独立自为的事：借此人们总还可能是一个懦夫或者优柔寡断的糊涂蛋。拿破仑就是这样评判他所知道的“最勇敢的人”缪拉[3]的：——由此可见，对某些人来说，如若他们提升自己而获得**他们的**德性，他们的阳刚和明朗，则公开的敌人是不可或缺的。

500

170

随大流。——他一直都随大流，是群众的赞美者：但有朝一日，他将成为群众的敌人！因为他之随大流，是由于他以为这会使

---

① 如果有一个朋友赞美他……］准备稿：“如果我的朋友赞美我，那么我就能听出来，他是想为自己的赞美而受到赞美；如果有一个敌人赞美我，那么我就只听到一点，即他因此赞美自己”，雅典的泰门（Timon）说。——编注

② 准备稿：凭着在敌人面前表现出来的全部勇敢，人们还可能是在其他所有事物上毫不果敢的懦夫和傻瓜：拿破仑评判姆拉特（Murat）（他与奈伊（Ney）一道把姆拉特称为他所认识的“最勇敢的人”）。参看雷慕沙夫人（Madame de Remusat）：《回忆录》（*Memoires* 1802—1808）。——编注

③ 缪拉（Joachim Murat，1767—1815年）：法国军事家，以杰出的骑兵指挥官和勇武绝伦的战士而著称。原为拿破仑随从，与拿破仑之妹卡洛琳联姻后获得极高的地位，后为那不勒斯国王。——译注

他的懒惰充分发挥出来:他尚未了解到,群众对他来说还不够懒惰呢！群众总是要向前挤！群众不允许任何人站着不动！——而他太喜欢站着不动了！

171

名望。——当众人对某个人的感恩抛弃了全部羞耻之心时,某个人的名望便产生了。

172

趣味的败坏者。——A:“你是个趣味的败坏者,——大家都这么说!”

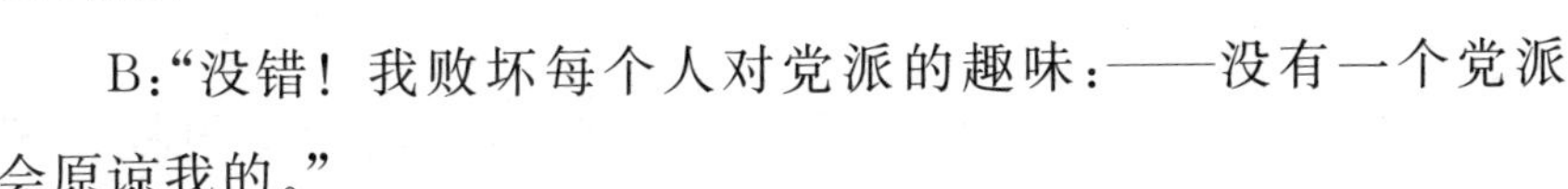

B:“没错！我败坏每个人对党派的趣味:——没有一个党派会原谅我的。”

173

深邃与假深邃。——知道自己深邃者力求清晰;向大众装出深邃者则追求晦涩。因为大众把他们看不到底的一切东西都视为深邃:他们如此胆怯,不愿涉入水中。

174

偏离。——议会制度,就是公开允许人们在五种主要的政治

意见中做出选择，它讨好大众，那些喜欢显得独立和个性化，并且
501 想为自己的意见而斗争的人们。而最终，是群盲被强制接受一种意见，抑或被允许有五种意见，那是无关紧要的。——谁若偏离和漠视这五种公共意见，全体群盲就总是会反对他。

175

关于雄辩。——迄今为止，谁拥有最令人信服的雄辩能力呢？那震天鼓声：只要国王们有对这种震天鼓声的控制权，他们就始终还是最佳的演说家和民众煽动者。

176

同情。——可怜的执政王侯啊！现在，他们所有的权利不知不觉中转变成了要求，而且很快地，所有这些要求听起来就像是狂妄僭越了！当他们只说“我们”或者“我的子民们”时，古老而邪恶的欧洲就会发笑。真的，现代世界的庆典司仪或许是不会与他们一道搞庆典的；也许他会宣布：“王公诸侯与暴发户为伍”[1]。[2]

---

① 原文为法文：les souverains rangent aux parvenus。尼采把这个说法加在塔列朗（Charles Maurice de Talleyrand）身上，后者为法国外交官。——译注

② 真的，现代世界的庆典……］准备稿：我相信，倘若塔列朗（Talleyrand）现在回来，他会十分明确地表达：“王公诸侯与暴发户为伍；到处都有太多的这类新来者”（les souverains rangent aux parvenus；il y a partout trop d'arrives en tout genre）。——编注

177

关于“教育”。——在德国,高等人缺乏一种重要的教育方式:高等人的笑;高等人在德国是不会笑的。

178

关于道德启蒙。——人们必须奉劝德国人放弃他们的靡非斯特费勒斯:加上他们的浮士德。[①] 那是针对认识之价值的两个道德偏见。

179 502

思想。——思想是我们的感觉的影子,——总是比感觉更暧昧、空洞和简单。

180[②]

自由思想家的好时光。——自由思想家哪怕在科学面前也还

① 靡非斯特费勒斯(Mephistopheles):又简作“靡非斯特”,歌德《浮士德》(*Faust*)中的重要人物,是魔鬼的化身。歌德在18世纪70年代初开始创作《浮士德》,到1808年完成上部,到1832年才完成下部。——译注

② 准备稿:8[79]。——编注

会剥夺掉自己的自由——此间人们也给了他们自由,——只要教会还在!——就此而言,他们现在算是到了好时光。

181

跟随与带头。——A:“两人中,一个总是跟随,另一个总是走在前面,无论命运把他们带向何方。可是,从德性和精神方面看,跟随者却要高于带头者!”B:“是么?是么?你这话是对别人说的;并不适合于我,并不适合于我们呀!——Fit secundum regulam[这合乎常轨]。”

182

在孤独中。——当一个人独处时,说话不会太大声,写字也不会太大声:因为他害怕空洞的回声——伊科女神[①]的评说。——而且,在孤独中,一切声音听来都是异样的。

183[②]

美好未来的音乐。——对我来说,一流音乐家或许是只知道

① 伊科(Echo):古希腊神话中的森林女神,因爱恋纳西修斯而未得回应,日渐消瘦成一副骷髅骨架,后又化为岩石,把她的声音保存在回声里。——译注

② 准备稿:十分快乐的人,一种更深的幸福感使之悲伤,——真正的音乐家。——编注

至高幸福之悲伤,而不知道其他悲伤的人:迄今为止未曾有过这样一位音乐家。

184 503

司法。——宁可被偷盗,也胜过被一群稻草人包围——这就是我的趣味。而且,这无论如何也只是趣味方面的事体——如此而已!

185

贫穷。——现在他贫穷了:但并不是因为人们剥夺了他的一切,而是因为他抛弃了一切:——什么让他这样做呢?他习惯于寻找。——贫穷者就是那些误解了自己自愿的贫穷的人。

186①

坏良心。——他现在所做的一切,都是正派的和有序的——但他仍然有一种坏良心。因为成就突出和表现特殊乃是他的使命。

① 参看 6[202]。——编注

187[①]

演说中的侮辱。——这位艺术家[②]侮辱了我，通过的演讲方式，他阐述他那些念头——那些十分美好的念头——的方式：如此冗长啰嗦，反复强调，以如此粗糙不堪的劝说诀窍，仿佛他是在跟群氓说话。每当我们花一段时间研究他的艺术之后，我们都会觉得“入了坏人圈”。

188

劳动。——现在，劳动和劳动者是多么接近于我们当中最懒惰者呀！“我们全都是劳动者！”这话所表达的帝王式的谦恭，即便在路易十四[③]时代也成了一种犬儒和下流作派。

504 ## 189

思想家。——他是一个思想家：意思就是说，他善于把事物弄得更简单。

---

① 准备稿：有些艺术家言说自己的主题的方式侮辱了我，他们认为我们太过愚蠢了，认为自己太崇高，他们做好了准备，态度坚决，仿佛他们在一个群众集会上讲话，而且他们唤醒惊讶和感动的诀窍是不带好良心的。——编注

② 此处“这位艺术家”应该是对瓦格纳的影射。——译注

③ 路易十四(Louis XIV，1638—1715年)：法国波旁王朝国王，在位时间长达72年。——译注

190[1]

反对赞美者。——A:“人只能受同类的赞美!”B:“是呀!而且赞美你的人会对你说:你就是我的同类!”

191

反对某些辩护。——要破坏某事,最刁奸的做法是故意用错误的理由为这事辩护。

192

好心人。——什么能把那些脸上发出善意的好心人与其他人区别开来呢?有一个新人在场,他们就大感快意,一见钟情;于是他们希望她开心,他们的头一个判断是:“我喜欢她”。他们身上接踵而来的:先是占有的愿望(他们并不顾及他人的价值),接着是快速占有,进而是享受拥有的快乐以及为了被拥有者而行动起来。

---

① 准备稿:如果我们受到赞美,我们总是做了某些把我们置于与赞美者同一档次的事:人只能受同类的赞美:也就是说,谁赞美你,就会对你说:你就是我的同类。参看歌德:“有人赞美谁,就把自己等同于谁了”,《歌德著作全集》,40 卷,斯图加特(科塔),1855/1858 年,第 3 卷,第 222 页。尼采藏书。——编注

193

康德的玩笑。——康德想以一种侮辱“每个人”的方式证明，“每个人”都有道理：——这是康德心里的隐秘玩笑。他写文章反对学者们，支持民众的偏见，但他是为学者们写作，而不为民众写作。

505
194

“**坦率者**”。——那个人可能总是按照隐秘的理由来行动：因为在他的嘴上，还有差不多在他张开的手上，总是有可传达的理由。

195

可笑啊！——看哪！看哪！他跑离了人群——：而人群跟在他后面，是因为他跑在他们**前面**，——他们可真是群畜啊！

196

我们的听觉的极限。——人们只听那些自己可以找到答案的问题。

197[①]

因此要当心！——除了严守的秘密——连同其中隐蔽的一切，我们并不那么乐意把什么都告诉别人。

198[②]

骄傲者的恼怒。——骄傲者甚至对带他前进的人也感到恼怒：他凶狠地瞪着拉车的马。

199

慷慨大方。——在富人那里，慷慨大方经常只是一种胆怯。

200 506

笑。——笑意味着：幸灾乐祸，却凭着好良心。

---

① 准备稿：我们在严守秘密的情况下所了解的东西，我们更喜欢把它分享给他人，甚于所有其他东西，而且连同这个严守秘密的印记。——编注

② 参看18[2]。——编注

201

喝彩。——在喝彩时总有一种噪音:即便在我们对自己鼓掌喝彩时亦然。

202

一个挥霍者。——他还没有一位已把自己的全部财产清点过一次的富人的那种贫困,——他以挥霍本性的非理性来挥霍自己的精神。

203

Hic niger est[这人很黑][①]。——通常他是没有思想的,——但在特殊情形下,他却能得出坏思想。

204

乞丐与礼貌。——"没有门铃就用一块石头敲门,这并非不礼貌"——所有的乞丐和受苦受难者都这么想;但没有人会给他们这个权利。

① Hic niger est:拉丁文。参看尼采:《论道德的谱系》,见科利版《尼采著作全集》第5卷,中译本,赵千帆译,商务印书馆,2015年,第334页。——译注

205

需要。——需要被看作某物产生的原因:事实上,它往往只不过是已经产生的事物的一个结果。

206 507

下雨时。——下雨了,我想到穷人们,他们这时挤在一起,忧心忡忡,也不练习把忧愁掩饰起来的办法,就是说,每个人都准备好并且意愿伤害他人,即便是在恶劣天气下也使自己获得一种可怜的快感。——穷人的贫穷就是这个,而且只是这个!

207[①]

嫉妒者。——这是一个嫉妒者,——别指望他会要小孩;他会嫉妒小孩,因为他再也不可能是小孩了。

208

伟大的人!——某人是个"伟大的人",我们还不能由此推断他是一个人;也许他只是一个男孩,或者一个所有年纪的变色龙,

① 准备稿:别指望他会要小孩,或者一个缺乏天赋的小孩——他是那么会嫉妒,以至于他受不了自己之外的任何天赋,甚至也受不了小孩本身。——编注

或者一个中了邪的小女子。

209

一种追问理由的方式。——有一种追问我们的理由的方式，它不仅使我们忘掉最佳的理由，而且也使我们感到自己身上滋生了一种对一般理由的抗拒和反感：——那是一种愚不可及的追问方式，更是专制者的一个诡计！

210[1]

勤奋的尺度。——未必要超过父亲的勤奋——这会使人得病。

508

211

隐秘的敌人。——能保留一个隐秘的敌人——这是一种奢侈，即便是思想高尚的人物的道德也往往够不到这种奢侈。

212

不要受骗上当。——他的精神有失风度，他匆匆忙忙，总是因为缺乏耐心而结结巴巴：于是人们难以猜度，他安身于何种冗长而

① 参看16[18]。——编注

宽怀的心灵中。

213

幸福之路。——有一位智者问一个傻子,哪一条是幸福之路。傻子就好像是被问及去附近城市的道路怎么走,毫不犹豫地答道:“佩服你自己吧,而且去胡同里生活!”“住口,”智者叫道,“你要求得太多了,佩服自己就足够了!”傻子回答说:“但没有不断的蔑视,又怎能不断地佩服呢?”

214

信仰使人福乐。——德性只给予那些笃信自己德性的人以幸福和福乐:——但不赐予那些更精细的心灵,后者的德性在于对自己和一切德性的深度怀疑中。说到底,即便在这里,也是“信仰使人福乐!”——注意!**并非**德性!

215

理想与质料。——你面对一种高贵的理想:但你也是一块如
此高贵的石头,以至于可以用你雕刻这样一尊神像吗?而且要不 509
然——你的全部工作不就成了一种野蛮的雕刻吗?对你的理想的
一种亵渎?

216

声音的危害。——嗓门太大，人们便几乎不能思考精细的事务。

217

因与果。——在“果”出现之前与出现之后，人们相信的“因”是不同的。

218

我的反感。——我不喜欢那些人，他们为了造成影响而爆发，有如炸弹一样，在他们身旁人们总会有危险感，害怕突然失聪——或者更有甚者。

219[①]

惩罚的目的。——惩罚的目的是为了使实施惩罚者变好。对于惩罚的辩护者而言，这是最终的托词。

---

① 准备稿：Vivisectio voluntaria[自愿的活体解剖]。——但你们想要世上存在惩罚吗？那么这是格言：惩罚当使实施惩罚者变得更好！——编注

220

牺牲。——关于牺牲和奉献,用于献祭的动物的想法不同于旁观者:但人们从来都不让它们说话。

221 510

宽容。——父子之间的相互宽容远胜于母女之间的宽容。

222

诗人与说谎者。——诗人把说谎者看作自己的同乳兄弟,说谎者的那份奶水被诗人吃掉了;所以,说谎者一直是可怜兮兮的,甚至得不到一颗好良心。

223

感官的替代。——“我们也用眼睛来听,”一个年迈而耳聋的告解神父如是说;“而在盲者中间,谁耳朵最长,谁就是王。”①

① 王。]誊清稿:。王——他[讽刺地]好心肠地补充道。——编注

224

动物批判。——我担心动物把人当作自己的同类，当作极其危险地丧失了健康的动物理智的东西，——当作荒唐的动物，会笑和会哭的动物，不幸的动物。

225[①]

自然。——“恶本身总是具有重大的影响力！而自然就是恶的！所以，让我们成为恶的罢！”——那些拼命追逐影响力的人物[②]就是这样秘密地进行推断的，而人们竟往往把他们置于伟人之列。

511

226[③]

怀疑者与风格。——假如我们周围的人们相信我们的强大，我们就能直截了当地言说最强大的事物：——这样一种周遭教人获得“简明的风格”。怀疑者以强调方式说话；怀疑者以强调方式行事。

---

① 参看6[414]。——编注

② 尼采常以此指控瓦格纳。——译注

③ 准备稿：最高级乃是不完全诚实者的[发明]嗜好。假如其他人相信我们的强大，我们就能直截了当地言说最强大的事物，假如我们自己相信这一点，情形亦然。一方要是作判断，他就会放任自己，另一方要是作判断，并且通过自己的判断形式而给自己一个面具，他就会抑制自己。——编注

227[1]

错误的结论,错误的判断[2]。——他不能控制自己:那个女人由此推断,控制他将是容易的,并且抛出自己的绳子要把他捆缚;——可怜的女人呵,马上要成为他的奴隶了。

228

反对调解者。——想在两位坚定的思想家之间进行调解者,被称为平庸者:他没有看到独特事物的眼力;把什么都看成类似的,把什么都弄成一样的,这是弱视的标志。

229[3]

固执与忠诚。——出于固执,他坚持某个对他来说已经显而易见的事体,——但他称之为"忠诚"。

① 准备稿:他明显不能控制自己——浅薄者由此推断,控制他是可能的,甚至是容易的,并且要抛出自己的绳子和辔头把他捆缚——对于这个最骄傲者,他因为自己对自己的征服而咬牙切齿,感受到憎恶!且让野蛮者跑吧——。——编注

② 德语原文为 Fehlschluss,Fehlschuss,后者原文为"脱靶、射偏"。——译注

③ 准备稿:出于固执,我们坚持我们已然开始看透的某个事体。我们必须给予自己这种固执,这种有意不看的意愿!——编注

230①

缺少沉默。——他的整个本质都没有**说服力**——那是因为他从来都不对自己所做的善行保持缄默。

512

231②

“**彻底的人**”。——认识上迟钝的人认为，迟钝也是认识的一部分。

232

做梦。——人们要么根本不做梦，要么梦得有趣。——人们必须学会同样地保持清醒：——要么根本不清醒，要么醒得有趣。

233

最危险的观点。——现在我做的或者我所忽略的事对于**将来的一切**是十分重要的，乃是与过去一样的最伟大事件：在这种巨大的效应视角中，一切行为都是同样大小的。

---

① 准备稿：你对善行保持缄默，这善行使你整个变得更有说服力，令人信服。——编注

② 准备稿：认识方面迟钝的人认为，迟钝也是科学的一部分。——编注

234[1]

一位音乐家的安慰话。——“你的生命并没有深入人们的耳朵里:对他们而言,你过的是一种默然无言的生活,而所有美妙的旋律,所有关于跟随或者先行的柔和决心,都对他们隐而不显。这是真的:你并不是在大街上随着军乐走来,——但因此,这些善人们就无权说你的生活变化缺少音乐。谁有耳朵,就让他来听[2]。”

235[3]

精神与性格。——有些人达到了他性格的顶峰,但他的精神恰恰与这种高度不相称——而有些人则相反。

236[4] 513

为了感动群众。——想要感动群众的人难道不必成为他自己的演员吗?难道他不必首先把自身转化为荒诞的清晰性,并且以这样一种粗糙化和简单化,把他的整个人格和事业**表演**出

① 准备稿:关于美妙,人明白得多么少啊!所有的柔和感是多么隐而不显或者受误解啊!如果人[?]并非犹如随着军乐阔步走来,人们就会以为他缺少音乐。——编注

② “谁有耳朵,就让他来听”:语出《马太福音》。——译注

③ 参看6[322]。——编注

④ 参看12[112]。——编注

来吗？

237[①]

彬彬有礼的人。——“他多么彬彬有礼啊！”——是呀，他总是随身带着要喂塞伯鲁斯[②]的糕点，而且十分胆怯，以至于他把每个人，包括你和我，都看作塞伯鲁斯，——这就是他的“彬彬有礼”。

238[③]

无嫉妒心。——他毫无嫉妒心，但这也不算什么功劳：因为他是要征服一块无人占领过的，甚至几乎没有人看见过的土地。

239

不快乐的人。——有一个不快乐的人，就足以给整个家庭带来长久的郁闷，使全家愁云密布；而且，只有靠奇迹才能使这种人消失！——幸福早就不是这样一种传染病了，——何以如此呢？

---

① 准备稿：随身带着喂塞伯鲁斯的糕点——。——编注

② 塞伯鲁斯(Cerberus)：古希腊神话中的地狱看门狗，有三个头，狗嘴滴着毒涎，下身长着一条龙尾，头上和背上的毛全是盘缠着的条条毒蛇。——译注

③ 准备稿：我要征服一块尚无人占有的土地。——编注

240[①]

在海边。——我不想为自己造一座房子(而且不当房主,这本身就属于我的幸福!)。但倘若一定得造,那我就会像某些罗马人那样,把房子造进海里去,——我就想与这个美丽的怪物共享一些秘密。

241 514

作品与艺术家。——这位艺术家野心勃勃,再无别的:最后,他的作品只不过是一个放大镜,提供给每个人按他的方式来观看。

242

Suum cuique[**各得其所**][②]。——不管我对知识的贪婪多么大:除了原本已经属于我的,我不能从事物中获取别的任何东西,——别人所占有的依然留在事物里。一个人怎么可能当小偷或者强盗呢!

① 准备稿:与这个美丽的怪物,我就想共享某些秘密。——编注

② 原文为拉丁文,意为“各应得其所有,各宜得其所应得”;普鲁士黑鹰勋章上有此铭言。——译注

243

“好”与“坏”的起源。——只有懂得感受“这事不好”的人，才能发明一种改良办法。

244

思想与话语。——即便是人们自己的思想，人们也不能完全用话语来加以复述。

245

通过选择来赞美。——艺术家选择自己的素材：这是他的赞美方式。

246

数学。——只要有可能，我们无论如何都要把数学的缜密和严格推广到所有科学中，并不是因为我们相信我们将以此途径认
515 识事物，而是为了借此来**确定**人与事物的关系。数学只是获得普遍和最终的人类知识的手段。

247

习惯。——所有习惯都会使我们的双手变得更才智,使我们的才智变得更笨拙。

248

书籍。——一本甚至不能使我们超越所有书籍的书有何好处呢?

249①

认识者的叹息。——“噢,我的贪婪啊!在这个心灵里面居住的并不是什么忘我精神,——而倒是一种贪求一切的自我(Selbst),后者想要通过大量个体来观看和把握,有如用自己的眼睛和自己的双手,——那是一种甚至要把整个过去取回来的自我,它不想丧失它可能包含的任何东西!噢,我的贪婪之火焰啊!我会再生而化为千百个人物!”——谁若不能根据经验了解这种叹息,他也就不能了解认识者的痛苦。

① 参看 13[7]。——编注

250[1]

罪过。——尽管女巫的敏锐法官，甚至女巫本身都相信巫术之罪过，但这种罪过并不是现成存在的。所有罪过的情形都是如此。

251

被误解的受苦者。——伟大人物所受的痛苦不同于他们的崇
516 拜者所想象的[2]：他们所受最大痛苦，是由在某些凶恶时刻出现的一些卑鄙的、褊狭的激动造成的，简言之，是由他们对自己的伟大品质产生怀疑而造成的，——但并不是由于他们的使命要求他们的牺牲和殉难。只要普罗米修斯[3]同情人类，并且为人类牺牲自己，那他就是幸福的，感到自己是伟大的；但如果嫉妒宙斯获得了凡人的敬意，——那他就痛苦了！

252

宁可欠债。——"宁可继续欠债，也不要把没有印上我们的图

---

① 准备稿结尾：魔鬼作为权力工具是不能不被利用的！——。——编注

② 被误解的受苦者……］准备稿：我要向你们展示伟大人物的 pudendum［外阴］：他们所受的苦不同于人们所设想的和他们自己在作品中所说的。——编注

③ 普罗米修斯(Prometheus)：古希腊神话的天神，因为从天庭盗火给人类而被主神宙斯捆绑于高加索山的岩石上，让老鹰啄食他的肝脏。——译注

标的钱币付给人家!”——我们的主权要求我们这样做。

253

总是在家。——有一天,我们终于到达**目的地**——于是我们会骄傲地指出,我们为此进行了多么漫长的旅行。事实上我们并没有觉察到我们曾经远游。但我们走到如此之远,是因为我们每到一处都有**在家**之感。

254[①]

对付困境。——始终专心致志者方可摆脱一切困境。

235

255

模仿者。——A:“什么?你不想要模仿者吗?”B:“我不想人们模仿我什么,我希望每个人都做自己的模范:此即**我**做的同一回事。”A:“这样啊——?”

256[②] 517

皮壳。——所有具高深境界的人,他们的快乐在于一度像飞鱼

① 准备稿:“我总是深深地关心,为什么我感到害羞?”——编注

② 参看 15[56];12[154]。——编注

一般游戏于波峰浪尖；他们认为事物中最好的东西，——就是它们有一个表面：它们的皮壳——sit venia verbo[如果可以这样说]。

257[1]

根据经验。——有些人不知道他们有多富有，直到他们经验到，什么样的富人将要偷盗他们。

258[2]

偶然性的否定者。——没有一个胜利者相信偶然性。

259[3]

远离天堂。——"善与恶乃是上帝的偏见"——蛇如是说。

260

一乘一。——一个人总是出错：而真理始于两人。——一个人不能证明自己：而两个人就已经驳不倒了。

---

① 准备稿：我不知道，在我在自己身上发明出这样一些小偷男人之前，我是富有的。——编注

② 参看18[7]。——编注

③ 参看18[6]。准备稿结尾：而且急忙溜了。——编注

261[1]

原创性。——什么是原创性？看到某个还没有名称、还不能被命名的东西，尽管它是有目共睹的。正如人们习惯的那样，只有名称才能使某个事物根本上成为可见的。——原创者多半也是命名者。

262 518

Sub specie aeterni[**以永恒观点看**][2]。——A:“你越来越快地远离活人了：他们很快将把你从他们的名单上勾销掉了！”——B:“这是分享死人特权的唯一办法。”——A:“什么特权呀？”——B:“再也不死的特权。”

263

毫无虚荣。——当我们恋爱时，我们都想掩饰自己的缺点，——这并非出于虚荣，而倒是因为不想让所爱者痛苦。的确，恋人想表现得有如上帝，——而这同样并非出于虚荣。

---

① 参看12[80]。——编注

② Sub specie aeterni[以永恒观点看]：源于斯宾诺莎的 Sub specie aeternitatis [从永恒的角度来思考]。——译注

264

我们的所作所为。——我们的所作所为，永远得不到理解，而始终只是受赞美和责备。

265[①]

最终的怀疑。——人类的真理究竟是什么？——是人类不可驳斥的谬误。

266

需要残酷的地方。——伟大的人对其次等的德性和考量是残酷的。

267[②]

怀有一个伟大的目标。——怀有一个伟大的目标，人们不仅能胜过自己的行为和评判者，甚至也能超越公正。

---

① 准备稿：不论人能走得多远：人最终的真理永远只是——不可驳斥的谬误。——编注

② 参看 9[6]；8[48]。——编注

268[①] 519

什么造就英雄?——同时面对自己至深的痛苦与至高的希望。

269[②]

你相信什么?——我相信:一切事物的价值都必须得到重新规定。

270

你的良心在说什么?——“你要成为你自己。”[③]

271

你最大的危险在哪儿?——在同情中。

① 准备稿开头:英雄气概:正义之人知道,他。——编注

② 准备稿:你意愿什么?——重新规定事物的重量。——编注

③ “你要成为你自己。”]尼采经常引用的这个箴言来自品达(Pindar)《皮托竞技会颂歌》第II卷第72行:γένοι' οἷος ἐσσὶ μαθών.——编注

272

你喜爱别人什么？——我的希望。

273[①]

你把谁称为坏人？——总是想使人感到羞耻的人。

274

在你看来什么是最人性的？——使某人免除羞耻。

275

什么是获得自由的标志？——不再自我羞愧。

① 准备稿开头：羞耻是真正人类的痛苦；动物是不知道羞耻的。——编注

第四部　圣雅努斯[①] 521
（第 276—342 节）

你用火焰之矛，
把我灵魂的寒冰粉碎，
我的灵魂怒吼着
奔向它那至高的希望之海：
总是更明亮，总是更健康，
自由地在最可爱的必然中：——
它就这样颂扬你的神奇
至美的雅努斯！

热那亚，1882 年 1 月。

① 圣雅努斯(Sanctus Januarius)：罗马神话中的门神、双面神，有前后两个面孔或四方四个面孔，是“开始”和“终结”的象征，这就是说，雅努斯既执掌着开始和入门，又执掌着出口和结束。罗马士兵出征时，都要从象征雅努斯的拱门下穿过，从中发展出四方双拱门，后来欧洲各国的凯旋门形式都是由此而来。雅努斯是罗马本土最原始的神，拉丁语“一月”(Januarius)一词也源于此，进而演变成西方各国语言中的“一月”。——译注

276[①]

致新年。——我还活着，我还在思考；我必须活下去，因为我必须思考下去。Sum, ergo cogito: cogito, ergo sum[我在故我思：我思故我在]。[②] 今天，人人都可以随意地表达自己的愿望和最爱的想法：所以，我也想来说说我今天对自己的愿望，今年有何种想法首先穿越我的心灵，——何种想法会成为我全部未来生活的基础、保证和甜蜜！我[③]要越来越多地学会把事物中的必然性看作美：——我

① 准备稿：笔记本 M III 5：这是我的愿望，是对自己的愿望：但愿总是越来越多地用审美的天平来称量，总是越来越少地用道德的天平来称量！但愿道德判断的出现于我[显现]为一种暗示，即在这一刻我的本性是没有它全部的力量和高度的，可以说误入过去的路径之中，弄错了史前时代的挖掘者！但愿我越来越多地学会把事物看成美的，并且为此感觉良好！——我于是将成为使事物变得美丽的人当中的一员！但没有任何反对丑陋的战争！让掉转目光成为我唯一的否定！而总而言之：我只还想有朝一日成为一个肯定者！笔记本 N V 7：我的愿望是，越来越少地用道德的天平，越来越多地用美学的天平来称量，最后人们把道德感受为落后的时代和审美无能的标志！让我们学会把事物看成美的，并且总是为此感觉良好：我们于是将使事物变得美丽——但不进行任何反对丑陋的战争！掉转目光是我们的否定，而且总而言之：我们只还想有朝一日成为一个肯定者！笔记本 N V 8：我还活着，我还在思考；我必须活下去，因为我必须思考下去。Sum, ergo cogito: cogito, ergo sum[我在故我思：我思故我在]！[我必须、我意愿、我能够思考下去，——没有这种必须、意愿和能够，我便不再活下去！是的！肯定的！但连这一点也还有更多！]就让新年的第一个想法这样来问候自己！我的生活的基础、保证和甜蜜！我的愿望、我的赠礼——在我自己面前——为我自己！——但是：crux mea lux! Lux mea crux! 参看 12[231]。笔记本 M III 1：我还活着，我还在思考——sum, ergo cogito[我在故我思]。——编注

② 原文为拉丁文。笛卡尔在《沉思录》(1641 年)第二部中提出"我思故我在"的命题。——译注

③ 甜蜜！我]誊清稿：甜蜜！我要一天天更多地忘掉用道德的天平来称量；我想把道德判断的出现当作一种暗示，即在这一刻我的本性是没有它全部的力量和高度的，误入过去的路径之中，可以说弄错了史前时代的挖掘者。我。——编注

于是将成为使事物变得美丽的人当中的一员。Amor fati[热爱命运][1]:让它从现在起成为我的爱！我不想进行任何反对丑陋的战争。我不想控诉，甚至不想控诉控诉者。让**掉转目光**成为我唯一的否定！而总而言之:我只还想有朝一日成为一个肯定者！

277[2]

个人的天意[3]。——生命中有某个高点:如果我们达到了这个高点，那么，以我们所有的自由，而且尽管我们坚定地否认了此在(Dasein)的美丽混沌具有全部关怀备至的理性和善意，我们依
然再度陷于精神不自由的最大危险中了，并且不得不做出我们最 522
艰难的考验。因为现在，关于一种个人天意的想法才以最透彻的力量展现在我们面前，并且有了自己最佳的代言人，即那种亲眼目睹的个人印象，现在我们能清楚地把握到，我们碰到的一切事物都持续不断地把我们**带向至善**。每日每刻的生活似乎无非都只是想重新证明这个句子;不论什么情况，不论天气好坏、失去朋友、某种疾病、某种诽谤、不见音信、扭伤了脚、瞧一眼商店、一个反对的论据、翻开一本书、一个梦、一个骗术:这一切，都会立即或者随后很快地证明自己为一个“不可或缺的”物，——它恰恰**对我们来说**饱

① 原文为拉丁文。自《查拉图斯特拉如是说》以后，“热爱命运”(Amor fati)之说成了尼采表示自己的肯定意志的常用表述。——译注

② 准备稿:在生命的某个高点，我们最多地处于危险中，就是成为个人天命的愚人和虔信者:如果我们注意到，一切事物真地都为我们带来至善。因为这样的话，我们的实践的和理论的智慧就在其高度的解释和调整中。——编注

③ 此处“天意”(Providenz)也可译为“天命”，也有“上帝”之意。——译注

含着深刻的意义和益处！宣布废除对伊壁鸠鲁的诸神、那些无忧的不知名的诸神的信仰，去相信无论哪个忧心忡忡的和狭隘吝啬的神祇（它甚至熟知我们头上的每一根细发，并且对殊为可怜的服务毫无厌恶），这会是一种更危险的诱惑吗？现在——我的意思是说撇开所有这一切！我们并不想打搅诸神，同样也不想招惹那些殷勤的天才，只想满足于假定，我们自己的理论和实践上的灵巧技能在事件的解释和安排方面现在已经达到了其顶峰。关于我们的智慧的这样一种熟巧，我们也不要想得太高了，虽然有时候演奏我们的乐器时形成的那种奇妙的和谐会给我们太多惊喜：一种和谐，听起来是太过美妙了，以至于我们不敢把它算作我们自己的。实际上，时而有人——那可爱的偶然——与我们一起演奏：它偶尔把着我们的手，最智慧的天意也想不出比我们这双笨拙的手这时候所能成功做到的音乐更美的音乐。

523 278[①]

死的念头。——生活在这种杂乱的小巷里，生活在这种混乱的需要和噪音中，使我有一种忧伤的幸福感：每时每刻都暴露出多少享受、急躁、欲求，多少饥渴的生命和生命的醉态呀！然则对于所有这些喧嚷者、生活者和渴求生命者，很快就会变得多么寂静啊！每个人的背后如何都站着他自己的阴影，他那灰暗的旅伴！

---

① 参看12[114]。准备稿：城市的这种熙攘杂乱、这种欲求和急躁的声音——使我有一种忧伤的幸福感：这始终是一艘〈庞大的〉流亡者之船的“**启航时刻**”——对于所有人，一切很快就会变得多么寂静。——编注

这始终就像一艘流亡者之船启航前的最后一刻：人们彼此间比以往有更多的话要说，而时间紧迫，大海及其荒凉的沉默在全部喧嚷声背后急躁地等待着——对于猎物竟是如此贪婪、如此确凿。而所有人，所有人都会认为，迄今为止都是虚无，或者都微不足道，切近的将来才是一切：所以才有这种急忙慌张、这种叫喊、这种相互控制和相互欺骗！人人都想成为这种将来的一等人物，——然则死亡和死亡之寂静乃是这种将来唯一确凿和对所有人来说共同的东西！多么奇怪啊，这种唯一的确凿性和共同性几乎完全不能对人产生任何影响，它们最**远离**于那种感觉，即感觉到自己是死神的兄弟！看到人们完全不愿意思考死的念头，这使我深感高兴！我会乐意做某些事，让他们明白生的念头远比死的念头**更有思想价值**，其价值要高出百倍。

279[①]

星辰般的友谊。——我们曾是朋友，现已形同陌路。但这是对头的，我们不想对自己隐瞒和掩饰此事，仿佛我们必须为此感到羞耻似的。我们是两艘船，有着自己的目标和航线；我们很可能会交汇在一起，而且正如我们已经做过的那样，我们可能会共庆一个节日，——进而，这些听话的船只如此安静地躺在一个海港中，沐 524
浴在同一太阳下，以至于看起来，似乎它们已经达到了目标，似乎它们曾经有过同一个目标。但后来，我们的使命的威力无比的力

---

① 准备稿：我们已经变得形同陌路——这没什么害处。我们每个人都有自己的曲线。但更加形同陌路，相互敬畏。——编注

量又驱使我们分道扬镳，使我们驶入不同的海洋和不同的方位，也许我们永不再见，——又也许，我们可能会相见但不再相识：不同的海洋和太阳已经把我们改变！我们必定会变得形同陌路，此乃凌驾于我们之上的法则：恰恰由此，我们也应当变得更加彼此敬畏！恰恰由此，对我们当时的友谊的想念应当变得更加神圣！可能有一个巨大的不可见的曲线和星辰轨道，我们如此不同的航线和目标可能作为短小的路段已经包含于其中了，——让我们把自己提升到这个念头吧！然而我们的生命太过短暂，我们的视力太过微弱，以至于我们不可能胜过那种崇高的可能性意义上的朋友关系。——所以我们愿意相信我们星辰般的友谊，即使我们相互间不得不成为大地上的敌人。

280[①]

认识者的建筑。——终有一天，可能很快地，我们需要一种见识，认识到我们的大城市首先缺失什么：寂静无声而宽敞广阔的沉思之所。这场所要有高大的长长的柱廊，适合于坏天气或者烈日炎炎的天气，那里没有车水马龙的噪声，没有嘈杂的叫卖声，那里有一种高雅的规矩，甚至要禁止教士的大声祈祷：建筑和设施，整个都传达出自我沉思和孤傲不羁的崇高感。教会垄断沉思的时代

① 准备稿：在我们的城市里建造寂静无声的沉思之所——为此把教堂围起来。思想和自我沉思的崇高应当包含在建筑中。教会不应再有这种垄断——vita contemplativa[沉思的生活]始终要是 vita religiosa[宗教的生活]，这就能更忠实于人性了。——编注

过去了,那时候,*vita contemplativa*[沉思的生活]始终首先必须是*vita religiosa*[宗教的生活]:而且教会建造的一切都表达了这个想法。我不知道,我们如何可能满意于教会的建筑,哪怕它们已经 525
被剥夺了教会的规定性;这些建筑物说着一种太过崇高和太过拘束的语言,俨然它们就是上帝之家和一种超世俗的交往的豪华场所,以至于不信神的我们不可能在这里思考**我们自己的想法**。我们希望**自己**已经化身为石头和植物了,当我们徜徉于这些厅堂和花园中时,我们希望也在**自身中**漫步。[①]

281[②]

善于找到结局。——一流大师的辨认标志在于,事无巨细,他们都善于以完美的方式找到结局,无论是一首曲子的结局还是一个思想的结局,无论是一出悲剧的第五幕还是国家活动。二流大师则总是面对结局心神不定,不像波多飞诺[③]的群山那样以十分高傲而安宁的均衡之势伸向大海——热那亚海湾[④]正是在那儿吟完自己的曲子。

---

① 而且教会建造的一切……]准备稿:——但也许我们可以在我们的意识中,为了我们的意识把我们身边的许多教堂建筑物围起来,加以重新装饰。在这当中,在一个富丽堂皇的天主教教堂里,思想的情感是**拘束的**——至少,我并非十分粗笨,能够在这样的场所思考我的想法。——。——编注

② 准备稿:一流大师表现在,他们以一种完美的方式到达终点,在曲子中和在生活中都是如此。——编注

③ 波多飞诺(Porto fino):位于意大利西北部里格连海岸东面著名的旅游海港小镇。在意大利语中,Porto fino 的本意是边界小港口。——译注

④ 热那亚海湾(die Bucht von Genua):地名,位于意大利北部。——译注

282

步法。——有各种精神举止，通过它们，连伟大的人物也会泄露出，他们来自群氓或者半群氓：——尤其是他们思想的步法和步伐搞出了这个泄密者；他们竟不能**行走**。所以，令拿破仑深为恼怒的是，在人们一定得真正弄懂步法的场合，比如在宏大的加冕仪式以及类似的场合，他也不能王侯般地和“合法地”行走：即便在这种时候，他也始终只是某个纵队的首领而已——高傲而又慌张，而且他自己完全知道这一点。——看到这些作家用冗长句子织成的皱

526 巴巴的长袍，在自己周围弄出沙沙的声响，人们不免觉得有些搞笑：这样做，他们是不想让自己露出**马脚**呐。

283[①]

做准备的人。——种种迹象表明，一个更有阳刚之气的、战斗性的、首先使勇敢重获荣耀的时代就要开始了，对此我是欢迎

① 参看8[34]准备稿：笔记本NV5,5：我欢迎一个战斗性的和无政府的时代，因为它使勇敢获得荣耀：而且这种勇敢将把英雄气概带入知识领域!! 除了关于道德性的大问题之外根本没有什么重要的东西了。笔记本NV5,6：关于作为本能的勇敢的阐发：在某物必须被克服的地方，勇敢总是已经在为自己寻求一种材料。其中包括：英雄的明朗、忍耐和对奢华、资产的蔑视、整体虚荣的缺失、有着对渺小虚〈荣〉的宽容、胜利者的慷慨(战胜自我)、在胜利习惯者和胜利激动者中间的自由讨论(关于偶然性的宠爱)：勇敢者的消遣和恢复。没有复仇之神，依然是同情之神。——沉默孤独果断，在不可见的持续活动中：我们的节日偶尔到来，我们的大丧期，根据自身的法则，没有日历。——编注

的！因为这个时代要为一个还更高级的时代开辟道路，把后者有朝一日必须有的力量积聚起来，——这个更高级的时代，它要把英雄气概带入知识领域，并且为思想及其后果**进行战斗**。为此目的，现在就需要大量做准备的勇敢的人们，他们根本不可能从虚无中跳将出来——同样也不可能从当代文明和大都市教育的泥沙和浆糊中产生出来：这些人，他们沉默、孤独、果断，懂得在不可见的活动中满足并且坚持：这些人，他们有着对于一切事物的内在癖好，去寻求其中能够**克服和征服**的东西：这些人，他们具有明朗、忍耐、质朴和蔑视伟大虚荣的品质，同样也表现出敢于胜利的大勇气，以及对一切被战胜者的渺小虚荣的宽容姿态：这些人，他们能对一切胜利者以及每一次胜利和荣耀的偶然成分做出一种鲜明而独立的判断：这些人，他们有自己的节日、自己的工作日、自己的丧期，习惯于稳重而可靠地下命令，在必要情况下同样也乐于服从，在两种情形下同样地骄傲，同样地效力于他们自己的事务：这些人，他们是更危险的人，更富成果的人，更幸福的人！因为，相信我！——要获得人生此在最丰硕的成果和最大的享受，奥秘就在于：**危险地生活**！把你们的城市造在维苏威火山[①]旁吧！把你们的船只驶进未探明的海洋中吧！生活在战斗中，在与你们同类、与你们自己的战斗中吧！你们这些认识者啊，只要你们不可能成为统治者和占有者，那就只好当 527
掠夺者和征服者了！你们可以满足于像胆怯的小鹿躲在森林里度日子的时代快要过去了！认识终于将伸手去获取它应得的东

① 维苏威火山(Vesuv)：位于意大利西南部那不勒斯湾附近的著名活火山。——译注

西：——它要统治，要占有，你们得与之相随！

284[①]

相信自己。——根本上只有少数人具有自信：——而在这少数自信者中，有些人是附带具有的，作为一种有用的盲目或者自身精神的部分昏暗模糊化——（倘若他们能看清自己的底细，他们会瞥见什么呀！），另一些人则必然首先要获取这种自信：他们所做的一切好事、优异之事和大事，首先都是一种驳斥寓于他们内心的怀疑论者的论据：要紧的是劝说或者说服这个内心的怀疑论者，而为此差不多就需要天才了。他们是伟大的不自满者。[②]

285[③]

更高些[④]。——“你将永远不再祈祷，永远不再崇拜，永远不再憩息于无尽的信赖之中——你拒绝在一种最后的智慧、最后的

① 准备稿开头：谁若不具有、不带有对自己的相信，那他就必须通过关于自身的知识的途径来获得之。——编注

② 寓于他们内心的……］准备稿：寓于他们内心的怀疑论者的论据。他们是他们首先必须为自己获取的更高级的和更精美的天性。——编注

③ 准备稿：笔记本 N V 7，第 80 页：由于我自己拒绝做一切祈祷，这就提升了——在没有流水的情况下——我的湖的整个水平。笔记本 N V 7，第 187—188 页：（接下页注释）

④ 原文为拉丁文：Excelsior，意为“精益求精、更高些”。——译注

善良、最后的权力面前却步，并且卸下你的思想的马鞍——对于你的七种孤独[①]，你没有一个持续的守护者和朋友——你的生活没有一种对于一座山脉的展望，那顶上堆满白雪、内部蕴含炽热的山脉——对你来说，再也没有报复者，再也没有最后的改良者——在发生之事中再也没有任何理性，在将要对你发生之事中再也没有任何爱——再也没有一个休息场所向你的心灵开放，在那里只需要寻找，而不再要寻求，[②]你抵抗无论何种最终的和平[③]，你想要的 528
是战争与和平的永恒复返[④]：[⑤]——断念之人啊，你想要弃绝所有这一切吗？谁将赋予你力量去做这件事呢？还从未有人有此力量

(接上页注释)　怎么啊！决不再祈祷——崇拜——绝对地服从，憩息于依赖中——在最后的智慧、在最后的善良和权力面前却步，只不过——没有持续的守护者、朋友——没有报复者——没有改良者——没有信仰，即相信超出我们之外群山耸立——没有隐秘的同谋——没有感恩——没有对法则的展望，这些法则植根于某种理解力，并且为此可以受到赞赏？何种贫困化！还有，所有这些冲动将向何处排放？还有，何种量的糟糕的理智的良心会形成，因为它们必得自我排放，并且于此自惭形秽！没有任何坚固的东西！没有任何与所有人共同的东西！以过去和将来的本质！我们的划离的、填实的力量，我们持续地为了自然而运用这种力量，不再可以为内在世界而运用这种力量！因为上帝已经死了，必定还有无数的东西将死去！这还太早了！——编注

① 尼采在《查拉图斯特拉如是说》第一部第 17 节“创造者”中讨论过七种孤独者：“孤独者啊，你走上通向你自己的道路！而你的道路要经过你自己和你那七个魔鬼！你将成为自己的异教徒、巫婆、占卜者、蠢材、怀疑者、非神圣者和恶棍。”参看尼采：《查拉图斯特拉如是说》，中译本，孙周兴译，商务印书馆，2010 年，第 96 页。——译注

② 这里作者区分了两个动词即“寻找”(finden)与“寻求”(suchen)。在日常德语中这两者并无显赫的区别。——译注

③ 再也没有一个休息场所……]作者修改前的校样：——今后你将阻止你的眼睛把事物修成圆形，创作到最后，你将把一切都当作永远不完满的东西予以背弃，不带这样一种妄想，即：你要背着一个女神过河。——编注

④ 复返]作者在校样中的修改；大八开本版；第一版：轮回(Wiederkehr)。——编注

⑤ 战争与和平的永恒复返……]作者修改前的校样：永恒的战争。你的唯一快乐是战士的快乐。——编注

呢!”——有一个湖,它有一天拒绝排水了,而且在以前泄水处筑起了一个水坝:从此以后,这个湖的水面就会越来越高。也许恰恰是这种弃绝和断念同样也赋予我们以力量,以此力量,断念本身是能够被忍受的;也许当人不再向某个上帝流出时,人从此将升得越来越高。

286[①]

插话。——这儿有许多希望;但如果你们不曾体验过自己心灵中的光辉、炽热和曙光,你们又能从这许多希望中看到和听到什么呢?我只能提醒你们——再无他法!去感动石头,把动物变成人类——你们想要我这样做吗?噢,如果你们依然是石头和动物,那么,首先去寻找你们的俄耳浦斯[②]吧!

287[③]

对盲目的乐趣。——漫游者对自己的影子说:“我的思想应当指示我,我现在身处何方:但我的思想不会泄露,我去往何方。我喜欢对于未来的无知,而且不想因为不耐烦和对预兆之物的预支而走向毁灭。”

---

① 准备稿:这一切是为这样一些人说的,他们在他们自己心灵中具有某种光辉、炽热和曙光。——编注

② 俄耳浦斯(Orpheus):希腊神话中弹竖琴的名手,据说其琴声可感动木石、动物。——译注

③ 准备稿:12[178]。——编注

288[①]

崇高的情绪。——我觉得,大多数人根本不相信崇高的情绪,除非是瞬息片刻,充其量只有一刻钟罢,——少数由经验而得知崇高情感可以有一种较长延续的人,则不在此列。但也许要成为具 529
有一种崇高情感的人,要成为一种唯一的伟大的情绪的化身——这迄今为止只不过是一个梦想和一个迷人的可能性:历史尚未给我们提供任何确凿的例证。尽管如此,或许有朝一日,历史也可能会孕育出这样的人——前提是,一系列有利的条件已经被创造出来了,并且被固定下来了,而现在,连最幸运的偶然机会也不能把这些条件凑起来。也许恰恰这种迄今作为惊奇地被感受到的特例不时地进入我们心灵之中的东西,对于这种将来的人来说是常态:一种在高与低之间的持续运动,关于高与低的感受,一种不断的登

① 参看 12[106]准备稿:笔记本 M III 5:我觉得,比较优秀的人相信崇高的情绪,只不过是相信瞬息片刻的事物,充其量只有一刻钟罢:相信一种伟大情感的时间性延续,这几乎已经证明人们是由自己的经验得知这种情感的。但也许要成为具有这样一种情感的人,成为一种崇高心灵的化身——这始终还是一个梦想,但正好如我所希望的,是一个先行的梦想,它猜测到对人来说可能的东西。这时必定要有很多东西凑到一起,必须有很多的精神,方能不停地拥有周围或者自己思想中的新的对象,在这些新对象上,人们能够排放出自己的崇高的情感,要么是人们使这种崇高的低微变成可感知的,要么人们把这种崇高向着自身提升。一种不断的登梯或者居于云端的情形,对于这样一种心灵来说是常态,在高与低之间的运动,关于高与低的感受。N V 7:比较优秀的人相信崇高的情绪,只不过是短短的瞬息片刻的事情,一刻钟而已。相信一种崇高情感的**延续**,这几乎已经证明人们是知道这种情感的。但也许要成为具有这样一种情感的人——这始终还是一个梦想,但却是某种可能的东西。这其中也包括很多精神,为的是不停地拥有新的对象,在这些对象上,人们能够让自己的崇高得到感受,也就是把某种低微的东西感受为低微的,而且持续不断地犹如在登梯。——编注

梯同时又居于云端的情形。

289

上船吧！——如果人们来考量一下，一种哲学上关于生活和思想方式的总体辩护是如何影响每个个体的——意即犹如一个温煦的、赐福的、孕育果实的、特地照耀着他的太阳，它是如何使之无赖于赞美和责备，使之因幸福和善意而变得自足、富有、慷慨，它是如何不停地把恶改变为善，把一切力量带向繁荣和成熟，使大大小小的悲伤和粗鲁的野草根本不可能滋长：那么，人们最后就会迫切地呼喊：哦，但愿许多这类新的太阳还会被创造出来！连恶人、不幸的人、特立独行的人，也都应当有自己的哲学，有自己的正当权利，有自己的阳光！对他们无需同情！——我们必须忘掉这种傲慢自大的念头，尽管长期以来，人类恰恰一直都在学习和练习这种
530 念头——我们不必为他们树立任何告解神父、心灵巫师和罪恶宽恕者！相反，亟需有一种新的**正义**！还要有一个新的口号！还要有新的哲学家！道德的地球也是圆的！道德的地球也有它的对跖者（Antipoden）！而对跖者也有自己此在的权利！还有一个不同的世界要我们去发现——而且不止一个！上船吧！你们这些哲学家！

290[①]

有一件事是必须的[②]。——“赋予”其性格以“风格”——这是一种伟大而稀罕的艺术！练习这种艺术的是那种人，他们能综观把其天性中的力量和弱点呈现出来的一切，进而把这一切都嵌入一个艺术规划之中，直到其中每一个都显现为艺术和理性，甚至连弱点也使眼睛着迷。这儿增加了大量的第二天性，那儿磨损了一部分第一天性：——这两种情形都要有长期的练习和日常的劳动。在这儿隐藏着不能磨损的丑陋，在那儿这种丑陋被重新解释为崇高了。诸多暧昧的和违抗形式结构的东西为了远眺而被贮存起来

① 准备稿：笔记本 N V 4，第 71 页：无能于克制自己，这种无能把自己装扮为自由的天性。对个人太多做作和克制的厌烦亦然：正如在教皇那里。强壮的天性寻求把自己风格化，而且对于类似的东西感到愉快(在艺术中，在他们的庭院中)。面对被风格化的天性，意志的深度激情便如释重负：在强制中的美好的束缚和完成是他们的理想。即便还有坏风格在操练这种力量。那些虚弱的、不能掌控自己的天〈性〉则在风格的束缚中找到一种凶恶的强制力，他们觉得，倘若这种凶狠的强制力被强加给他们，他们就会变得粗鄙不堪：当他们服役时，他们就变成奴隶。笔记本 N V 4，第 72 页：性格的天资：准确地综观把天性呈现出来，并且进而使之重新激发起来的东西，在总体天资的意义上(虚假动因，正如缺水能够用泉水之神来得到说明)。了解其弱点与强壮，但进而把它们带入一个艺术规划之中，在那里甚至连弱点也令人着迷。关键不在于一般地构造个体：尽管这无疑是基础性的！而不如说——连一种恶的习气也是人们能利用的，存在着各种理想化(Idealisirungen)。应该注意：这里的问题不在于一种对事实的解释，而在于一种构成、减少和增加：要增加大量的第二天性，要磨损另一个大〈量〉的第一天性。消除丑陋或者在必要情形下把丑陋改造为崇高：暧昧的东西、违抗形式结构的东西为了远眺而被贮存起来，为了仿佛向远方暗示。在这些事物上面的一种恶趣味好于根本没有趣味：因为所有厌恶地想到自己的人都是大可控诉的，他们让其他人为之受罪。我并不怀疑，所有人若对自身不满意，就都在一种持久的报复情绪中。注意！——编注

② 引自《路加福音》第 10 章第 42 行。——译注

了,并且被充分利用:——它们要作出暗示,朝着辽远而不可测的东西。最后,当这项工作完成时,便可明见,何以这是在大大小小的事物那里流行和构成的同一种趣味的强制力:这种趣味是好是坏,并没有人们所想的那么重要,——它是一种趣味,这就够了!——在这样一种强制中,在这样一种束缚和完成中,服从本己的律令而享受他们最精细的快乐,这些将是强壮的、有统治欲的天性;面对所有被风格化的天性,所有被克制的和服役的天性,他们的强大意志的激情便如释重负;即便他们必须建造宫殿,铺设花园,他们也拒不释放天性。——反之,那些虚弱的、不能掌控自身
531 的性格[①],他们**憎恨**风格之束缚:他们觉得,倘若这种凶狠的强制力被强加给他们,他们就必定会在这种强制之下变得**粗鄙不堪**:——一旦他们服役,他们就变成奴隶,他们憎恨服役。这样的心灵——他们可能是头等的心灵——总是追求把自己和周遭的人塑造或者解释为**自由的**天性——狂野、任性、富于想象、混乱无序、令人惊奇:而且他们完全乐此不疲,因为唯有这样,他们才使自己感到愉悦!因为,有一件事是必须的:人要**达到**他对自身的满意状态——不论现在是通过这种还是通过那种诗歌和艺术:只有这样,人生根本上才能被视为可承受的!谁若对自身满意,他就要持续地准备为此报复自己:我们其他人便会成为他的牺牲品,哪怕只是由于我们始终必须承受他那副可憎的面目。因为丑陋者的面目令人不适和阴郁。

① 此处“性格”(Charaktere)也可译为“人物”。——译注

291[①]

热那亚。——有好一阵子，我仔细观察了这座城市，它的乡村别墅和供王公贵族散步的大花园，以及它的住人高地和山坡的宽阔四周；最后我不得不说：我看到了来自过去世代的**面貌**，——这个地带布满了勇敢而骄横的人的映像。他们在此**生活过**，而且想要永生——这是他们通过自己的宅第告诉我的，这些宅第的建造和装饰历经几个世纪，而不是为短时片刻而备的：他们善待生活，尽管他们经常对自己有那么多恶意。我总是看到建造者，看他怎样把自己的目光停留在他周边远远近近的所有建筑物上，同样也停留在城市、大海和山岗上面，看他怎样用这种目光施加暴力和征服：他想把所有这一切都嵌入**自己**的计划之中，通过把这一切都变成这个计划的一部分，最后使之成为自己的**财富**。这整个地带充 532
斥着这种壮丽的、不知餍足的占有欲和掠夺欲的自私自利；而且，正如这些人不承认远方有任何边界，怀着对新事物的渴望，在旧世界旁树立一个新的世界，同样地，即便在家乡，也始终是人与人相互怒怼，每个人都发明出一种方式，来表达他自己的优越感，并且在自己与邻里之间投放他个人的无限性。每个人都用自己的建筑

① 准备稿：6.在查〈拉图斯特拉〉看到城市周围的乡村别墅和供王公贵族散步的大花园，以及高地和灌木丛生的山坡后，他说：这个地带布满了许多勇敢的人的映像，他们的宅第看着我们宛若面孔——[他们懂得活下去，而且他们已经**生活过了**！这些面孔告诉我们这一点]他们已经活过了！——我们意愿活下去！他们善待生活，尽管他们经常对自己怀着恶意。——编注

思想来制服家乡，可以说是把家乡改造为他自己的宅第的悦目景象，这样他就再度为自己征服了家乡。在北方，当人们观察城市的建筑风格时，法则以及对法则和服从的普遍兴趣给人深刻的印象：人们会从中猜测到那种内在的等量齐观、适应顺从，后者必定曾经控制着所有建造者的心灵。然而在这里，拐过每一个角落，你都会发现一个独立自为的人，他知道大海、冒险和东方，他厌恶法则和邻里，犹如讨厌某种无聊之事，他用嫉妒的目光衡量一切业已得到论证的东西、古旧的东西：他想以一种奇妙而狡黠的想象力，把这一切至少在思想中再度重新建立起来，把自己的手放在上面，把自己的心思投入其中——哪怕只是某个阳光灿烂的午后的一瞬间，他那不知餍足的忧郁心灵感受到一次满足，展示给他的眼睛的，只能有本己之物，再无任何陌异之物。[①]

292

致道德说教者。——我不想搞任何道德，而对于推动道德者，我要给出如下忠告：如果你们想最终葬送掉最佳事物和状态的全部荣耀和价值，那就请你们继续把它挂在嘴上吧，一如既往！请你
533 们把它们置于你们的道德的顶峰，从早到晚谈论德性的幸福，谈论心灵的宁静，谈论正义和内在的报复之类：就像你们所从事的那样，所有这些美好的事物因此最后都获得了一种大众普及性，本身成了一种街头喧嚷了：但这样一来，它们身上的全部金光也就被损

---

① 然而在这里，拐过……]准备稿：这里一切都充斥着这种不可估量的壮丽的利己主义，拐过每个角落，你都会发现剥削的侵占者。——编注

坏而变得黯淡了,更有甚者:**其中的**全部金子也转变成铅块了。真的,你们精通的是颠倒的炼金术,精通的是使最有价值之物贬值!为了不像从前那样达到与你们所寻求的相反的结果,试一下另一副处方吧:**否定**那些美好的事物,不再给予它们以群氓的喝彩和轻易的流通,使它们重又变成孤独心灵的隐秘羞愧,**说道德就是某种被禁止的东西**!如此,也许你们就为这些事物赢得了这样一种对比唯一重要的东西,我指的是**英雄人物**。然而这样一来,其中必定会出现某种可怕的东西,但决不会像从前那样令人讨厌!难道关于道德,人们今天不会像埃克哈特大师[①]那样说:“我祈求上帝,让我与上帝断绝关系吧!”[②]

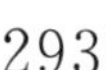

293

我们的空气。——我们完全知道:谁一旦只像在散步中,以女人的方式——很遗憾也是许多艺术家的方式——对科学投以一瞥:那么对他来说,科学工作的严格性,这种对大大小小事物的冷酷无情,这种在斟酌、判断、评判方面的快捷性,便具有某种引起眩晕和恐惧的作用。尤其令他惊恐的是,这里的要求是多么艰难和多么完美,而对此是没有赞扬和表彰的,而毋宁说,就像在战士当中,我们**能听到的**几乎只有斥责和警告,— 因为干

① 埃克哈特大师(Meister Eckardt,1260—1328 年):德国神秘主义者、神学家,著作有《埃克哈特大师德语和拉丁语著作全集》共 10 卷。——译注

② 我祈求上帝……]参看埃克哈特大师:《布道与著作集》,法兰克福-汉堡,1956 年,第 195 页。——编注

得好被视为常轨，失误则被看作例外；但常轨在这里往往保持默
534 然无声。现在，这种“科学的严格性”，情形就如同上流社会的礼节和礼貌：——它使不知底细者感到惊恐。然而，谁若习惯了它，他根本上就只能生活在这种明亮、透明、有力、强电的空气里，在这种*雄性的*空气里面。别的任何地方对于他来说都不够纯洁和通气：他怀疑，*在那里*，他的最佳艺术对任何人都没有真正的裨益，对他们自己来说也不构成快乐，受到种种误解，他的半世人生会从指间悄然溜走，不断地需要有诸多谨慎、诸多掩饰和抑制，——这纯属巨大而无益的精力损失啊！但在*这种*严格而清晰的要素中，他完全拥有自己的力量：在这里他能展翅飞翔！他为何要重又跌落到那片混浊的水域里，在人们不得不划水和淌水、把自己的翅膀弄得难看不堪的地方！——不！在那里生活对我们来说太过艰难：我们是为这空气、这纯净的空气而生的，我们这些光线的竞争者，而且我们会像光线一样，最喜欢骑在以太尘粒[①]上，不是离弃太阳，而是*迎向太阳*——为此我们能做什么呀！但这是我们做不到的：——所以，就让我们做我们唯一能做的事吧：给地球带去光明，成为“地球之光”！而且为此，我们拥有自己的翅膀和自己的快捷性和严格性，为此缘故，我们是有男人气概的，本身就像火一样令人恐怖。让那些不懂得在我们身上取暖和照亮自己的人害怕我们吧！

---

① 以太尘粒（Aetherstäubchen）：“以太”在19世纪被认为宇宙中传播光的媒介。——译注

294[①]

反天性诽谤者。——这是一些令我不快的人，在他们身上，任
何一种自然的倾向立即就变成病态，变成某种畸形化的或者甚至
于卑劣的东西，——**这些人**诱使我们以为，人类的倾向和本能是恶
的；**他们**是我们对自己的天性、对全部天性的巨大不公的原因！本 535
来有足够多的人，他们**可以**优雅而无忧地听任自己的本能：但他们
并没有这样做，是出于对那种想象出来的天性的"恶之本质"的畏
惧！**所以**就到了这样一个地步，即在人群当中极少能找得到高贵
品质：后者的标志始终是，无畏地直面自身，不希望自己有任何卑
劣的东西，毫不犹豫地飞翔，飞往我们受到驱使而要去的那个方
向——我们这些天生自由的鸟！不论我们去哪儿，我们将始终是
自由的，周围始终都是阳光灿烂。

295[②]

短暂的习惯。——我爱短暂的习惯，把它们看作不可估量的

---

① 准备稿：令人不快的人，在他们身上，任何一种自然的倾向立即就变成病态，仿佛是在把疥疮(Krätze)排出来。——编注

② 准备稿：笔记本 N V 7，第 177 页：我的天性：它意愿十分规则地用一段好时光来享受这同一些事物(包括食物)，而不求变换——"短暂的习惯"。然后，它却意愿继续追求某种新东西，毫无厌恶之感。不断的变化就像持久的习惯一样，是同样令我憎恨的——即便是关涉到人。以自己短暂的习惯，我深入到一件事物的全部深处；我的爱，实即我的信仰——就是相信我在这里会持久地感到满意——在此是伟大的。笔记本 N V 7，第 179 页：我爱短暂的习惯，把它们看作不可估量的，使我能认识某物——但我痛恨那些奴役我们的**持久的**习惯。——编注

手段，这种手段是用来认识**许多**事物和状态的，直抵事物和状态的酸甜苦辣的根基；我的天性完全是为短暂的习惯而备的，甚至在我的身体健康的需要方面，而且根本上**就**我所能看到的**而言**：从低等之物到至高之物。我始终相信，**这一点**会让我持久地满意——即便短暂的习惯也具有那种充满激情的信仰，即对于永恒的信仰——发现和认识到了这一点，我是会让人羡慕的：——而且它现在在午间和夜晚滋养着我，在它周围撒播一种深刻的满足感，并且深入到我之中，以至于我不再另有所求了，或许也不必比较、蔑视或者仇恨什么了。而且有一天，它到时候了，结束了：美好的事物与我分离，并非作为现在引起我厌恶的某物——而是平和地，在我身上获得满足，正如我在它身上获得满足一样，就仿佛我们必须相互感谢，**就此**握手道别似的。而且新东西已经等在门口了，我的信仰亦然——那牢不可破的愚笨和智慧！——这种新东西会成为正
536 确的东西，是最后的正确的东西。对我来说，食物、想法、人、城市、诗歌、音乐、学说、日常安排、生活方式，莫不如此。——与此相反，我憎恨那些**持久的**习惯，以为有一个暴君来到了我的近处，使我的生活空气**变得浓稠压抑**，在那里，事件如此这般构成自己，以至于持久的习惯似乎必然地从中产生出来：例如通过一个职位，通过与同一个人的持续共处，通过一个固定的住所，通过一种始终如一的健康状况。是的，对于所有我的不幸和疾病，以及我身上始终不完美的东西，我是打心底里感谢的，因为它们留给我上百个后门，使我能够摆脱持久的习惯。——诚然，对我来说最不可忍受的、真正可怕的东西，或许是一种完全没有习惯的生活，一种持续地要求即兴发挥的东西：——这或许就是我的流放地，就是我的西伯利亚。

296[①]

固定的名声。——从前,固定的名声是一个极其有用的东西;而且,哪怕到现在,在社会始终只还受群盲本能统治的地方,对每个个体来说最适宜的也还是,**承认**他的性格和他的事业是不变的,——即使它们根本上并非如此。“可以信赖他,他一直都是一样的”:——这是在社会的全部危险形势中最具意义的赞美。社会满意地感受到,在这个人的德性中,在那个人的雄心和虚荣中,在第三个人的沉思和激情中,都有一种可靠的、随时准备好的**工具**,——对于这种**工具的本性**,对于这种对自己的忠诚,对于这种对观点、志向甚至对恶习的始终不渝,它都给予极高的敬意。这样 537
一种评估,它同时与伦常之伦理性[②]一道到处开花结果,培养着

① 准备稿:笔记本 N V 7:从前,人们必须有一个固定的名声,而且至少如此富有特性地显现为人们曾经是的那样——这就培养了性格。现在这变成多余的了。——笔记本 M III 4:在社会的危险形势中,合乎目的的做法是,为自己创造一个固定的名声,并且让自己的性格至少像它曾经是的那样,如此确凿而不变地显现出来:这种强制培养了性格,对观点的坚固性的评估使人的变化、观念改变、变换声名狼藉。认识者的前提:无畏地反对自己以前的见解,并且怀疑要在我们身上**固定**下来的一切——这个前提在此是缺失的:这样一种状态被看作是玷辱名声的。人们可以信赖某个人,这在战争年代具有至高的价值:即便现在,人们仍然不能把关于战争的自由决断的权利交到战士手上。呆板石化长期地为自己谋得了荣耀。誊清稿结尾部分删掉:也许对于自由人和认识来说,没有一种伦常的变化比美国人的“非道德的”思想方式的剧增更有用:在美国,每个人都允许自己活出自己的方式并且得到自我保存,无数次转变,而且没有冒任何恶名声的风险——于此人们终于也允许自己,无数次地变换自己的观点,无数次地变成另一种人。——编注

② 此处“伦常之伦理性”原文为 Sittlichkeit der Sitte,参看本书第 43 节注释。——译注

“性格”,并且把一切变化、观念改变、自我变换都变得声名狼藉。尽管这种思想方式的优势依然如此巨大,但无论如何,上面这一点对于认识来说却是最有害的普遍判断:因为恰恰是认识者的善良意志,即在任何时候都无畏地反对自己以前的见解,并且根本上怀疑要在我们身上固定下来的一切,——这种善良意志在这里受到谴责,被弄得声誉扫地。认识者的与“固定的名声”相矛盾的信念被看作是玷辱名声的,而观点的呆板石化则为自己谋得了全部荣耀:——时至今日,我们仍然不得不生活在这样一种看法的魔力当中!当人们感到数千年的评判依然针对自己和围绕自己时,生活是多么艰难啊!情形很可能是,数千年来,认识一直都被坏良心所折磨,在最伟大精神的历史中必定有过大量的自我蔑视和隐秘的困苦。

297[1]

能够表达异议。——如今众所周知,能够容忍异议[2]乃是文化的一个崇高标志。有些人甚至知道,高等人希望并且欢呼针对自己的异议,为的是获得一种关于他自己迄今一概未知的不公不义的指示。然而,能够表达异议,在针对习惯、传统、神圣的敌意方面所达到的好良心,——这一点更胜于上述两者,这一点乃是我们文化的真正伟大、新颖和令人惊奇之处,是自由精神的最大步伐:

① 准备稿:能够表达异议和能够容忍异议乃是理性文化的最重要步伐。——编注

② 德语原文为:Widerspruch-Vertragen-können,或可译为“能够容忍反驳”。——译注

有谁知道这个呀？——

298 538

叹息。——我在途中抓住了这个观点，很快用最切近的蹩脚话语把它固定下来了，以免它又从我那儿溜之乎也。而现在，这个观点却死于这些干巴巴的话语，它悬挂在这些话语中直哆嗦——我看着它时，几乎再也不明白，当我逮住这鸟儿时何以可能有这样一种幸福。

299[①]

我们应当向艺术家学什么。——如果事物并不美、不吸引人、不值得追问，我们有何种手段使它们变得美丽、楚楚动人、值得追求呢？——我的意思是，它们本身从来都不是这样子的！在此我们必须向医生们学点什么，举例说，他们把苦的东西稀释，或者把酒和糖倒入搅拌壶里；但我们还必须向艺术家学习更多，他们根本上就是要不断地致力于做出这样一些发明和艺术品。疏远事物，直到人们再也看不到其中的许多东西，并且为了**依然看到它们**，而不得不去观看许多东西——要么拐弯抹角地看事物，犹如在某个

---

① 准备稿：疏远事物，直到人们再也看不到许多东西，要么拐弯抹角地犹如在某个切口中看事物——要么把事物稀释掉——要么通过玻璃来看事物，要么给予事物一层不完全透明的表皮——于是人们就使事物变得楚楚动人、值得追求、美丽了！使艺术品越来越多地扩展开来，使之变成整个生命艺术！——编注

切口中看——要么[①]如此这般地来摆放事物，使得事物部分地伪装自己，而且只允许透视的眺望——要么通过有色玻璃或在夕阳余晖里观看事物——要么给予事物一层不完全透明的表皮：所有这一切，是我们应当向艺术家学习的[②]，此外我们还应当比他们更智慧。因为在他们身上，他们这种精妙的力量在艺术终止、生活开始的地方终止了；但我们却要成为我们的生命的诗人，而且首先是在最细微和最日常的东西中。

300

科学的前奏。——倘若没有魔术师、炼金术士、占星家和巫师
539 已然先行于科学了，倘若没有他们必定以自己的预言和伪装首先创造出对于**隐蔽的和被禁止的**力量的热望、饥渴和趣味，那么，你们真的相信科学会产生出来，并且成就伟业吗？为了某物根本上在认识领域里成为现实，难道不是必须有无比多的东西得到**预言**，远甚于向来能够实现的么？——也许，就像在这里展示给我们的是科学的前奏和预习，后者完全**没有**作为这种科学而被操练和感受，同样地，即便对于某个遥远的时代，整个**宗教**也显现为练习和前奏：也许宗教可能成了一种稀奇的手段，使得个别的人有一天能够享受到一个

① 看——要么］准备稿：看——要么把事物稀释掉，把水和酒倒入搅拌壶里（此为最后）——要么。——编注

② 所有这一切，是我们……］准备稿：——这是我使事物变得美丽、楚楚动人、值得追求的手段——事物本身从来不是这样的！我们必须向艺术家学习这种技巧。——编注

神的全部自足感以及它的全部自身拯救的力量:是的!——人们可以问——倘若没有那种宗教的训练和前史,人到底是否已经学会了觉察对于自身的饥渴和热望,并且已经学会了从自身中取得饱足和丰富么?普罗米修斯是否首先必定会以为,他盗了火并且为此而受到了惩罚,——最后发现自己是由于渴求光而创造了光,不仅是人,而且神也是自己双手的作品以及自己手中的陶土?莫非一切都只是雕塑家的雕像么?——恰如幻觉、偷窃、高加索山、秃鹫,以及所有认识者的整个悲剧性的普罗米修斯节日[①]?

301[②]

沉思冥想者的幻觉。——高等人之区别于低等人,乃在于高

① 普罗米修斯节日(Prometheia):在《盗火的普罗米修斯》中雅典人制定的节日,以歌颂这位伟大的神。——译注

② 参看 14[8]。准备稿:较高等人之区别于低等人,乃在于较高等人所看和所听要多得多,而且是若有所思地看和听——正是这一点把人与动物区别开来,把高等动物与低等动物区别开来。世界变得越来越丰满了,向我们的利益抛来的钓钩[原文如此!]变得越来越多:刺激的量不断增长,种种快乐和不快的量也一样。在我们面前上演的戏剧和音乐会,也总还在继续创作、继续作曲,朝着深度和长度——我们,自认为听众和观众的我们,我们这些思想着和感受着的人,我们在此也继续创作和继续作曲:我们的色彩依然依附于事物,最后即便对晚生的遗腹子来说也变得昭然若揭了。——而且自从有了人和动物,事情就总是这样:他们当中最具精神性和最有感受力者,误以为自己是沉思冥想者,他们是真正的实践家——他们把尚未在此的东西制作出来:——他们错认了自己,尽管我们也还会错认自己。人们通常所谓的"实践的人",乃是那些人,他们把我们的新评估、色彩、重音、视角——我们的感受,渐渐地背诵下来,进而让孩子们继承下来,使孩子们养成习惯,吞并和获取此类东西。凡是只在当今世界具有价值的东西,都不是按其本性——按其自在——而具有价值——而毋宁说,是人们赋予、赠与它一种价值——我们创造了这个世界,这个毕竟与人有某种干系的世界!——编注

等人所看和所听要多得多，而且是若有所思地看和听——正是这一点把人与动物区别开来，把高等动物与低等动物区别开来。对
540 于向人性之高度生长的人来说，世界变得越来越丰满了；越来越多的利益钓钩向他抛来；他所受的刺激量持续不断地增长，他的种种快乐与不快的量也一样，——较高等的人总是越来越幸福，也越来越不幸。而同时，有一种**幻觉**是他持续的陪伴：他以为自己作为**观众**和**听众**被置于生活这出伟大的戏剧和音乐会面前：他把自己的天性称为一种**沉思冥想的**天性，同时忽略了，他自己也是生活的真正诗人和继续创作者[①]，——诚然他十分不同于这种戏剧的演员，即所谓行动的人，但还更不同于舞台**面前**某个纯粹的观赏者和节日客人。他作为诗人当然具有 *vis contemplativa*［沉思力］以及对自己的作品的回顾，但同时而且首先是具有 *vis creativa*［创造力］，后者是行动的人所**缺失**的——尽管表面现象和平凡信仰都能道出这一点。我们这些思考着-感受着的人，正是我们现实地和不断地把某个尚未在此的东西**制作**出来：那就是整个永远生长的世界，由评估、色彩、重量[②]、视角、阶梯、肯定和否定组成的世界。这首由我们发明的诗歌持续地被所谓的实践的人（正如我们所说的，我们的演员）所背诵和熟悉，被转渡入肉身和现实之中，实即被转渡入日常生活之中。凡是只在当今世界具有**价值**的东西，都不是自在地、按其本性而具有价值——本性始终是无价值

---

① 此处“诗人和继续创作者”原文为 Dichter und Fortdichter，也可译为“创作者和继续创作者”。——译注

② 色彩、重量］作者在校样上的修改，大八开本版；誊清稿、第一版：色彩、重音。——编注

的：——而毋宁说，是人们赋予、赠与它一种价值，**我们**就是这种赋予者和赠与者！只有我们创造了这个世界，这个**与人有某种相干**的世界！——但恰恰这种认识是我们所缺失的，而且一旦我们在瞬息片刻间抓住了它，转眼间就又把它忘掉了：我们错认了自己的最佳力量，把自己——沉思冥想者——低估了一个等级，——我们既**没有**我们可能是的**那样骄傲**，也**没有**我们可能是的**那样幸福**。

302[①] 541

最幸福者的危险。——拥有精细的感觉和优雅的趣味[②]；习惯于精神中精选者和最佳者，有如习惯于合适的和切近的食物；享有一个强大、勇敢、大胆的心灵；带着宁静的目光和坚定的步伐经历人生，始终准备好了迎接极端情形，有如迎接一场庆典，满怀对于未知世界与大海、人与神的渴望；聆听每一种明快的音乐，仿佛勇敢的男子、战士、航海家就在那儿小憩娱乐，而且在最深度的享受时刻，幸福者热泪盈眶，为整个紫色的忧郁所征服：谁不希望这一切恰恰成为**自己的**所有、自己的状况啊！这是**荷马的幸福**啊！这是为希腊人创造了诸神的荷马的状况！——不，是荷马为他自己创造了**他的**诸神！然而毋庸讳言：心灵中有了这种荷马的幸福，人们也就成了太阳底下最能忍受痛苦的生灵了！而且只是以此为

---

① 准备稿：12[129]。参看15[16]；16[21]。——编注

② 此处"精细的"和"优雅的"与下文讲的"敏感的"，都是德语形容词 fein。——译注

代价，人们购买那些最珍贵的贝壳，那是此前被此在（Dasein）的波浪冲到海岸上的贝壳！作为它们的所有者，人们会变得越来越敏于痛苦，最后变得太过敏感了：终于，有一种小小的不快和厌恶就足以败坏荷马对于生活的兴趣。荷马竟猜不出年轻的渔夫们给他出的一道愚蠢的小谜语！是的，这些小谜语就是最幸福者的危险啊！

303[①]

两个幸福的人。——真的，这个人虽然年轻，却擅长于*生活的即兴表演*，使最敏感的观察者也惊愕不已：——因为看起来，尽管他持续不断地玩着最大胆冒险的游戏，但没有出现任何失误。这
542 就让我们想起那些即兴演奏的音乐大师，听众也想把手的一种神性般的*无差错性*归于这些音乐大师，尽管他们时不时会弄错，就像每一个凡人都会出错一样。可是，他们是娴熟的和独创的，当下总是准备好了，立即把手指一投、情绪所致的极为偶然的音调编排入主题结构之中了，并且为这种偶然性注入一种美好意义和一种精神神韵。——这里有一个完全不同的人：他意愿和计划的一切，根本上都不成功。有好几回，他偶尔倾心的东西把他带向了深渊，带入毁灭的边缘；而且，如果说他仍然脱离了这种厄运，那么无疑就

---

① 准备稿：我的生活不会再向观察者显示任何失误——我与那些音乐大师一样懂得，把现实的失误和偶然即刻重解和编排入主题结构之中。因此我根本不至于承认，一种命中注定的安排对我来说是“最好地为一切服务的”——而且欺骗我自己。参看《快乐的科学》第 277 节。——编注

不只是“略受微伤”[1]而已。你们以为他会对此深感不幸吗?他早就自己下了决定,决不把自己的愿望和计划看得那么重要。“这事失败了,”他对自己说,“那事也许就会成功;而且整个来说,我并不知道,是否我得感谢我的失败更甚于无论何种成功。是不是我生来就固执,就是头上长角之人呢?构成**我的**生活价值和生活成果的东西在别的地方;我的骄傲和我的痛苦同样也在别处。我更懂得生活,是因为我经常就差点失去了生活:而且恰恰因此,我比你们所有人都更多地**拥有**生活!”

304[2]

有所为才有所不为。——我从根本上讨厌所有那些道德说教,它们告诉我们:“别干这事啊!放弃吧!克服你自己吧!”——与之相反,我倒是喜欢那些道德,它们促使我干某事,一再干某事,从早到晚地干,夜里梦着这事,一门心思只想着:把这事干**好**,是尽**我**所能地把它干好!凡是这样生活的人,不属于这样一种生活的
东西就会一个接一个地不断脱落于他:毫无仇恨和厌恶地,他今天 543
看到这个,明天看到那个与他告别,犹如每一阵撩人的微风拂动树梢时飘落的黄叶:或者他竟没有看到这个那个的告别,他的眼睛紧紧盯着自己的目标,一味前瞻,不旁顾,不回顾,不侧视。“我们的

---

① 此处“略受轻伤”为德语习语:mit einem blauen Auge,字面义为“有一只蓝眼睛”。——译注

② 准备稿:我讨厌所有否定性的德性道路——而且许多东西必定会脱落,甚至不该盯着它们!——编注

行动当决定我们放弃什么:有所为才有所不为”——这话让我多么喜欢,这就是我的 placitum[见解]。可是,我并不是要张大眼睛去追求自己的贫困化,我不喜欢所有否定性的德性,——即那些其本质为否定和否弃的德性。

305[①]

自我克制。——那些道德教师,他们首先和首要地命令人去掌控自己,因此用一种特殊的疾病去折磨他:也就是一种在所有自然冲动和倾向方面的持续的过敏性,可以说是一种痒。无论今后会有什么东西从内部或者从外部碰撞、吸引、引诱、驱使他——在这个敏感者看起来,总是仿佛他的自我克制现在陷入危险中了:他再也不能相信任何本能,再也不能相信任何自由的振翅飞翔,而是持续地以防御姿态站在那儿,全副武装对付自己,以敏锐而怀疑的眼睛,成为他为自己修筑的城堡的永远守护者。是的,他可能因此而伟大!但现在,他对于别人来说变得多么不堪忍受,对于自己来说变得多么艰难,多么可怜地切断了与最美好的心灵偶然性的关系!是的,也切断了与所有其他教导的关系!因为如果人们想从我们本身所不是的事物身上学到某个东西,那么,人们必须能够偶尔失去自己。

① 准备稿:掌控自己,这乃是头等大事——所有道德教师都这样说。那么好吧!然后,第二件事是准确地知道,人们把自己的强力转向哪里。我们变得越来越贫困了,不再有什么新鲜的和陌异的东西,还有为其强力而担心的人的永远的敏感性,外加斯多亚派的痛苦。对于反面情形可以说若干点:在情绪中生活以及———。——编注

306[①] 544

斯多亚派与伊壁鸠鲁派。——伊壁鸠鲁派的信徒审时度势，为自己挑选人物，甚至于挑选事件，那些适合于他那极端敏感的智性状态的事件，他放弃了其他东西——也即放弃绝大多数的东西——，因为对他来说，后者或许是一种太生猛和太艰难的食物。与之相反，斯多亚派的信徒则不断练习，把石头和爬虫、玻璃碎片和毒蝎一并吞下，且毫无恶心之感；终于，他的胃就会对此在(Dasein)之偶然性倾注入其中的一切都无动于衷：——他让我们想起人们在阿尔及尔[②]了解到的阿苏亚[③]阿拉伯教派；与这些麻木不仁的人相类似，他也乐于在展示自己的麻木不仁时拥有一批受邀的观众，而这正是伊壁鸠鲁派的信徒要放弃的：——后者确有自己的“花园”[④]！对于被命运拿来即兴表演的人来说，对于在暴力时代里依赖于突如其来和变化无常者的人来说，斯多亚主义可能是十分适合的。但谁若在某种程度上**预见到**，命运会允许他编织**一条长线**，那么，他便可能会以伊壁鸠鲁派的方式来安顿自己；迄

① 参看15[59]。准备稿：伊壁鸠鲁派的：根据我们的状态来挑选形势、人物和事件，进而满足于此，不跳出自己的界线。——对于被命运拿来即兴表演的人来说，斯多亚主义是适合的，而对于命运为之编织一条长线、演唱一支曲子的人来说，则是伊壁鸠鲁主义——但对于十分敏感者和精细者———。——编注

② 阿尔及尔(Algier)：阿尔及利亚的首都，地中海沿岸港都。——译注

③ 阿苏亚(Assaua)：16世纪出现的神秘教派，1880年前后在阿尔及尔颇具实力。——译注

④ 此处“花园”(Garten)指“伊壁鸠鲁花园”。伊壁鸠鲁在雅典的一个花园里建立了一个学校，该花园被称为“伊壁鸠鲁花园”，之后逐渐形成了伊壁鸠鲁学派。——译注

今为止,所有从事脑力劳动的人都是这样干的!因为对他们来说,丧失精细的敏感性,相反地获得一张斯多亚派式的布满刺猬之刺的硬皮,此乃最大的损失。

307①

有利于批判。——某个东西,从前你把它当作一种真理或者或然性加以热爱,现在在你看来却是谬误:你把它从你那儿推了出去,并且误以为在这方面,你的理性赢得了胜利。但在当时,当你还是另一个人的时候——你始终都是另一个人——,也许那种谬误对你来说是必然的,就如同你现在全部的“真理”,仿佛就是一张
545 皮,对你隐瞒和掩盖了许多你还不能看到的东西。为你杀死那种意见的,是你的新生命,而不是你的理性:**你再也不需要它了**,现在它于自身中崩溃了,而且非理性就像一条蛆虫从它里面爬了出来。当我们实施批判时,那不是任何任意和无个性之举,——那是(至少十分经常地)一种证明,证明我们身上有着活生生的、能够冲破表皮的发动力。我们否定,而且必须否定,因为有某个东西在我们身上存活,**想要**肯定自己,此所谓某个东西,是我们也许尚未认识、尚未看见的东西!——而这是有利于批判的。

① 准备稿:如果我们推开一个谬误,有如拒斥一张死皮,那么,我们指的是我们自己的任意性,但也许正是时候了。我们的谬误表现为这样一些根据新生命原则的谬误——这乃是生命的标志。而这是有利于批判的。——编注

308

每天的历史[1]。——在你那儿,什么构成每天的历史呢?看看组成你每天的历史的那些习惯吧:它们是无数细小的怯懦和懒惰的产物呢,抑或是你的勇敢和创造性的理性的产物?无论这两种情形多么的不同,人们都可能给予你同样的赞美,你也可能真的给他们带去同样的好处。然而,赞美、好处和敬重可能满足那些只想拥有一种好良心的人,——却不能满足你这种肾脏检查者,你这种**知道良心**的人!

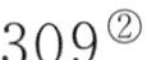

309[2]

来自第七种孤独[3]。——有一天,漫游者关上了身后的一扇门,站在门后哭。然后他说:"这种求真实、求现实、求不假、求良心的癖好和渴望!我是多么为之生气啊!为什么这种阴郁而热情的

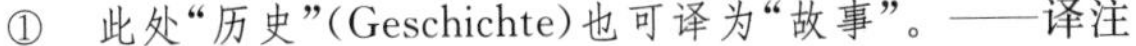

① 此处"历史"(Geschichte)也可译为"故事"。——译注

② 准备稿:在我的心灵中有一种阴郁而热情的对于真实的癖好。呵,我经常多么急需休养啊!谁会像这样受到诱惑,要我在此逗留啊!有太多的我的阿尔米德花园!而且因此有如此之多的心灵的撕裂和苦难!但一种不可克服的牵引驱动着我,我跟随之,经常像受了挫伤。我经常以一种愤怒的回望去观看至美之物,像一个诱惑者那样为之生气:而我的真诚由于这种报复而折磨自己。"命运啊,我服从你",而且我并不愿意,或许我不得不在种种打击下叹息着做此事。这使我泪流满面。参看《曙光》第 195 节。——编注

③ 第七种孤独:可参看本书第 285 节;另可参看尼采:《查拉图斯特拉如是说》第一部第 17 节"创造者",中译本,孙周兴译,商务印书馆,2010 年,第 96 页。——译注

驱动者总是要跟着**我**！我想休息，但它却不允许我休息。有多少
546 东西不会引诱我在此逗留呀！到处都有我的阿尔米德乐园[1]：而且因此，我的心总是有新的撕裂和新的苦难！我不得不继续举足向前，这双疲惫的、受伤的脚：而且因为我不得不这样做，所以，对于不能挽留我的至美之物，我往往做一种愤怒的回望，——就是**因为**它不能把我挽留！”

310[2]

意志与波浪[3]。——这波浪多么贪婪地席卷而来，仿佛急于达到某个东西！它是怎样怀着激发恐惧的匆忙慌张，爬进悬崖绝壁的至深角落里！看起来，它似乎是想要抢先一步；似乎那里隐藏着某个有价值的东西，甚至于极有价值的东西。——现在它慢慢退回去了，由于兴奋始终还是白茫茫一片，——它失望了吗？它找到它寻求的东西了吗？它是装做失望的样子吗？——但又一个波浪临近了，比第一个更贪婪、更狂野，而且它的心灵似乎充满了奥秘，似乎充满了掘宝的渴望。波浪就是这样生活的，——我们这些

① 阿尔米德乐园(Gärten Armidens)：仙女乐园，最美的魔女阿尔米德有通神的法术，首先把骑士林纳尔多吸引入乐园，与之互争胜负，林纳尔多日久生情，变敌意为爱意，而阿尔米德最终火烧宫殿后出走。该故事见意大利诗人塔索的叙事诗《被解放的耶路撒冷》(1575 年)，后被格鲁克改编为 5 幕歌剧《阿尔米德》，于 1777 年在巴黎首演。——译注

② 准备稿：这些波浪多么贪婪地席卷而来，仿佛急于达到某个东西，而且它们爬进了悬崖绝壁的至深角落里——莫非那里隐藏着某个东西？然后它们慢慢退回去了——但又一个波浪临近了，比前面的波浪更贪婪、更野蛮，而且似乎又充满了奥秘和掘宝的渴望。你们这些贪婪者啊，你们这些渴求知识者啊——。——编注

③ 中译文未能传达此处“意志”(Wille)与“波浪”(Welle)的谐音。——译注

意愿者也是这样生活的！——我不想多说什么了。——是这样吗？你们不相信我吗？你们是不是要对我发怒，你们这些漂亮的怪物？你们是不是害怕我泄露你们的全部奥秘？好罢！你们只管对我发怒吧，尽你们所能高高抬起你们绿色的、危险的躯体吧，在我与太阳之间造一堵墙吧——就像现在！真的，除了绿色的朦胧和绿色的闪电，这世上再也没有剩下什么东西了。尽情漂浮吧，你们这些放纵者，快乐地和凶恶地咆哮吧——或者又潜到下面，把你们的翠绿洒向最深处，把你们无尽的白色泡沫和浪花抛洒出去吧——这一切都适合于我，因为一切都完全适合于你们，而且我多么喜欢你们的一切：我怎么会背叛**你们**呀！因为——听好了！——我认识你们，我知道你们的奥秘，我了解你们的族类！你们和我，我们其实属于同一族类！——你们和我，我们其实有同一
个奥秘！ 277

311[1] 547

折射的光。——人们并不总是勇敢的，若是感觉累了，我们当中的一员也很可能发出此类抱怨。“要使人痛苦是多么不易——而这是必须的啊！如果我们不想为自己保留使我们苦恼的东西，那么，隐居起来对我们来说有何用处呢？生活在熙熙攘攘的人群当中，在个体身上补偿应当和必得对所有人所犯的罪过，这样做是不是会更可取呢？要愚昧地与愚昧者相处，虚荣地与虚荣者相处，

① 参看 12[161]。——编注

狂热地与狂热者相处吗？有这样一种傲慢的整体偏离态度，会不会有失公道呢？当我听到别人对我怀有恶意时，——我的第一感觉难道不是一种满足感吗？这就对了呀！——我似乎要对你们说——我难以与你们苟同，可真理多半在我这一边：你们只管以我为代价，享受你们的好日子吧！这是我的缺陷和过错，这是我的幻想，是我的无趣，是我的困惑，是我的泪水，是我的虚荣，是我的猫头鹰般的隐匿，是我的矛盾！对此你们是可以嘲笑的！那就嘲笑吧，那就开心吧！我并不恼怒于那些事物的法则和本性，这些事物所想望的是：缺陷和过错使人快乐！——诚然，曾经[1]有过“比较美好的”时代，那时候，有了某种程度上新的思想，人们就还会感觉自己是如此不可或缺，以至于他会带着新思想跑到街头，对每个人喊道：“看哪！天国近在眼前了！——即使里面没有我，我也不会若有所失的。[2] 我们全都是可或缺的！”——可是，再说一遍，如果我们是勇敢的，我们就不会这样想；我们就不会想到这一点。

312[3]

我的狗。——我给我的痛苦取了个名字，把它叫作“狗”，——

① 这是我的缺陷和过错……]誊清稿：像我现在所是的那样，我可能决不会缺行动和思想，后者给予你们本已的优越感以及关于这种优越感的正当权利。我并不恼怒于事物的法则和本性，后者的作用在于一点：人们也拿自己的缺陷和过错取乐！”——诚然，这曾经。——编注

② 即使里面没有我，我也不会若有所失的。]参看柯西玛·瓦格纳1872年8月22日致尼采的信；《尼采书信全集》(KGB)II /4，第69页。——编注

③ 准备稿：我把我的痛苦叫作“狗”——。——编注

它像所有其他狗一样忠诚,一样缠人和放肆,一样有趣,一样聪 548
明——而我可以高声训斥它,对它发泄我的坏脾气:就像别人对自己的狗、仆人和女人所做的那样。

313

不画殉难图。——我要像拉斐尔[①]所做的那样,不再画殉难图。有足够的崇高事物,人们不必到崇高与残暴伴生的地方去寻觅崇高;再者,倘若我想把自己弄成高尚的刽子手,我的虚荣心是不会因此而满足的[②]。

314

新家畜。——我要把我的狮子和我的鹰[③]留在身边,以便我随时得到暗示和预兆,得知我的力量有多大或者有多小。今天我非得要轻视它们又害怕它们吗?它们在恐惧中仰望我的时刻会再度出现吗?——

---

① 拉斐尔(Raphael Santi,1483—1520 年):文艺复兴盛期意大利画家、建筑师。——译注

② 画殉难图。有足够的……]准备稿:画殉难图:有太多的崇高之物,以至于人们不需要与残暴相联系的崇高了。——编注

③ 狮子和鹰被用作查拉图斯特拉的象征物,可参看尼采:《查拉图斯特拉如是说》"序言"、"三种变形"等,中译本,孙周兴译,商务印书馆,2010 年。——译注

315①

关于最后的时刻。——风暴是我的危险:我将有一场使我毁灭的风暴吗?就像让奥列维·克伦威尔②毁灭的风暴?或者,我将像一盏灯一样熄灭,它不是被风吹灭的,而是疲于自身而变得微弱——一盏燃尽的灯?或者说到底:我将吹灭自己,方不至于燃尽?——

549

316③

先知之人。——你们对此毫无感觉,不知道先知之人是十分痛苦的人:你们只以为,他们有一份美妙的“天赋”,而且很希望自己也有这份“天赋”,——可是我想用一个比喻来表达。空气和云层里的电会使动物们多么痛苦啊!我们看到,有些动物种类有一种预测天气的能力,例如猴子(正如人们还能在欧洲很好地观察到的那样,比如在直布罗陀④,而不只是在动物园里)。但我们没有想到,正是它们的**痛苦**——使它们成为先知!当一种强大的正电

---

① 准备稿:就像奥列维·克伦威尔,我将死于一场风暴。——编注

② 克伦威尔(Oliver Cromwell,1599—1658年):英国政治家、军事家,在英国内战中打败保皇党军队,1649年处死国王查理一世,宣布成立共和国;1653年建立军事独裁统治,自任“护国主”。——译注

③ 准备稿:空气和云层里的电会使动物们多么痛苦啊!它们的痛苦就是它们具有的对天气的预测。——编注

④ 直布罗陀(Gibraltar):位于西班牙最南部与非洲西北部之间的海峡,沟通地中海与大西洋。——译注

突然遇受到正在临近的、还长久不可见的云层的影响，骤变为负电时，一种天气的变化得到了酝酿，这时候，这些动物们会这样来行动，就仿佛大敌当前，随时准备好防御或者逃跑；大多数情况下它们是躲藏起来了，——它们不是把坏天气了解为天气，而是当作敌人，而它们已经**感觉**到了这个敌人的手！

317[1]

回顾。——只要我们置身于每一个生命时期中，我们就很少能意识到它本身的真正激情；相反，我们总是以为，它是现在对我们来说唯一可能的和理性的状态，以希腊人的说法和区分，完全是一种**伦常**(*Ethos*)而不是一种激情(Pathos)。今天，音乐的若干音调唤回了我对于某个冬天、某栋房子、某种高度隐遁的生活的回忆，同时唤回了我当时生活于其中的感情：——那时候，我认为可以永远这样生活下去。然而现在我明白了，这在当时完全是一种激情(Pathos)和热情，是一个可与这种痛苦而无畏，并且确实有安慰作用的音乐相比较的事物，——此类东西，人们不可长年拥有，甚或永远拥有：不然的话，人们或者会因此变得对这个星球来说 550

[1] 准备稿：我从未意识到每一个生命时期的真正激情是这样一种激情，相反，我总是以为，它是现在唯一可能的和理性的状态，以希腊人的说法和区分，完全是一种伦常(Ethos)而不是一种激情(Pathos)。——举例说来，1880—1881 年的冬季，当时我忙于《曙光》的写作，在热那亚(Genua)(帕勒斯街 18 号第 13 号)迷路了——这种高度隐遁的、节制的生活完完全全是一种激情，而现在，在一种完全不同的状态的感情中，音乐的若干音调又渐渐消逝，它们是在那栋房子里发出来的：作为某种如此善意、痛苦而无畏，并且确实有安慰作用的东西，以至于人们不可长年拥有此类带来安慰的事物。人们或许是太富有了，太骄傲了——的确，这是我身上的哥伦布精神。——编注

“太超凡脱俗”了。

318[①]

痛苦中的智慧。——痛苦中的智慧与在快乐中一样多：痛苦就像快乐一样，属于对种类具有保存作用的头等力量。倘若痛苦不是这种力量，它早就毁掉了；痛苦带来伤害，这不是反对痛苦的理由，这就是痛苦的本质。在痛苦中，我听到船长的命令："收帆！""人"这个勇敢的航海家必须熟能生巧，懂得以无数种方式扬帆和收帆，否则他就会太快地消失，大海会很快把他吞没。我们也必须懂得在生活中节约精力：一旦痛苦发出其安全信号，这就是降低我们的精力的时候了，——无论哪一种大危险，一种风暴就要来临，我们好的做法是尽可能不把自己"吹得鼓鼓的"。——真的，有一些人在大痛苦逼近时恰恰听到了相反的命令，他们从来不会比风暴来临时更骄傲、更好斗、更幸福地注视；是的，痛苦本身给予他们最伟大的瞬间！这是一些英雄的人，是伟大的人类痛苦的制造者：这些少数或者罕有的人，他们正需要同一种辩解，就像一般痛苦需要辩解，——而且真的！人们不该拒绝他们的辩解！这是一些保存种类、促进种类的头等力量：哪怕这只是因为他们抵抗舒适状态，不隐瞒他们对这种幸福的厌恶。

---

① 参看13[4]。准备稿：我们的生命精力有时也必须能够被降低（为此就有了痛苦：那是一种收帆）。——编注

319

作为我们的体验的阐释者。——有一种正直，是与所有宗教
创始人及其同类格格不入的：——他们从来都不是把自己的体验 551
弄成认识的一件良心活。“我到底体验到了什么？当时在我身上和在我周围发生了什么？我的理性足够清醒吗？我的意志是不是反对了感官的所有欺骗，勇敢地抵御了幻想？”——他们当中没有人这样问过，即使到现在，所有可爱的虔信者也还没有这样追问：相反地，他们有一种对于**违悖理性**的东西的渴望，并且不希望自己这个渴望的满足变得太难，——他们就这样体验到“奇迹”和“再生”，听到小天使的歌声！然而我们，我们其他人，我们这些渴望理性的人，我们想要如此严格地正视自己的体验，就像对待一个科学试验，时时刻刻，日复一日！我们自己就想要成为我们的实验和试验动物。

320

重聚之时。——A：我还完全理解你吗？你在寻求么？在现在这个现实的世界里，**你的**安身之所和星辰在哪儿呢？在哪儿你可以躺在阳光下，获得一种丰盈的幸福，为自己的人生此在做出辩护？但愿每个人都为自己行动——你好像在对我说——但愿每个人都放弃泛泛之论，放弃对他人和社会的忧心！——B：我想要的更多，我不是一个寻求者。我要为自己创造一个属于

自己的太阳。

321

新的谨慎。——别再过多地纠缠于惩罚、责备和改善之类！我们是难以改变某个个体的；而且，如果我们竟然成功了，那么，也
552 许不知不觉中也有某事一道成功了：**我们**被他改变了！倒是让我们来留意一下，我们自己**对一切到来者**的影响是不是抵消和胜过了后者的影响！我们不要在直接的斗争中搏斗！——这也包括一切责备、惩罚和改善意愿。相反，且让我们把自己提升得越来越高吧！让我们赋予我们的榜样越来越光辉的色彩吧！让我们用我们的光明使他人黯然失色吧！不！我们不要因为他人的缘故而让自己变得**越来越灰暗**，就像所有的惩罚者和不满者！我们宁可站到一边去！让我们掉转目光吧！

322

比喻。——如若在某些思想家看来，所有星星都在循环轨道上运动，那么，他们就不是最深刻的思想家；谁若洞察自己有如洞见无垠的宇宙，并且心怀广袤银河，那他同时也知道整个银河系是如何没有章法和规律的；它通向此在的混沌和迷宫。

323

命运中的幸福。——当命运让我们站在敌人一边战斗一段时间,命运就给了我们最大的奖赏。因此我们注定要获得大胜利。

324[①]

In media vita[**生命之半**][②]。——不！生活并没有让我失望啊！相反,年复一年,我发现生活更真实[③]、更值得追求、更神秘了,——从伟大的解放者攫住了我的那一天起,也就是有了这样一个想法:生活可以是认识者的一个实验——它不是一种义务,不是一个厄运,不是一种欺骗！——而且认识本身:可能对别人来说是某种不一样的东西,例如一张沙发床或者通向沙发床的路径,或者 553
一种消遣,或者一种游手好闲,——对我来说,认识则是一个由危险和胜利构成的世界,在其中,英雄情感也找到了自己的舞蹈和游戏场所。“**生活乃认识的手段**”——心里有此原则,人们就不仅能勇敢地生活,而且甚至能**快乐地生活和快乐地大笑**！但谁如果首先不擅于战争和胜利,他怎能懂得好好地大笑和好好地生活呢？

① 准备稿:不,生活并没有让我失望——我发现生活越来越丰满。——编注

② 原文为拉丁文:In media vita[生命之半、中年],参看本书开头组诗“戏谑、狡计与复仇”第 61 首诗注释。——译注

③ 更真实]誊清稿;大八开本版:更丰满。——编注

325[1]

什么属于伟大。——要是没有在自己身上感受到那种**经受**巨大痛苦的力量和意志，谁能成就某种伟大呢？能够受苦，这实在算不上什么：在这方面，弱女子甚至奴隶，也经常有高超的表现。但是，当人们遭受大痛苦，听见这种痛苦的呼号时，却没有因内在的苦难和不安而毁灭——这才是伟大的，才属于伟大。

326[2]

心灵医生与痛苦。——所有道德说教者以及所有神学家有一个共同的坏习惯：全都企图说服人们，说人们的身心状况十分糟糕，亟需一种艰难的、最后的、彻底的治疗。而且，因为人类全部太热衷于聆听此类说教，历经整整几个世纪之久，所以到最后，人们也就真的有点相信那个迷信了，即以为自己过得十分糟糕：结果，

---

① 参看12[140]。——编注

② 准备稿：笔记本 M III 4：所有道德说教者（以及所有神学家）有一个共同的缺点：全都企图说服人们，说人们的身心状况比他们感受到的更糟糕：亟需一种艰难的、最后的、彻底的治疗。在我看来恰好相反，人类的实际处境甚至比他们自以为的状况更好：他们全都信服于此类说教的某个东西，并且乐意于唉声叹气，再也不能在生活及其“甜蜜的习惯”中找到任何东西了，相互间弄得灰头土脸，仿佛生活委实难以忍受了。实际上，他们异常确信自己的生活，挚爱自己的生活，他们［拥有］不断地搞出大量的计谋和精巧，为的是撕破令人难受和讨厌的东西，把痛苦重解为一种赐福。人们应当考量一下，痛苦何以总是被夸大其词地谈论——在某种终极等级的痛苦中出现了一种昏聩无能，针对较低微的痛苦等级，存在着狂热、半麻醉、思想的仓促、（接下页注释）

他们现在竟太乐意于唉声叹气，在生活中再也找不到什么好东西，相互间弄得灰头土脸，仿佛生活委实难以忍受了。实际上，他们异常确信自己的生活，挚爱自己的生活，并且满怀无以言表的计谋和 554
精巧，为的是打破令人难受和讨厌的东西，拔掉痛苦和不幸的荆棘。在我看来，人们总是**夸大其词地**谈论痛苦与不幸，就好像这方面的夸张和渲染是美好生活方式的题中之义：与之相反，人们故意保持默然，从不提及有不计其数的减轻痛苦的缓和剂，比如麻醉剂，或者狂热仓促的思想，或者一种安宁的处境，或者美好的和糟糕的回忆、意图、希望，以及许多种类的骄傲和同情，它们几乎都具有镇痛剂的作用：而在极度痛苦中就自动出现了昏厥状态。我们完全懂得如何在苦中加甜，尤其是在心灵之苦中滴入甜蜜；在我们的勇敢和崇高中，以及在屈服和断言的更高贵的狂热妄想中，我们都有辅助方法。一种损失几乎不足一小时：一有损失，也就有一种馈赠从天而降——例如一种新的力量：哪怕只是一种获得力量的新的时机！道德说教者关于恶人的内心“苦痛”作了何种想象啊！对于充满激情的人们的不幸，他们甚至公然欺骗我们什么了啊！——是的，欺骗

(接上页注释)　处境的安宁、美好的和糟糕的回忆和意图、希望、骄傲、同情[等等]麻醉剂。人苦中作乐，在自己的苦中滴入大量的甜蜜，甚至在心灵之苦中，出现了崇高和勇敢或者屈服和赦免的狂热妄想。一种损失——质言之，我把此事解释为收益！甚至对于恶人的不幸，道德说教者也作了想象，但根本上关于充满激情的人们的不幸——在这里，他们经常欺骗，骗走了人们的幸福，因为这是对他们的理论的一种反驳，即：一切幸福都只有通过激情的消灭才能达到。何以像斯多亚派那样活得如此艰难呢？通常的生活并不十分痛苦和令人厌烦，不至于有什么优势，与斯多亚派的艰难相交换。是的，如果这里有一种永恒的危险，那么基督教想要怎么办啊！——而且恰恰是由于，生活“并不十分痛苦和令人厌烦”！——笔记本NV7：道德说教者和神学〈家〉的共同错误，就是想说服人们，说人们的处境比他们感受到的更糟糕，亟需一种彻底的、艰难的治疗。我倾向于主张：人类的处境甚至比他们所相信的更好。——编注

在这里是适当的词语：他们完全知道这类人的幸福，但却对之保持缄默，因为这是对他们的理论的一种反驳，根据他们的理论，一切幸福只能随着激情的消灭和意志的沉寂而产生！最后，就所有这些心灵医生的处方以及对他们艰难而彻底的治疗的叫卖而言，我们就可以追问：我们的这种生活果真如此痛苦和令人厌烦，最好是用一种斯多亚派的生活方式和石化呆板方式来取而代之吗？我们的身心状况**没有那么糟糕**，不必以斯多亚派的方式自认不妙！

555 327

严肃对待。——在大多数人身上，智力是一台笨拙的、阴暗的、嘎嘎作响的机器，一台难以发动起来的机器：当他们想用这台机器工作并且好好思考时，他们就把它称为“**严肃对待**事情”——对他们来说，好好思考必定是多么麻烦的事啊！每当这些可爱的动物人[1]好好思考时，看起来，他们似乎就丧失了好心情；他们变得“严肃”起来了！而且，“哪里有笑声和快乐，思想就毫无用处了”：——这严肃的动物对一切“快乐的科学”有这样的偏见。——好吧！让我们表明这是一种偏见！

328

对于愚蠢的伤害。——确实，那种如此顽固而深信不疑地被

① 动物人(Bestie Mensch)是古代对人的定义。——译注

说教的信念,关于利己主义的卑鄙无耻性质的信念,已经整体上伤害了利己主义(正如我会上百次重复的那样,这**有利于群畜本能**!),尤其是因为,它剥夺了利己主义所具有的好良心,要我们在其中寻找一切不幸的真正根源。“你的自私自利是你生活的祸害”——这是几千年之久的说教:而如上所述,这伤害了自私自利,剥夺了它大量的精神、大量的明快、大量的敏感、大量的美,这就把自私自利愚蠢化、丑陋化和毒化了!——与之相反,古代哲学则传授了祸害的另一个主要来源:从苏格拉底开始,思想家们都孜孜不倦地说教:“你们漫不经心、愚蠢无比,你们按常轨得过且过,你们只会听众邻人的意见,这是你们为何得不到幸福的原因,——我们思想家则是最幸福的人。”这种反对愚蠢的说教是否比那种反对自私自利的说教有更好的理由,我们在此暂且不做决定吧;但无疑地,这种说教剥夺了愚蠢的好良心:——这些哲学家**伤害了**愚蠢。 556

329[①]

闲暇与懒散。——这是一种印第安式的、印第安人的血液所特有的野蛮,就在美国人的淘金热中:他们透不过气地匆忙工作——那是美洲新世界的真正恶习——已经开始通过传染使古老的欧洲变得野蛮了,并且使一种十分奇异的无才智状态扩散于欧洲。现在人们已羞于安静和休息;长时间的沉思差不多会造成良心的谴责。人们手里拿着钟表进行思考,有如人们中午用餐,眼睛

① 参看 12[117]。——编注

却盯着证券报，——人们活着，仿佛人们不断地“能够耽误”某事。“宁可做点什么而不是无所作为”[①]——甚至这个原则也是一根勒死所有教养和所有崇高趣味的绳索。而且，正如一切形式和礼仪都明显地因劳动者的匆忙而毁灭了：对于形式和礼仪本身的情感、对于运动之旋律的听觉和视觉也归于毁灭了。这方面的证据在于现在普遍被要求的**粗笨的明晰性**，在人意愿与人们真诚相处的所有场合中，在与朋友、女人、亲戚、孩子、老师、学生、领导和王侯的交往中，——对于仪式，对于烦琐的礼貌，对于全部的交谈机智，根本上就是对于一切**闲暇**(*Otium*)，人们再无时间和精力了。因为追逐赢利的生活不断地迫使人们付出自己的精神，直到筋疲力尽，在持续的自我伪装或者玩弄手腕或者抢先行动中：现在，真正的德性就是在比别人更少的时间内做某事。而且这样一来，**被允许的**正直性就只有难得的时间：但在这种时间中，人们已经疲惫不堪，
557 不仅希望“听其自然”，而且还要尽量宽广而笨拙地**伸展**自己。人
们现在也依照这个倾向来撰写**书信**；其风格和精神始终成为真正的“时代标志”。如果说还有一种社交方面和艺术方面的愉快，那么，这种愉快就像疲惫工作的奴隶为自己设想的愉快。呵，我们这些有教养的或者无教养的人对“快乐”的知足！呵，这种对所有快乐的日益增长的怀疑！**劳动**越来越多地获得了一切好良心：对于快乐的倾向已经自称为“恢复的需要”，并且开始自我羞愧了。“这要怪他的健康”——当人们在乡下远足时被人抓住，就会这样说。

① 此句原文为：Lieber irgend Etwas thun, als Nichts。尼采在此以戏谑方式仿照莱布尼茨的著名命题：为什么存在者存在而倒不是无(Warum ist überhaupt Seiendes und nicht vielmehr Nichts?)。——译注

是的,或许很快就会到这个地步,即:人们不会在没有自我蔑视和坏良心的情况下屈从于一种要求 vita contemplativa[沉思的生命](也就是要求与思想和友人一道散步)的倾向。——好吧!从前的情形却是倒过来的:劳动是伴随着坏良心的。一个名门出身的人要是被迫去劳动,就会隐瞒自己的劳动。奴隶劳动,则是受到这样一种感觉的压力,即:他是在干某种可蔑视的事:——"干"(Thun)本身就是某种可蔑视的东西。"唯在 otium[闲暇]与 bellum[战争]中才有高尚和荣耀可言":这声音原是古代的偏见!

330[①]

喝彩。——思想家不需要喝彩和掌声,只要他确信于他自己的掌声:而这是他[②]不可或缺的。竟有人不需要自己的掌声,一般而言就是不需要任何种类的喝彩吗?我深表怀疑:塔西佗(他不是智者的诽谤者)甚至在谈到最大的智者时说:quando etiam sapientibus gloriae cupido novissima exuitur[③][因为即便智者也是在万不得已时才放弃对荣誉的追求][④]——对他来说就意味着:决不。

① 准备稿:为自己鼓掌。——编注

② 思想家不需要喝彩……]誊清稿:我不需要喝彩和掌声,[除非]假如我确信于我自己的掌声:但这是我所不能的。——编注

③ quando etiam sapientibus...]塔西佗(Cornelius Tacitus):《历史》第4卷,第6节。——编注

④ 参看弥尔顿:《利西达斯》(*Lycidas*),第71行:"那高贵心灵的最后弱点"。此处参照英译本,第260页注。——译注

558

331[①]

宁愿耳聋也不愿被震聋。——从前人们想要获得一种**呼叫的名声**:现在再也不够了,因为市场变得太大了,——必须有一种**大声喧嚷**才行[②]。结果是,连好嗓子也要声嘶力竭地叫喊,最佳的商品也得用嘶哑的声音来叫卖;要是没有这种市场叫喊和嘶哑之声,现在就不再有天才了。——诚然,对思想家来说,这是一个邪恶的时代:思想家不得不学会在两种噪声中寻找自己的宁静,而且不得不假装成耳聋的样子,直到他真的耳聋了。只要思想家还没有学会这一点,那他当然还会有一种危险,那就是:因为不耐烦和头疼而走向毁灭。

332[③]

恶的时刻。——对每个哲学家来说,可能都有过恶的时刻,那时他会想:如果人们连我的不好的论证都不相信,那关我什么事啊!——这时候,某只幸灾乐祸的小鸟从他头顶飞过,自他面前飞

① 参看12[44];14[12]。——编注

② 此处"呼叫的名声"原文为Ruf,有"叫喊、呼声"和"名声、名望"双重含义;"大声喧嚷"原文为Geschrei,比前者Ruf更猛烈。——译注

③ 准备稿:如果人们连我的不好的论证都不相信,查[拉图斯特拉]说,那关我什么事啊!——编注

过，叽叽喳喳地唱道："关你什么事？关你什么事？"[1]

333[2]

什么叫认识。——Non ridere，non lugere，neque detestari，sed intelligere![3] [不要嘲笑，不要悲叹，不要厌恶，而要理解!]，斯宾诺莎以其特有的质朴和庄严语气说。可是说到底，除了作为使前三者一下子就能让我们感受到的形式之外，这种 intelligere[理解]还会是什么呢？它是从嘲笑、悲叹、诅咒意愿的相互抵触的不同欲望得出来的结果吗？在一种认识成为可能之前，这些欲望中的每一种都必须首先已经端出它关于事物或者事件的片面观点；之后，这些片面的观点就会产生斗争，从斗争中偶尔会形成一个中心，一种安慰，一种所有三方面的同意，一种公正和契约：因为 559 借助于公正和契约，所有这些欲望便可能主张自身的此在(Dasein)，维持相互的权利。我们只是意识到了这一漫长过程最终的和解情景和最后的结账情况，我们据此就认为，intelligere[理解]是某种和解的、公正的、良善的，某种本质上与欲望相对立的东西；而它其实只不过是各种欲望的某种相互关系。在极其漫长的

① 关你什么事？关你什么事？]参看 M488，494，539；7[45]；7[102]；7[126]；7[151]；7[158]；15[59]。——编注

② 准备稿：Non ridere，non lugere，neque detestari，sed intelligere! [不要嘲笑，不要悲叹，不要厌恶，而要理解!]——但说到底，这种 intelligere[理解]无非是对前三者的最终精细化——一个从相互抵触的不同欲望的适应中得出来的结果——它们全都必须被搞成认识器官，每一种欲望都必须端出它关于事物的片面观点。理智必定已经一度完全受其中每一种欲望的支配！Ego[自我]反斯宾诺莎。——编注

③ Non ridere，non lugere...]参看斯宾诺莎：《伦理学》，第三部分，序言。——编注

时间里，人们把有意识的思想视为一般思想：现在我们才渐渐明白了真相，原来我们的精神作用的最大部分是在我们无意识、无感觉的情况下进行的；但我认为，这些在此相互斗争的欲望完全懂得如何使自己变成**彼此**可感受的，并且彼此引起痛苦——：所有思想家都会遭受到的那种巨大的突发的精疲力竭，其根源可能就在这里了（这是战场上的精疲力竭）。是的，也许在我们奋争的内心中有某种隐蔽的英雄气（Heroenthum），但肯定没有斯宾诺莎所以为的神性的东西、永恒地安于自身的东西。**有意识的**思想，尤其是哲学家的思想，乃是最无力的，因而也是相对而言最温和的和最安静的思想方式：因此，恰恰哲学家最容易在认识的本性问题上面出错。[①]

334

我们必须学习热爱。——这是我们在音乐中碰到的：我们首先必须**学会倾听**一个音型[②]和旋律本身，努力听出什么来，区分之，把它当作一种自为的生活加以孤立和界定；进而需要努力，需要善良意志，去**忍受**之，尽管有其陌异性，仍然对其目光和表达保
560 持忍耐，对其神奇性持以仁慈态度：——终于到了一个时刻，我们习惯于它，我们期望它，我们猜度，当它缺失时，我们就会需要它；于是它继续不断地发挥其强制力和魔力，直到我们成了它恭顺而

---

① 一种公正和契约：因为……]誊清稿：公正：总之就是那种 intelligere[理解]！为什么他省去了 detestari[厌恶、憎恨]的对立？是爱（das Amare）吗？——编注

② 音型（Figur）：音乐的类型和形式。——译注

狂喜的爱人，除了它还是它，不再要求世界有什么更美好的东西。——然而，我们不仅对于音乐如此：我们恰恰也这样学会了热爱我们现在所爱的所有事物。最后我们总会得到报答，为了我们的善良意志，为了我们对陌异之物的耐心、公道、温和，这是由于陌异之物慢慢地揭去了自己的面纱，呈现为一种全新的不可名状的美：——此乃它对我们的热情好客的感谢。甚至那些爱自己的人也将以此方式学会热爱：绝无别的途径。爱也必须学习。

335

万岁物理学！——究竟有多少人懂得如何观察啊！而在少数懂的人当中，又有多少人知道如何观察自己啊！“每个人都是最疏远于自己的”[①]——所有彻底的检查者都知道这一点，颇不适意；而“认识你自己！”这个箴言，由某个神祇之口向人说出来，就近乎一种恶毒了。然而，自我观察的情形是如此让人绝望，关于这一点的证明莫过于那种谈论方式，即几乎每个人都是怎样来谈论一种道德行为的本质的，这种快速的、热心的、令人信服的、冗长的方式，带有自己的目光、微笑、讨人喜欢的热心！人们似乎是想对你说：“可是我亲爱的先生，这是我的事！你还是求教于能够回答你的问题的人吧：偶然地，我在这方面最聪明不过了。也就是说：如果有人判断‘这样是对头的’，如果有人推断出‘因此这事必定会发

① 此句德语原文为：Jeder ist sich selbst der Fernste，也可译为“每个人都是自己的最疏远者”，其中“最疏远者”(der Fernste)的反义词是“最切近者”即“邻居”(der Nächste)。——译注

561 生！'而且现在去做他如此这般地认作正确的和称作必然的事，——那么，他的行为的本质就是道德的！"但是，我的朋友啊，你在此跟我说的是三种行为，而不是一种：例如，甚至你的判断"这样是对头的"也是一种行为，——难道不是已经可以根据某种道德的和非道德的方式来加以判断了么？为什么你认为这个是对的，恰恰这个是对的？——"是因为我的良心告诉我的；良心从来不会非道德地说话，其实良心首先决定什么应该是道德的！"——然而为什么你要听从你的良心的语言呢？还有，你何以有权把这样一个判断视为真实的和可靠的呢？对于这种信仰——不再有一种良心了吗？你对一种理智的良心一无所知吗？一种隐藏在你的"良心"背后的良心？你的判断"这样是对头的"有一个前史，这个前史就在你的冲动、喜好、厌恶、经验和非经验中；你必须问"这是如何产生的？"之后还得问："什么真正驱使我去听从它？"你可以听从它的命令，就像一个规矩的士兵接受长官的命令一样。或者就像一个女人爱上命令她的男人。或者就像一个奉承者和懦夫害怕命令者。或者就像一个傻瓜，他之所以服从他人，是因为他对他人根本没有反对意见。质言之，你可以有上百种方式来听从你的良心。然而，你把这个或那个判断当作良心的语言来倾听，也即你把某个东西感受为正确的，这一点的原因可能在于，你从未对自己做过深思，盲目地接受被你从小就称为正确的东西；或者可能在于，一直以来，与你所谓的义务一道，你也分享了面包和荣誉，——这被你视为"正确的"，因为这在你看来似乎就是你的"实存条件"(Existenz Bedingung)(但你拥有一种实存权利，你认为是无可争辩的！)。你的道德判断的坚固性可能始终还是一个证据，恰恰证

明了个人的可怜和无人格，你的“道德力量”的源泉可能就在于你 562
的固执——或者就在于你的无能，即无能于直观新的理想！而且，简而言之，倘若你思考得更精细些，观察得更好些，学习得更多些，那么你在任何情况下都不再会把自己的这个“义务”和“良心”称为义务和良心了：认识到**道德判断在某个时候究竟是怎样发生的**，这会使你失去对这些崇高词语的兴趣，——就像其他一些崇高词语，例如“罪恶”“灵魂得救”“拯救”，已经败坏了你的兴致。——现在，我的朋友，可别跟我谈绝对命令！——这个词使我耳朵发痒，我不得不大笑，尽管你如此严肃地在场：我在此想起老康德，此公因**骗取**了“自在之物”——也是一个十分可笑的东西！——而受惩罚，故而受到了“绝对命令”的侵袭，随之而在心灵上**误入歧途**，**逃回到**“上帝”“灵魂”“自由”和“不朽”之类的理念上，犹如一只迷途的狐狸逃回牢笼：——而此前，**康德的**力量和智慧却在于**打破了**这种牢笼！——什么？你赞赏你心中的绝对命令么？赞赏你所谓的道德判断的这种坚固性么？赞赏“所有人在此都必须像我一样判断”①这样一种感觉的“无条件性”么？倒不如赞赏你在这方面的**自私自利**！以及这种自私自利的盲目、狭隘和平庸！因为自私自利就是把**自己的**判断当作普遍准则；而另一方面，自私自利之所以是盲目、狭隘和平庸的，是因为它透露出你尚未发现你自己，尚未为你自己创造出本己的、最本己的理想：——因为这个目标决不可能是某个他者的目标，更遑论是所有人的目标，每个人的目标！——谁

① 可对照康德的三大道德律令之第一条：“你要这样行动，就像你行动的准则应当通过你的意志成为一条普遍的自然法则一样”；也可参照康德在《判断力批判》中提出的“共通感”。——译注

若还作出判断，说“在此情形下人人都必须这样行动”，那么他就还
没有在自我认识方面走出五步远：不然的话他就会知道，人世间既
563 没有相同的行动，也不可能有相同的行动，——每一个完成了的行
动都是以一种完全独一无二的和不可挽回的方式被完成的，而且
每一个将来的行动的情形也是如此，——所有行动准则都只关乎
粗暴的外表（甚至也包括所有以往道德的最内在和最精细的准
则），——以这些准则所能达到的很可能是一个相同性的假象，**但**
无非只是一个假象而已，——**每一个**行为，不论对它进行考察还是
对它进行回顾，都是一件捉摸不透的事情，——我们关于“善”“高
贵”“伟大”的看法是从来不可能通过我们的行动来**证明**的，因为每
一个行动都是不可认识的，——我们的看法、评价和价值榜诚然属
于我们行动体系中最强大的杠杆，但对于任何一个个别情形来说，
它们的机械定律却是不可证明的。所以，让我们**满足于**净化我们
的看法和评估，满足于**创造本己的新价值榜**：——而不要再去沉思
冥想“我们行动的道德价值”！是的，我的朋友！人们对于他人的
全部道德饶舌和闲话乃是对这个时代的厌恶！在道德法庭上进行
审判，这有违我们的趣味！让我们把这种饶舌和闲话以及这种恶
劣趣味交付给那些人，他们除了把过去的一小部分拖入时代之中，
就再也做不了什么了，他们本身从来都没有活在当下，——也就是
众人、绝大多数人！然而，我们**意愿成为我们所是的人**，——全新
者、唯一者、无与伦比者、自我立法者、自我创造者！而且为此，我
们必须成为世上所有定律和必然性的最佳学习者和发现者。我们
必须成为**物理学家**，方可能成为那种意义上的**创造者**，——而迄今
564 为止，所有价值评估和理想都是在对物理学之**无知**或者与物理学

的矛盾基础上构造起来的。而且因此之故:物理学万岁!还有,更要向迫使我们转向物理学的东西致敬,——那就是我们的诚实![①]

336[②]

自然的吝啬。——为什么自然对人类一直都如此吝啬,不让人类闪耀光辉——有的多些,有的少些,各按其内在的光明丰富性?为什么伟人们没有像日出日落一般,具有一种如此美丽的可见性?人类当中的一切生命或许会变得多么毫无歧义!

337[③]

未来的"人性"。——当我以某个遥远时代的眼光来审视我们这个时代时,我发现,除了其特有的德性和病态,即所谓的"历史感",我无法在当代人身上找到任何更值得注意的东西。这是历史上某种全新的和陌异的东西的开端:如果这种萌芽要存在几个世纪甚至更久,那么,或许最后就可能从中长出一种奇妙的植物,带

① 我们转向物理学的……]据作者在校样上的修改:那又怎么样?就这么说吧,老朋友和非道德论者!这里有何种话语是不能通过舌头告诉你的?啊,你沉默吗?——编注

② 准备稿:我要控诉,伟人没有像太阳升起和下山一般,具有一种如此美丽的可见性。为什么我们不闪耀光辉!多些或者少些?各按我们的光明丰富性?——编注

③ 参看 12[76];14[2];MIII 6,165,尼采写道:好啊!连我也想做一个长周期!一个印刷页面的长度!这当然也包括一个肺的风箱!准备稿:笔记本 M III 5:我们的历史研究现在整体上依然是情感贫乏和冷酷的,只要它们全部只涉及 (接下页注释)

有某种同样奇妙的香味，后者使得我们这个古老的地球变得比以往更适宜于居住。我们当代人刚刚开始构成一种将来的、十分强大的情感的链条，一环接一环，——我们差不多不知道自己在做什么。在我们看来，仿佛这里重要的并不是一种新的情感，而是所有老旧情感的衰退：——历史感还是某种十分贫困和冷酷的东西，它就像一种严寒侵袭许多人，使许多人变得更贫困和更冷酷。对于
565 其他一些人，它表现为一种悄悄接近的老年的征兆，我们的星球被他们视为一个忧伤的病人，这个病人为了忘掉自己的当前而为自己写下自己的青春史。实际上：这就是这种全新情感的唯一一种色彩：谁若懂得把整个人类的历史当作**自己的历史**来感受，他就能以一种惊人的普遍化方式，感受到所有那些悲伤，那个想念健康的病人的悲伤，那个怀念青春梦的老人的悲伤，被所爱者夺爱的恋人的悲伤，理想毁灭的殉难者的悲伤，战后黄昏的英雄的悲伤（这战役没有决定什么，而是给他带来了创伤和战友的牺牲——）；然而，如果人们承受了，而且能够承受这巨量的形形色色的悲伤，同时却还要成为一个英雄，这英雄要在第二次战役开始时欢呼曙光及其

（接上页注释） 人类的历史——但在这里，我们刚刚开始一环接一环地构成一种将来的、十分强大的情感的链条。今后人们应当在对人类进程的回顾中感受一切，即恋人和被所爱者剥夺的人、理想毁灭的殉难者、青春梦苏醒的老人、战后黄昏的英雄——以及在第二次战役早上的英雄感受到的一切。直到现在，历史心灵都是拿着过去的小小片段这样来感受的（不论是他们的家庭的、城市的还是国家的历史），凡在人们带着一种对于过去的漫长情感的链条的地方，整体上处处都可以找到贵族。但最高的贵族，历史心灵的最高种类，依然有待创造，因为那种情感依然有待创造：每个人都是过去的一切精神的所有高贵性的继承人和负有责任的继承人！——遗稿14[2]紧接于此。笔记本M III 5：在那个连最贫困的渔夫也以金色的桨划船的时刻。笔记本N V 7：就像太阳将其财富倾注入大海之中。——编注

幸福,成为一个具有过去和将来千年之视野的人,成为过去一切精神的所有高贵性的继承人和负有责任的继承人,成为所有旧贵族的最高贵者,同时也是一种新贵族的头生子(其同类尚未看见和梦想到任何一个时代):如果人们把这一切都纳入自己的心灵,最古老的东西、最新的东西、各种损失、希望、征服、人类的胜利:如果人们最终在一个心灵里拥有所有这一切,把这一切集中在一种情感之中:——这必定会得出一种迄今为止人类尚未认识到的幸福,——一个上帝的幸福,充满权力和爱,充满眼泪和笑声,一种幸福,就像黄昏的太阳,不断地将其不可穷尽的财富赠送出来,倾注入大海之中,而且就像太阳一样,只有在最贫困的渔夫也以金色的桨划船时,才觉得自己是最富有的!那就可以把这种神性的感觉叫作——人性!

338

求苦难的意志与同情者。——首先成为充满同情心的人,这对你们来说是有益的吗?还有,如果你们是受苦者,这对你们是有益 566
的吗?但我们眼下暂不回答第一个问题。——我们所受的最深刻和最个人的痛苦,对所有其他人来说几乎都是不可理解和无法达到的:在这里,即使邻人与我们同桌吃饭,我们对他来说依然是蔽而不显的。但无论哪里,只要我们被**觉察**为受苦者,则我们的痛苦就会肤浅地被解释;同情的情绪本质上要求**剥夺**他人真正个人性的痛苦:——我们的“行善者”比我们的敌人更多地是我们的价值和意志的贬低者。在向不幸者表示的多数善行中,有某种反叛性的东西存在于理智的轻率中，同情者正是以这种理智的轻率来玩弄命运：同情者完全不知道对我或你来说意味着不幸的整个内在后果和纠缠！我心灵的整个经济学及其通过“不幸”而达到的平衡，新的源泉和需要的开启，旧创伤的愈合，对全部过去的拒斥——所有可能与不幸相联系的东西，是可爱的同情者并不关心的：他意愿襄助，而没有想到，存在着一种个人的不幸必然性，你和我都需要恐惧、匮乏、贫困、半夜、冒险、风险、失误等，就如同它们的反面一样，用神秘说法，其实通往自己的天国之路总是要经过自己的地狱的肉欲快感。不，他对此一无所知：“同情之宗教”（或者“心脏”）要求人们去襄助，而当人们最快地襄助了别人时，人们相信自己已经做了最好的襄助！如果你们作为这种宗教的信徒同样以你们对别人的同一种态度去对待你们自己，如果你们不愿意忍受一小时自己的痛苦，而是不断地
567 防止一切可能的不幸，如果你们把一般痛苦和不快当作邪恶的、可憎的、应当消灭的东西，把它们感觉为此在（Dasein）的缺陷：那么，你们除了自己的同情之宗教，心里也还有了另一种宗教，而且后者也许是前者之母：——舒适之宗教。呵，你们这些舒适者和好心肠者，你们关于人类的幸福知道得多么少啊！——因为幸福与不幸是一对孪生姐妹，她们一起长大，或者就像在你们这儿，她们是一起——长不大！但现在让我们回到第一个问题上来。——究竟如何可能保持在自己的道路上呢？某种叫喊声不断地把我们唤向歧路；我们的眼睛在此很少看到某种并不要求我们即刻放弃和关闭我们自己的事务的东西。我知道：为了在我自己的道路上迷失自己，有上百种合适的和光彩的方式，而且委实是极为“道德的”方式！是的，现在的同情-道德的说教者的观点甚至于主张：这个而且只有这个是

道德的：——如此这般便迷失于**自己的**道路，而去帮助邻人。我同
样确凿地知道：我只需把自己交给对一种现实困境的注视，我也就
已经迷失了！如果有一个正在受苦的朋友对我说：“看哪，我快要死
了；可答应我，跟我一起死掉吧”——我或许会答应的，就如同看到
那个为自己的自由而斗争的山区居民会促使我向他们伸出我的手，
为他们奉献我的生命：——如果我出于好的理由可以选择若干不好
的例子。确实，存在着一种隐秘的诱惑，甚至深入到所有唤醒同情
者和召唤襄助者那儿：恰恰我们“自己的道路”是一件太过艰难和苛
求的事情，离他人的爱和感恩太过遥远，——我们并非真的不情愿
地逃避之，逃避我们最本己的良心，而且逃遁入他人的良心之中，进
入“同情之宗教”的迷人的庙宇之中。一旦现在有一场战争爆发，则 568
与之相随，恰恰就在一个民族最高贵者那儿，总是也有一种诚然保
持隐秘的快乐突如其来：他们喜悦地把自己抛入新的**死亡**危险之
中，因为他们相信，只要能为祖国牺牲，最后就能获得那种长期寻求
的许可——就是允许他们**逃避自己的目标**：——对他们来说，战争
乃是一条通向自杀的迂回之路，但却是一条伴随好良心的迂回之
路。还有，我在这里要压下一些东西不说，但我不想隐瞒我自己的
道德，它对我说：在隐蔽中生活吧，这样你才**能够**为自己而生活！**无**
知地生活吧，无需了解似乎对你的时代来说最重要的东西！在你与
今日之间，至少插入三百年的皮壳！还有，今日之叫声，战争和革命
之喧嚷，都要成为对你的喃喃低语！你也会想要襄助：但只是襄助
那些人，他们的痛苦是你完全**理解**的，因为他们与你有同一首歌和
同一个希望——你的**朋友们**：而且只能以你襄助自己的方式：——
我要使他们变得更勇敢、更经久、更简单、更快乐！我要教他们这

个，现在少有人理解，那些同情之说教者最不能理解之，那就是：——**同乐**！[①]

339[②]

Vita femina[**生活是一个女人**]。——要看到一件作品的极致之美——任何知识和任何良好的意志都是不够的；需要有殊为稀罕的幸运的偶然时机，等到云霭一度为我们从这些顶峰上飘散，太阳在高空发出灼热之光。我们不仅必须径直站在合适的地方，方能看到这些：恰恰我们的心灵本身也必须已然把面纱从其高处拉开了，而且需要一种外在的表达和比喻，仿佛是为了获得一种支持，能够掌控住自己。可是，这一切难以同时凑在一起，以至于[③]
569 我会相信，一切美好事物的至高者，无论是作品、行为、人、自然，还是迄今为止对于大多数人，甚至对于最优秀的人都是某种隐蔽的和掩蔽的东西：——而向我们揭露自身者，**也只向我们显露一次**！[④] ——确实，希腊人曾祈祷："一切美皆有二三次！"[⑤]哦，当时

---

① 此处"同乐"德语原文为 Mitfreude，或译为"共同快乐、一起快乐"，英译本竟译作：to share not suffering but joy，并认为这是尼采反对同情的最佳说法之一。参看英译本，第 271 页。——译注

② 参看 15[62]。——编注

③ 一起，以至于]准备稿：一起，并且不让自己轻易从一种掷骰子游戏中抖出来，以至于。——编注

④ 某种隐蔽的和掩蔽的东西……]准备稿：始终被掩蔽——而且向你们揭露自身者，只做这一次，[这是一种错觉，似乎是要等待一种复返]。——编注

⑤ 确实，希腊人曾祈祷："一切美……]参看希腊谚语：δὶς καὶ τρὶς τὸ καλόν[美都有二三次]，见柏拉图《高尔吉亚》498e 及注疏；《斐勒布篇》(*Phileb.*) 59e—60a；又见恩培多克勒残篇 25(第尔斯-克兰茨)。——编注

他们完全有理由祈求诸神，因为非神性的现实根本没有为我们提供美，或者只给了一次！我想说的是，世界充满了美的事物，但尽管如此，这些事物的美的瞬间和显露却是贫乏的，少得可怜。然而，这也许就是生命的最强大的魔力：有一块用金子编织的美的可能性的面纱笼罩着生命，蕴含预兆、反抗、羞怯、嘲讽、同情、诱惑。是的，生活就是一个女人！[①]

340[②]

垂死的苏格拉底。——我赞赏苏格拉底在他所做、所说——或者不说——的一切事体中表现出来的勇敢和智慧。雅典的这位嘲讽的、挚爱的恶棍和蛊惑人心者，他能使那些极其傲慢自负的年轻人战栗和啜泣，他不只是世上有过的最智慧的牛皮大王：他在沉默时也同样伟大。我的愿望是，他在生命的最后时刻也是默然无语的，——这样的话，他也许就可归于更高的精神等级了。可要么是死亡或者毒药，要么是虔诚或者恶意——反正有某个东西在那最后时刻[③]使他开了口，说：“克力同啊，我还欠阿斯克勒庇俄斯一只鸡。”[④]有耳之人听来，这句可笑又可怕的“遗言”意思就是：“克

① 反抗、羞怯、嘲讽、同情……]准备稿：掩蔽、引诱，而且在有些地方，稀罕地，只是为稀罕之人揭开自己。*Vita femina*[生活是一个女人]。——编注

② 誊清稿结尾：续第 91 页[＝笔记本 M III 6，第 94 页]，那里是《快乐的科学》誊清稿；尼采或许原本想把关于“遗言”的两个笔记弄成一个唯一的箴言。准备稿：苏格拉底暴露自己。——编注

③ 有某个东西在那最后时刻]准备稿：但毒人参再一次解开了他。——编注

④ “克力同啊，我还欠……]参看柏拉图：《斐多》(*Phaidon*)118a。——编注

力同啊，**生活就是一场病**！”这是可能的吗！一个像他这样的一个男人，快乐地生活，在众人眼里活得像一个战士，——但居然是一个悲观主义者！他对生活可只有一副好面孔，平生都把自己最终
570 的判断、最内在的情感隐藏起来！苏格拉底啊，苏格拉底**为生活所苦**！他还为此进行报复——用那种隐晦的、骇人的、虔敬的和渎神的言辞！像苏格拉底这样一个人物也还必须报仇吗？[①] 在他极丰富的德性中，一丁点儿宽容是不是太少了？——哦，朋友们啊！我们也必须克服希腊人！

341

最大的重负。——假如在某个白天或者某个黑夜，有个恶魔潜入你最孤独的寂寞中，并且对你说：“这种生活，如你目前正在经历、往日曾经度过的生活，就是你将来还不得不无数次重复的生活；其中决不会出现任何新鲜亮色，而每一种痛苦、每一种欢乐、每一个念头和叹息，以及你生命中所有无以言传的大大小小的事体，都必将在你身上重现，而且一切都是以相同的顺序排列着的——同样是这蜘蛛，同样是这树林间的月光，同样是这个时刻以及我自己。存在的永恒沙漏将不断地反复转动，而你与它相比，只不过是一粒微不足道的灰尘罢了！”——那会怎么样呢？难道你没有受到沉重打击？难道你不会气得咬牙切齿，狠狠地诅咒这个如此胡说八道的恶魔吗？或者，你一度经历过一个非常的瞬间，那当儿，你

---

① 可笑又可怕的“遗言”意思……]准备稿：可怕的遗言是为有耳朵能听的人的：这个在所有希腊人当中最骄横者是悲观主义者；他以自己的遗言报复生活。——编注

也许会回答他："你真是一个神，我从未听过如此神圣的道理！"假如那个想法控制了你，那它就会把你本身改造掉，也许会把你辗得粉碎。对你所做的每一件事，都有这样一个问题："你还想要它，还要无数次吗？"这个问题作为最大的重负压在你的行动上面！或者，你又如何能善待[①]自己和生活，**不再要求**比这种最后的永恒确认和保证更多的东西了呢？——[②]

342[③] 571

悲剧的起源。——查拉图斯特拉三十岁时离开家乡和乌尔米湖，跑到山上去了。在那里一待十年，他享受着自己的精神和孤独，从来没有对之感到厌倦过。但最后，他却改变了自己的心意——有一个黎明，他随晨曦一道起床，迎着太阳并且对太阳说道："你，伟大的星辰啊！假如没有那些被你的光明所照耀的人，你又有何快乐可言！十年了，你每天从这里升起，来到我的洞穴：要是没有我，没有我的鹰和蛇，你可能早就厌倦了自己的光明和这条道路。但每天早晨我们都等候着你，汲取你那充溢的光明，并且为此祝福你。看哪，我就像采集了太多蜂蜜的蜂儿，已开始对我的智

① 善待]作者在校样上的修改：善待了。——编注

② 你又如何能善待自己……]作者修改前的校样：难道你会成为那个大力士和英雄，能够承担这种重负，并且随之一道上升？把最强大的思想置于你的眼前吧——你将同时看到在最强大的将来之人面前走过的理想！自己和生活，不再……]据作者在校样上的修改：[要][将]善待生活和你自己，以便[——能够]不是把这个重负感受为至高的负担，而是把它感受为至高的快乐？——编注

③ 参看11[195]；《查拉图斯特拉如是说》第一部，序言1。准备稿：而且想要这样做，使得智者再度因自己的智慧而愉悦，贫者再度因自己的贫困而欢喜。——编注

慧感到厌倦了。我需要向我伸展的手，我想要馈赠和给予，直到人群中的智者再度因自己的愚蠢[①]而愉悦，贫者再度因自己的财富[②]而欢喜。为此我必须降至深处，就像你每到夜晚就沉入大海，把光明带给阴间，啊，丰富绝伦的星辰呵！——我必须和你一样没落下去[③]，就像我要去找寻的人们所说的那样。那么，祝福我吧，你那平静的眼睛，它能毫不嫉妒地看着一种极度的幸福！祝福这杯子吧，它想要满满地溢出，直到水从里面金灿灿地流泻出来，并且把你的快乐余晖洒向每个角落！看啊，这杯子想要重又变成空的，而查拉图斯特拉想要再度做人。"——查拉图斯特拉就这样开始没落[④]了。

① 愚蠢]作者修改前的校样：智慧。——编注
② 自己的财富]作者修改前的校样：自己的贫困。——编注
③ 此处"没落下去"原文为 untergehen，也可译为"下山、下行"。——译注
④ 同上，此处"没落"也可译为"下山"。——译注

第五部　我们无畏者(第 343—383 节) 573

身子骨呀,你发抖了吗?
要是你知道我正把你带往何方,
你定会抖得更厉害。[①]

——蒂雷纳

343[②]

我们的喜悦是啥意思。——最近发生的最大事件,——“上帝死了”,对于基督教上帝的信仰变得不可信了——已经开始把它最初的阴影投在欧洲大地上。至少,对于少数人来说,他们的目光、他们目光中的**怀疑**,十分强烈而敏锐地注视着这出戏,对他们来

---

① 原文为法文:Carcasse, tu trembles? Tu tremblerais bien advantage, si tu savais où je te mène。蒂雷纳(Henri de La Tour d' Auvergne, Viscount de Turenne, 1611—1675 年):又译杜伦尼,法国色当公爵的次子,路易十四时期最出色的法国名将。——译注

② 准备稿:最近发生的最大事件——对上帝的信仰变得不可信了,“上帝死了”——已经开始把它的阴影投在欧洲大地上。[但根本上由此事件发生了什么,随着信仰的中止什么东西全都崩溃了而且还必定会继续崩溃,关于这一点,今天可能还没有人能够猜度其全幅和后果;]但谁能完全知道,根本上由此发生了什么?既然这种信仰崩溃了,那么建立在这种信仰之上的、依靠这种信仰的、植根于这种 (接下页注释)

说，仿佛就有某个太阳陨落了，某种古老而深刻的信赖翻转为怀疑了：对他们来说，我们的旧世界必定会显得日益黯淡、日益可疑、日益怪诞、日益“古旧”。但基本上我们可以说：这个事件本身是太过伟大、太过遥远了，大大地超出了许多人的把握能力，哪怕连它的消息也不能说已经为许多人所**获得**；更不能断定，许多人已经知道根本上由此事件发生了**什么**——以及这种信仰削弱以后必定会倒塌的一切，因为它们是建立在这种信仰之上的，是依靠这种信仰的，是植根于这种信仰的：例如，我们的整个欧洲道德。断裂、摧毁、没落、颠覆，这个长长的丰富序列现在已然来临：今天，有谁已经充分猜度到了个中状况，方必得充当这一惊人的恐惧逻辑的导师和预告者，一种可能在人世间还绝无仅有的阴霾和日食的预言

574 家呢？……即便我们这些天生的猜谜者亦然，我们仿佛在群山之

上期待着，置身于今天与明天之间，被夹入到今天与明天的矛盾之中，我们这些即将到来的世纪的头生子和早产儿，从根本上说，我们现在**应当**已经看到了一定会很快笼罩欧洲的阴影：但何以连我们也对这种阴霾毫无真正的同情，尤其是全无对**我们自身**的忧虑和恐惧，反倒盼望着它的来临呢？兴许是我们还太深地置身于这一事件的**最近后果**之中吧——而且，这些最近的后果，这一事件对

（接上页注释） 信仰的如此之多的东西就必须也崩溃了：今天很可能还没有人能猜度即将来临的崩溃和摧毁的这整个全幅和后果：——尽管这是多么公道：因为这最大的事件最后和最迟被理解。相反，至今还浮现出对于那个事件的切近后果的足够的感恩、惊讶、快乐之感，因为———关于由之达到的东西，尤其是在我们哲学家中间：因为地平线又开放了，纵使它还不太明亮，大海从未像现在这样开放。——让我们承认，我们这些哲学家：这个老上帝，人们说他已经死了，——难道他不像我们最大的敌人吗？……——编注

我们而言的后果，也许与人们可能预期的恰好相反，完全不是令人悲伤和令人阴郁的，而倒是像一种新的难以描写的光明、幸福、轻松、欢快、振奋、曙光[①]……实际上，我们这些哲学家和“自由精神”，当我们听到“老上帝死了”这个消息的时候，我们便感到自己被一道新的曙光所照耀；于是，我们的心灵充溢着感恩、惊讶、预感、期望之情，——终于，地平线又向我们开启了，纵使它还不太明亮，终于，我们的船又可以出海了，面对种种危险而出海了，认识者的种种冒险行径又得到了允许，大海，**我们的**大海，重又敞开了胸怀，也许还从未有过如此“开放的大海”呢。——

344

在何种意义上我们也还是虔诚的。——人们完全有理由说，在科学中，信念是没有公民权的：只有当各种信念决定把自己贬降为一种谦逊的假设，一种谦逊的暂时的尝试观点，一种谦逊的规整性假定(regulative Fiktion)时，它们才可能被允许进入认识领域，甚至获得认识领域里的某种价值，——尽管总是带着一个限制条 575
件，即它们要置于警察的监督之下，置于警察的猜疑之下。——但更准确地说，这难道不是意味着：唯当信念**不再**是信念时，它们才能获准进入科学之中吗？难道科学精神的培育不是始于人们再也不许可任何信念吗？……也许情形就是这样罢：只不过，我们还得问，**为了能够开始这种培育**，是否其中必定已经有一种信念，而且

① 此处“曙光”暗示作者1881年问世的同名著作《曙光》。——译注

是一种十分专横独断和无条件的信念,以至于它使其他所有信念都成了自己的牺牲品。我们看到,甚至科学也依据于某种信仰,根本不存在什么“无前提的”科学。**真理**是否必须的问题,不仅必须预先已经得到肯定回答,而且必须已经在相当程度上到了肯定回答,使得其中能传达出这样一个原理、信仰、信念,即:“**没有**比真理**更**必须的了,而且与真理相比,其他一切东西都只有次等的价值”。——这种绝对的求真理的意志是什么呢?是**不让自己受骗**的意志吗?是**不骗他人**的意志吗?因为求真理的意志也可以用后面这种方式来解释:假如我们在“我不想骗人”这个普遍原则下也包括了“我不想骗**自己**”这个个别情形。但为什么不欺骗呢?但为什么不让自己受骗呢?——人们发觉,这两种情况的原因处于完全不同的领域里:不想让自己受骗,这种情形假定了一点,即受骗是有害的、危险的、灾难性的,——在此意义上说,科学或许就是一种悠久的明智,一种审慎,一种功利,而对此,人们是可以公正地提出反对意见的:怎么?不愿自己受骗真的更少伤害、更少危险、更少灾难性吗?关于人生此在(Dasein)的特性,你们自始就知道些
576 什么,方能裁定更大的优势在绝对猜疑者一边还是在绝对信赖者一边?而如若大大的信赖**与**大大的猜疑,这两者都是必须的,那么,科学可能从何处获得它所依据的绝对信仰,它的信念,即坚信真理比其他任何一个事物都更重要,也比其他一切信念都更重要?倘若真理**与**非真理两者都能持续不断地表明自身的有用性(实际情形正是如此),那么,恰恰上面这种信念就不可能产生出来。也就是说——现在终究无可争辩地存在的对于科学的信仰,可能并不是从这样一种功利计算中获得其根源的,而毋宁说,**尽管如此**,

尽管“求真理的意志”或“不惜代价地追求真理的意志”的非功利性和危险性不断地向这种信仰表现出来，但这种信仰却已然产生了。“不惜一切代价”：哦，当我们先把一个又一个信仰奉献于这个祭坛上并且把它们屠杀之时，我们就很好地理解了个中意思！——所以，“求真理的意志”**并不**意味着“我不想自己受骗”，而是意味着——别无选择——“我不想骗他人也不想骗自己”：——**而且，由此我们就站在道德的基地上了**。因为人们会一个劲地问自己：“为什么你不想骗人？”尤其是，倘若这可能是假象，——而且这其实就是假象！——仿佛生活以假象为标的，意即是以谬误、欺骗、伪装、眩目、自我蒙蔽为目标的，而另一方面，如果伟大的生活形式事实上总是已经在最不令人生疑的 πολυτροποι[变化多端、多样性]方面显示出自身，那么人们就会这样问自己。温和地来解释，这样一种意图也许就是一种堂吉诃德式的蠢行[①]，一种小小的狂热的愚笨和癫狂；但它也可能依然是某种更为恶劣的东西，亦即一个敌视生命的毁灭性的原则……“求真理的意志”[②]——可能是一种隐蔽的求死亡的意志。——于是，“科学何为？”的问题就归结于这样一个道德问题：如果生命、自然、历史是“非道德的”，那么**道德究竟何** 577 **为**？毫无疑问，真诚者，在那种大胆和最终意义上的真诚者，一如对科学的信仰是以这种真诚者为前提的，**他因此肯定了另一个世界**，另一个不同于生命、自然和历史的世界；而且，就他肯定这“另

① 堂吉诃德(Don Quixote)：西班牙作家塞万提斯(Cerrantes，1547—1616 年)同名长篇小说的主人公，一个可悲的骑士形象。——译注

② “求真理的意志”原文为 Wille zur Wahrheit，或译“求真意志”。尼采把它理解为权力意志的一个形式。——编注

一个世界"而言，是何种情形呢？难道他不是恰恰因此要否定这另一个世界的反面，即这个世界，我们的世界么？……然则人们或许已把握了我的目的，那就是，我们对科学的信仰始终还是基于一种形而上学信仰，——即便我们今天的认识者，我们这些失神者和反形而上学家，也还是从那个千年以来由古老的信仰所点燃的火堆中获取我们的火的；此所谓古老的信仰就是基督教的信仰，也是柏拉图的信仰，就是相信上帝是真理，真理是神性的……[①]可是，如果这信仰恰恰变得越来越不可信了，如果除了谬误、盲目、谎言，再没有什么东西能证明自己是神性的，——如果上帝本身也被证明为我们最长久的谎言，那又如何呢？[②] ——[③]

345[④]

作为问题的道德。——人格缺陷处处都会造成恶果；一种衰弱、浅薄、破灭的人格，一种自我否定和自我违背的人格，再也不适

① 此所谓古老的信仰就是……]据准备稿：[对真理之价值]对作为真理的上帝的基督教信仰，因为上帝"就是真理"，作为真理的一个"彼岸"和"自在"(An sich)。——编注

② 可是，如果这信仰恰恰变得……]准备稿：换言之，往深处看，直到现在在欧洲只存在着，也存在过"基督教的科学"……每一种反基督教的科学都在其开头处打了一个可怕的问号："何以——恰恰——是真理？"——编注

③ 盲目、谎言，再没有什么……]付印稿：假象、谎言、愚蠢、愚蠢的妄想？——编注

④ 在誊清稿中有一个较早稿本的开头：作为问题的道德。——在一位思想家那里，这构成一种显著的区分(——而且属于他那个档次的最强大的标志[在精神王国中他天生的等级秩序])，是否他从一种困境、一种缺乏和狂热而来，把某个问题当作自己的问题和命运来拥有、体验、忍受、热爱，抑或是否他只会以冷酷、好奇的思想的触角去达到自己的问题，并且可以说把它当作某种陌生的、新鲜的、神奇的东西来触摸。——编注

合于做任何好事了，——尤其不适合于做哲学了。“无私”[1]不论在天国还是在尘世都没有任何价值；重大问题全都要求**大爱**，而且，只有强壮的、圆满的、稳靠的、坚守自己的精神方能有此大爱。一个思想家是以个人[2]方式对待自己的问题，以至于他在其中找到了自己的命运、自己的困厄，也找到了自己最佳的幸福，还是以“非个人的”方式去对待，也即说，他只会以冷酷、好奇的思想的触角，去接触和把握自己的问题——这两者之间，实有天壤之别。后一种情形是不会有任何结果的，我们可别指望太多：因为即使重大 578
问题是可以把握的，它们也不是蛤蟆和懦夫所能**搞掂**的，这永远是他们的趣味，——顺便提一下，这是他们与所有能干的女人共有的趣味。——那么，何以我还没有碰到什么人(甚至在书本里也没有)，是以这种个人态度来对待道德，并且把道德当作问题，把这个问题当作**他**个人的困厄、折磨、快感和激情呢？显然，迄今为止，道德根本都不是一个问题；而毋宁说，道德恰恰是人们在经历全部的猜疑、分裂、矛盾之后相互间达成一致的东西，是一个被神圣化的和平之所，连思想家们也可以在其中得到休息、松弛和重新振奋。我没看到任何人，敢于对道德的价值判断做一种**批判**；对此，我甚至找不到科学好奇心的尝试，找不到挑剔的、引诱性的心理学家和历史学家之想象力的尝试，这种想象力容易先行认识并且飞快地捕捉到一个问题，而并不真正知道其中捕捉到了什么。我几乎没有找到一些微弱的苗头，得以探讨此类情感和价值评估的**起源史**

① 此处“无私”(Selbstlosigkeit)的字面意义即“失去自身”。——译注

② 个人]准备稿：全身心个人地。——编注

（这是某种与情感和价值评估之批判不同的东西，更是某种与伦理体系之历史不同的东西）：在某个个案中，为了激励对于这种历史的爱好和天赋，我已经做了全部的事体——但今天在我看来，一切皆徒劳。这些道德史学家（尤其是英国人）实在是没啥意思的：通常他们自己还毫无疑虑地服从于某种道德的命令，毫无意识地充当这种道德的扛牌者和随从；诸如带着那种还总是十分天真地被传布的基督教欧洲的民众迷信，即道德行为的特征就在于无私、自我否定、自我牺牲，或者就在于同感、同情。他们在前提预设方面
579 的通常错误乃是，他们主张诸民族，至少是那些温顺的民族，在某些道德原则方面是有某种 consensus［一致性］的，并且由此推导出这些道德原则的无条件的约束性，对你对我也有效的约束性；或者反过来，在他们明白了道德估价在不同民族那儿是**必然**不同的这样一个真理以后，他们又推出**全部**道德都无约束性的结论：这两种做法同样纯属儿戏。他们当中比较精明者的错误在于，他们发现并且批评一个民族关于自己的道德的可能不无愚蠢的看法，或者人类关于人类所有道德的可能不无愚蠢的看法，也就是关于道德的起源、宗教惩罚、自由意志的迷信以及诸如此类的东西的可能不无愚蠢的看法，而且恰恰因此误以为已经批评了道德本身。然而，“你应该……”这种准则的价值还更彻底地区别于、独立于此类有关道德的看法，区别于、独立于也许道德随之疯长起来的谬误之杂草：就像一种药物对于病人的价值，无疑地完全无关乎病人是否以科学方式思考，抑或一个老妇人如何看待医学。一种道德甚至可能是**从**一种谬误**中**生长起来的：不过，这种观点也还根本触及不了

道德之价值的问题。——也就是说，迄今为止，还没有人检验过所有药品中那些最著名的药品的价值，即所谓道德的价值：这首先就意味着，我们要对这种价值——做一番置疑。好吧！这正是我们的事业。——

346[1]

我们的问号。——但你们不明白这一点吗？实际上，人们会尽力理解我们。我们寻求各种说辞，也许，我们也会寻求听众。但

[1] 准备稿：[+++]我们是无信仰者和失神者，不过是在一个迟晚的阶段才成为这两者，不再带着那脱缰者的愤恨和激情，后者一定要从自己的无信仰中〈搞出〉一种信仰、一个目标，经常还有一种殉难。我们[已经变得冷酷无情，并且]在这种看法中被熬干，在其中变得冷酷而老迈，即我们已经认识到，这个世界根本不是神性地〈发生〉的，甚至更不是以人性的尺度，理性地、仁慈地或者公正地发生的：我们知道，我们生活于其中的这个世界是非神性的、非道德的、"非人性的"，——[太久了，在我们的崇拜、我们的谎言和自我蒙蔽意义上，无论是对恐惧还是对爱的解〈释〉]太久了，我们对这个世界做了错误的和骗人的解释，但却是按照我们的崇拜意义，也即是按照需要做的解释。因为人是一种崇拜的动物——但人也是一种怀疑的动物！[+]这个世界并不具有我们所相信的那种价值：[叔本华为了与从前的信仰联系起来而编织的最后的安慰蜘蛛丝，〈已经被〉我们撕破了：他让我们理解，整个历史的意义恰恰就在于，历史终于探明了自[+]并且满足于自身了。这种对此在的厌倦，这种力求不再意愿的意志，执拗、本己幸福，简言之就是"无私"的[+]乃是这种颠倒的意愿的表达：叔本华想要以至高的敬意来崇敬的就是这一点，而且〈只是这一点〉，——他在这里看到了道德，他相信要〈为艺术〉保障一种价值，只是因为艺术创造了这样一些状态，后者可能充当那种完全的目光倒转、那种最终的道路转向、脱离的准备和诱〈饵〉。]这是[我们今天]我们的怀疑能够获得的最确凿可靠的事。〈我们〉不敢冒险说，这个世界鲜有价值；倘若人想要去〈发明一些〉超过现成事物之价值的价值，那么，这在我们看来几乎是可笑的——我们恰恰已经从中退了回来，有如从人类的极其荒诞无稽的过分苛求中退了回来[+++]：世界超越所有的概念，比我们所能思考的更有价值——但这个"更"恰恰是某种十分不可思议、十分否定的东西，以至于它也[容易]成为某种完全无关紧要的东西。——编注

我们是谁？倘若我们干脆用一个比较陈旧的表达“失神者”或者
580 “无信仰者”甚或“非道德论者”[1]来命名自己，那么，我们会以为自己还远远没有得到描写呢：我们是在一个特别晚的阶段才成为所有这三者的，以至于人们理解不了，以至于**你们**这些好奇的先生们也理解不了，我们在其中心情如何。不！别再带着那脱缰者的愤恨和激情，他甚至一定要从自己的无信仰中搞出一种信仰、一个目标、一种殉难！我们已经认识到（我们已经在这种看法中被熬干，变得冷酷无情了），这个世界根本不是神性地发生的，甚至更不是以人性的尺度，理性地、仁慈地或者公正地发生的：我们知道，我们生活于其中的这个世界是非神性的、非道德的、“非人性的”，——太久了，我们对这个世界做了错误的和骗人的解释，但却是按照我们的崇拜愿望和崇拜意志，也即是按照某种**需要**做的解释。因为人是一种崇拜的动物！但人也是一种怀疑的动物：而且，说这个世界**并不**具有我们所相信的那种价值，这差不多是我们的怀疑终于获得的最确凿可靠的事。越多怀疑，越多哲学。我们得小心，别满口说这个世界**鲜有**价值：在今天，倘若人想要去发明一些**超过**现实世界之价值的价值，那么，这在我们看来本身就是十分可笑的，——我们恰恰已经从中退了回来，有如从人类虚荣和非理性的一种荒诞无稽的迷误中退了回来。这种迷误是久未得到真切认识的。这种迷误在现代悲观主义中找到了它最后的表达，较古老和较强烈的表达则在佛陀的教义

[1] 尼采在《瞧，这个人》（作于1888年）中自称为“非道德论者”，“我是第一个非道德论者，因此我是卓越的毁灭者”。参看尼采：《尼采著作全集》第6卷，德文版，第366页；中译本，孙周兴等译，商务印书馆，2015年，第474页。——译注

中;不过,连基督教也含有这种迷误,诚然是更加可疑和更加暧昧的,但并不因此更少蛊惑性。“人对世界”的整个姿态,作为“世界否定”原则的人,作为万物之价值尺度的人,作为世界法官的人,这法官最后把人生此在(Dasein)本身也放在自己的天平上,并且认为它太轻了[①]——我们已经意识到了这种姿态的极度乏味,由此败坏了我们的兴致,——当我们发现“人与世界”被并 581
置起来,被这个精深而骄横的小词“与”所分隔时,我们就会发笑!但怎么回事?作为发笑者,难道我们不是恰恰因此只不过是在对人类的蔑视方面迈进了一步么?而且也就是说,难道我们并非也只是在悲观主义方面,在对我们能认识的人生此在的蔑视方面迈进了一步么?难道我们不是恰恰因此沉湎于关于一个对立的怀疑,亦即关于迄今为止我们心怀崇拜安居于其中的这个世界——也许为此之故,我们才经受生活——与我们本身所是的另一个世界之间的对立的怀疑:一种关于我们自己的无情的、彻底的、最深层的怀疑,它越来越厉害、越来越糟糕地控制了我们欧洲人,并且可能轻而易举地把将来几代人置于可怕的非此即彼的抉择之中:“要么废除你们的崇拜,要么废除——你们自己!”后者或许就是虚无主义;但前者不也是——虚无主义吗?——此乃我们的问号。

① 可参照旧约《但以理书》:“你被称在天平里,显出你的亏欠。”参看《旧约·但以理书》第 5 章第 27 行;《圣经》,香港圣经公会,2005 年,第 1418 页。——译注

347

虔信者及其对信仰的需要。——一个人在多大程度上需要一种**信仰**才能成长，一个人需要多少“坚固之物”，因为**依靠**之而不想动摇之的“坚固之物”，——此乃一个人的力量的标尺（或者讲得更清晰些，是一个人的虚弱的标尺）。在我看来，在古老的欧洲，在今天依然，大多数人是需要基督教的：所以它也总还能得到信仰。因为人就是这样：他可能千百次地驳斥某个信条，——假如他需要这个信条，那么，他也总是会一再地把它当作“真的”，——依照《圣经》里讲的那个著名的“力量之证明”。一些人依然需要形而上学；但也需要那种狂热的**对于确定性的要求**，这种要求如今以科学实
582 证主义的方式在广大群众身上爆发出来，就是**想要**彻底地牢牢掌握某个东西的要求（而由于这种要求的激昂，人们便用比对可靠性的论证更轻松和更马虎的方式来对待这个东西）；这也还是对依靠、支撑的要求，简而言之，就是那种**虚弱本能**，虽说这种虚弱本能并没有创造出全部的宗教、形而上学、信念，但是——它却把这形形色色的东西保持下来了。实际上，在所有这些实证主义体系周围，弥漫着某种悲观主义的阴郁气息，某种厌倦、宿命论、失望、对于新失望的恐惧——抑或被炫耀的愤怒、恶劣情绪、激愤的无政府主义，以及虚弱情感的全部症状或装饰。有一种激越之情，我们时代最聪明的人物怀着这种激越之情，在穷街陋巷里[①]迷失了自己，

① 穷街陋巷］付印稿：完全短视的愚蠢。——编注

例如,迷失于爱国心(我以此指的是法国人所谓的沙文主义[1],德国人所谓的“德意志”),或者迷失于效仿巴黎自然主义褊狭的美学信条里(巴黎自然主义只从自然中抽取和揭露那让人厌恶,同时又让人惊奇的部分——今天,人们喜欢把这个部分叫作 la verité vraie 即逼真——[2]),或者迷失于彼得堡式的虚无主义[3]中(也就是**信仰无信仰**,直至为之殉难)。即便这样一种激越之情也总是首先显示出对于信仰、依靠、支柱和支撑的**需要**……凡缺乏意志之处,信仰总是最多地受追求,就总是变得最急需:因为作为命令之情绪,意志乃是自负和力量的决定性标志。这就是说,一个人越是不会下命令,就越是迫切地渴望一个下命令的人,一个严厉地下命令的人,渴望一个上帝、王公、等级、医生、告解神父,渴望某种教义,某个党派意识。由此也许可以得知,两大世界宗教,佛教和基督教,或许在某种巨大的**意志罹病**中获得了它们形成的根据,尤其是获得了它们突然的广泛传布。而且真实情形正是如此:两大宗教发现了一种对于“你应当”(du sollst)的要求,这种要求乃由于 583
意志罹病而堆积起来,臻于荒唐乃至于绝望的地步,[4]两大宗教乃

① 沙文主义(chauvinisme):18 世纪末、19 世纪初产生于法国的一种极端民族主义,因法国士兵沙文(Nicolas chauvin)狂热拥护拿破仑一世的侵略扩张政策,主张用暴力建立法兰西帝国而得名。——译注

② 巴黎自然主义的褊狭……]据付印稿:巴黎自然主义(1830 年浪漫主义的这种最纤细和最微弱的新生力量)。——编注

③ 彼得堡式的虚无主义:应指俄国作家屠格涅夫的长篇小说《父与子》(1862 年)。——译注

④ 而且真实情形正是如此……]据准备稿:对于“你应当”的要求在两种情形中最后都变成创造性的了,它根据自己的需要来解释、设想和联结一个人、一系列事实,而且写在天国之墙上,例如拿〈撒勒〉的耶〈稣〉的事实,或者在另一个情形中被叫作佛〈陀〉的事〈实〉。——编注

是意志疲劳虚弱时代里的狂热信仰的教师，因此为芸芸众生提供了一个支柱，一种新的意愿可能性，一种意愿享受。因为狂热信仰乃是唯一的“意志力”，就连弱者和无自信者也可能获得这种“意志力”，乃作为一种对整个感觉-理智系统的催眠，有利于现在占主导地位的观看点和情感点的丰沛营养（营养过度）——基督徒称之为自己的**信仰**。一旦一个人达到了他**必须**接受命令这样一个基本信念，则他就成为“虔信的”；相反，或可设想一种自我规定的乐趣和力量，一种意志的**自由**，在其中，精神告别了任何信仰，任何对于确定性的愿望，而如其所是地那样，熟练于在轻飘的绳索和可能性上保持自己，即便面临深渊也还能高蹈自守。这样一种精神或许就是卓越的（par excellence）的**自由精神**。

348

论学者的来历。——在欧洲，学者是从所有阶层和社会条件中长出来的，犹如一棵不需要任何特殊土壤的植物：因此，本质上而且无意地，他们也是民主思想的载体之一。但这个来历却让学者暴露了自己。如果有人把自己的目光稍稍训练一下，使之能从一本博学的书中，从一篇学术论文中识别出，并且当场抓住学者的理智上的**特异反应性**（*Idiosynkrasie*）——每个学者皆有此种特异反应性——，那么，他就几乎总是会看到，这种特异反应性背后有这位学者的“前史”，这位学者的家庭，特别是其职业种类和手艺。
584 凡在“现在这已经得到证明了呀，这是我已经完成了的呀”这样一种感受得到表达之处，通常这就是在学者的血液和本能中留存的祖先，这位学者从自己的视角出发赞同“做过的工作”，——对于证据的信仰只不过是一个征兆，表征着在一个勤劳的家族中什么东西自古以来都被看成“好的工作”了。举个例子：任何档案登记员和办公室文书的主要任务总是整理各种各样的资料，把它们分类存放在抽屉里，竟至于制成图表来加以表示；如若他们的子嗣们成了学者，就会表现出一种偏爱，即把一个问题图表化，认为该问题差不多由此已经得到了解决。有一些哲学家，他们根本上只是一些图表脑袋——对他们来说，父辈的手艺形式成了内容。进行分类的才能，制作范畴表的才能，已然暴露了某些情况；人们不会白白地做人子的。一个律师的儿子，即便当了研究者也必定是个律师：对于自己的案子，他首先要考虑的是维护自己的利益，其次——也许——才谋求获得正义。对于新教神职人员和学校教师的子孙，人们可以根据那种幼稚的自信来加以识别；作为学者，当他们首先只是大胆而热烈地把自己的事情端出来时，他们正是以这种幼稚的自信，认为自己的事情已经得到了证明：他们只是完全地习惯于人们对他们的**相信**，——这在他们的父辈那里属于“手艺”！相反，一个犹太人根据生意场和自己民族的过去，则最不习惯于人们对他的相信——这方面，且让我们来看犹太学者们，——他们全都非常重视逻辑，也就是重视通过理由**强制**他人赞同；他们知道，即便存在着反对犹太人的种族憎恶和阶级憎恶，即便人们不愿相信他们，他们也必定会以逻辑取胜的。因为没有什么东西比逻辑更为民主的了：逻辑不知道个人声望，把鹰钩鼻同样看作直鼻子。
（顺便说一下：恰恰是在逻辑化方面，在**更纯粹的**思维习惯方面，欧 585
洲要对犹太人多多感恩；尤其是德国人，作为一个可悲的非理性种

族，到今天人们也总是还得给它“洗洗脑筋”。凡犹太人影响所及之处，他们都教导人们做更深远的区分，做更清晰的推论，做更明晰和更规整的书写：他们的使命永远是把一个民族带向“理性”。）

349

再论学者的来历。——意愿自我保存乃是一种困境的表达，是一种对真正的生命基本冲动的限制的表达；这种生命基本冲动旨在权力之扩张，并且在这种意志中十分经常地置疑和牺牲自我保存。个别哲学家，比如患肺结核的斯宾诺莎，恰恰在所谓的自我保存之冲动中看到了——而且一定会看到——决定性的东西，这时候，人们便认为这是典型的症兆：——他们就是一些身处困境中的人。我们今天的现代自然科学与斯宾诺莎的教条紧紧地纠缠在一起了（最近还最粗暴地表现在达尔文主义中，连同他那极其片面的“生存竞争”[1]学说——），个中原因很可能在于大多数自然研究者的出身：就此角度来看，他们属于“民众”，他们的祖先是贫困而卑微之人，太过切近地体认了度日艰难。在整个英国达尔文主义周围散发出某种气息，犹如英国人口过剩所致的污浊空气，犹如贫贱小民的困厄狭隘之气。然而，作为自然研究者，人们当走出自己的人类逼仄角落：而且，在自然中居支配地位的并非困境，而是充溢、挥霍，乃至于荒唐之境。生存竞争只不过是一个特例，是生命意志的暂时限制；无论在哪儿，大大小小的竞争全都是为了获得优

① “生存竞争”(Kampf um's Dasein)：适者生存，弱者淘汰，这是以自然选择学说为核心的达尔文进化论的基本思想。——译注

势(Übergewicht),全都是为了增长和扩张,全都是为了权力,依据 586
的是权力意志[①],而权力意志就是生命意志。

350

向 *homines religiosi*[宗教人][②]致敬。——反对教会的斗争有多种含义,其中肯定包含着下列意义上的斗争,即较普通、较快活、较亲近和较肤浅的人们对于更有分量、更为深刻、更多冥想的人们(也即更邪恶和更多疑的人们)的斗争;后面这种人带着一种对于人生此在之价值的长期怀疑,同样也带着一种对于自身价值的长期怀疑而苦思冥想:——民众的普通本能,他们的感官快乐,他们的"好心肠",都反抗后面这种人。整个罗马教会乃基于南方人对在北方人那里总是被误解的人类天性的一种怀疑:这样一种怀疑,是南欧人从幽远的东方,从古老而神秘的亚洲及其冥想中继承过来的。基督新教就已经是一场民众起义,有利于诚实、正直、肤浅的人们(北方人总归比南方人好心肠些,也肤浅些);然而,只有法国大革命才完全而庄严地把王权交到了"好人"手上(所谓"好人",就是绵羊、蠢驴、笨鹅,以及一切无可救药地肤浅、吵闹不止和

① 权力意志(der Wiile zur Macht):尼采后期哲学的核心概念。尼采自1885年起计划写作他的"哲学大书"即《权力意志》,做了大量的准备工作和笔记。但后来放弃了努力。尼采死后,其妹妹伊丽莎白·福斯特-尼采和彼得·加斯特编辑并于1906年出版了《权力意志——重估一切价值的尝试》(1906年出版),但这个版本在学界声誉不佳。相关笔记见于科利版《尼采著作全集》第11、12、13卷,中译本可见尼采:《权力意志》上下卷,孙周兴译,商务印书馆,2007年;以及孙周兴编译:《权力意志》(精选本),上海人民出版社,2018年。——译注

② 此处"宗教人"(homines religiosi)意为:宗教虔信者。——译注

足以进入“现代理念”疯人院的人们)。

351

向教士们致敬。——我想,民众(今天谁不是“民众”呢?——)所理解的智慧,那种聪明的母牛式的宁静、虔诚和乡村牧师的温良(后者躺在草地上,严肃地反刍和**旁观**生活),——恰恰哲学家们总
587 是觉得自己与之相距最远,可能是因为他们还不够“民众”,还不够乡村牧师吧。很可能哲学家也恰恰到最后才学会相信,民众**可以**理解与他们相距最远的东西中的某个东西,理解认识者的伟大**激情**;这个认识者经常生活在——必定生活在——最高的难题和最难的责任的乌云中(所以他根本就不是旁观、置身度外,不是漠然、稳靠、客观的……)。当民众为自己弄出一个“智者”理想时,他们就会崇拜一种完全不同的人,而且有千倍理由径直用最佳的言语和荣誉向这种人致敬:这种人就是温柔、严肃、单纯、贞洁的教士以及与之相似者[①],——包含在民众对于智慧的那种敬畏中的赞美就是针对这种人的。而且,除了对这些人,民众还会有理由对谁表示感谢呢?这些人属于民众,来自民众,但却犹如被奉献者、被遴选者、为民众的福祉而**被牺牲者**——他们自己也相信为上帝牺牲了自己——,在他们面前,民众可以倾诉衷肠而不受惩罚,可以**摆**

① 相似者]准备稿:相似者[而且确实,这种人也必须崇敬和模仿某个东西;他们最喜爱的圣徒是圣方济各(Franze von Assisi),有着热情洋溢的心灵和健忘而温和的双手的人,这手永远地给予,交出去,必须交出去,不断地在一种同情之爱的火中被烘烤]。——编注

脱自己的隐秘、烦忧和坏事（——因为“跟人推心置腹”的人能摆脱自己；“告白”的人善遗忘）。这里有一大急需：因为即便对于灵魂的垃圾来说，也需要排放的沟渠以及其中洁净的具有净化作用的水流，也需要爱的湍流以及强壮、谦恭、纯洁的心灵，它们做好了准备，效力于这样一种非公共的卫生工作，甚至为之牺牲自己——因为这就**是**一种牺牲，一个教士是一种人祭，始终是一种人祭……民众感觉到，这种被牺牲的、变得沉静而严肃的“信仰”之人是**智慧的人**，也即是知识者，与自己的不安不稳形成对照的“稳靠者”：谁会想剥夺他的这种话语和这种敬畏呢？——然而，反过来讲也是合理的，在哲学家中间，一个教士也被视为“民众”，而**非**知识者，这首先是因为哲学家本身并不相信“知识者”，正是在这种相信和迷信 588 中嗅到了“民众”的气息。正是**谦逊**在希腊发明了“哲学家”[①]一词，并且把自命智慧这一华丽的傲慢转让给了那些精神戏子，——这样一种骄傲和专横的怪物的谦逊，比如毕达哥拉斯，比如柏拉图——。

352

何以道德几乎不可或缺。——一般而言，赤身裸体的人是一副无耻下流的样子——我说的是我们欧洲男人（绝不是指欧洲女人！）假定通过一个魔术师的魔法，兴高采烈地同桌共餐的客人们看到自己突然被暴露了，被剥光了衣服，那么，我相信，不光原来的

① “哲学家”（Philosoph）在希腊文中的对应词语为 philosophos，意为“爱智慧者”。尼采在此做了一次暗讽。——译注

欢乐感完了，连最强的胃口也会倒掉的，——看起来，我们欧洲男人根本上少不了那种被叫作衣裳的伪装。然而，“道德人”的伪装，他们用道德公式和礼节概念做的掩饰，以及用义务、德性、集体精神、荣誉和自我否定之类的概念对我们的行为所做的完全善意的隐藏，难道不也应该有同样好的理由吗？我的意思并不是说，在此要把诸如人性的邪恶和卑劣掩盖起来，简言之就是要把我们身上恶劣而野蛮的动物性掩盖起来；我的想法正相反，作为**驯服的动物**，我们恰恰有一副无耻下流的样子，需要道德的伪装，——在欧洲，“内在的人”长期以来就没有足够的坏，坏到能够因此“让人看出来”的地步（坏到能够因此变得**美好**的地步——）。欧洲男人**用道德**伪装自己，因为他变成了一种多病的、羸弱的、残疾的动物；这种动物有充分的理由成为被驯服的，因为他差不多是一个畸形怪胎，某种半拉子的、虚弱的、笨拙的东西……并非食肉猛兽需要一

589 种道德的伪装，相反，是本身深度平庸、畏惧和无聊的群居动物才需要一种道德的伪装。**道德装扮了欧洲男人**——让我们承认这一点罢！——使之变成更高贵、重要、体面的东西，甚至于变成“神性的东西”——

353

论宗教的起源。——宗教创始人的真正发明首先是：设立某种生活方式和日常风俗，后者乃作为 disciplina voluntatis[意志训练]而起作用，同时能消除无聊；其次是：恰恰为这种生活给出一种**阐释**，由于这种阐释，生活似乎萦绕着至高价值的光辉，以至于生

活现在变成了一种善,人们为之而奋斗,有时甚至献出自己的生命。实际上,在这两个发明当中,第二个发明是更为本质性的:第一个发明,即生活方式,通常已经在那儿了,但却是与其他生活方式并存的,而且没有意识到其中存在着何种价值。宗教创始人的重要性、首创精神,通常表现在,他**看到**了这种生活方式,他**选择**了这种生活方式,他首次**猜到**这种生活方式有何用,这种生活方式能够如何被阐释。例如,耶稣(或者保罗)发现了罗马行省小老百姓的生活,一种简朴的、有德性的、受压迫的生活:他解释了这种生活,并且往里面投入了至高的意义和价值——因此也使之有勇气蔑视其他任何生活方式,那种寂静的赫伦胡特兄弟会[①]的狂热,那种隐秘的、暗藏的自信,这种自信越来越增强,终于准备“征服世界”了(也就是罗马以及整个帝国的上层阶级)。佛陀同样也发现了那种人,这种人其实散布在他那个民族的所有阶层和社会等级中间,他们由于惰性而变得善良和好意(首要地是非攻击性的),同样由于惰性,他们过着节制的生活,几乎毫无所需:佛陀理解,这样一个类型的人如何必然地会以整个惯性之力(vis inertiae)卷入一 590
种信仰之中,这种信仰允诺能够**防止**尘世的苦难(亦即一般劳动、行动)的轮回,——这种“理解”乃是佛陀的天才。宗教创始人一定会在心理学上准确无误地了解那些尚未**认识到**相互间共属一体的心灵的某个平均特质。正是他使他们相聚在一起;就此而言,一种宗教的创立总是成为一种长久的认识之庆典。

① 赫伦胡特兄弟会(Herrenhuter):17—18 世纪德国虔信主义教派的一个宗教团体,起源于赫伦胡特的“觉醒者”社团,宗旨是避免宗教争论,推崇兄弟情谊和博爱。——译注

354

论“**种类的天赋**”[①]。——只有当我们开始把握到，在何种程度上我们少得了意识，意识（更正确地说：自我意识）问题才会出现在我们面前：而且现在，生理学和动物史（它们因此需要两个世纪的时间，方得以赶上**莱布尼茨**预先提出的怀疑）把我们置于这种把握的开端位置上。因为我们可以思考、感觉、意愿、回忆，我们同样可以“行动”（在该词的每一种意义上）：而尽管如此，所有这一切都无需“进入我们的意识”中（正如有人形象地说过的那样）。整个生命即便仿佛不能在镜子中看到自己，或许也是可能的：事实上，即便现在依然，我们生命中的绝大部分没有这种反映也能照样进行——，诚然也包括我们思想着、感受着和意愿着的生命，尽管这一点在一位较年长的哲学家听来不免冒犯。如果意识总的来说是**多余的**，那么它究竟**有何用场**？——现在，如果人们愿意听听我对这个问题的回答，听听我的回答中也许荒诞无稽的猜测，那么，在我看来，意识的敏锐和强度总是与一个人（或动物）的**传达能力**成
591 正比，而传达能力又与**传达需要**成正比：此所谓传达需要不能这样来理解，仿佛恰恰是这个个别的人本身（他恰好擅长于传达和让人理解自己的需要）同时也以自己的需要，多半必定要依赖于他人。

① 二十世纪五六十年代许多英语哲学家讨论“私人语言”的可能性，这个论题当然是维特根斯坦发起的，但似乎可以追溯到尼采的这一节文字。未知维特根斯坦是否读过本节。英译者认为本节和下节（第 355 节）颇具维特根斯坦风格。参看英译本，第 297 页。——译注

但在我看来，关于整个种族和世代链条，情况可能是这样的：凡在需要、困厄长久地迫使人们去传达，迫使人们快速而敏锐地相互理解之处，终归会有这样一种传达/沟通力量和技巧的过剩，仿佛一种财富，它渐渐地积聚起来，现在正等着一个继承人来对它肆意挥霍呢（——所谓的艺术家就是这种继承者，演说家、布道者、作家亦然，所有这些人总是在一个长长的链条末端出现，每每都是“迟生子”——在该词的最佳意义上——，而且如前所述，他们按其本质来说就是**挥霍者**）。假如这个观察是正确的，那么我就可以进一步猜度：**一般意识唯在传达需要的压力下才得以发展出来**，——意识自始就只有在人与人之间（特别是在命令者与服从者之间）才是必须的、有用的，而且其发展也只与这种有用性程度成正比。真正说来，意识只不过是人与人之间的联系网络，——唯有作为这样一种联系网络，意识才必定发展出来了：隐居的和野兽般的人不需要意识。我们的行为、思想、情感、活动本身进入我们的意识之中——至少是其中一部分——，这乃是一种可怕的长期支配着人类的“必须”（Muss）的结果：作为最有危险的动物，人类**需要**帮助、庇护，人类需要自己的同类，人类必须懂得表达自己的困厄，懂得让别人理解自己——为了这一切，人类首先必须有“意识”，必须“知道”自己 592
缺失什么，“知道”自己情绪怎样，“知道”自己在思考什么。因为，再说一遍：如同任何一种活的造物，人类总在不断思考但并不知道这一点；变成**意识**的思想只不过是其中极小的部分，可以说，是其中最肤浅、最糟糕的一部分：因为只有这种有意识的思想**发生于话语中，也即发生于传达符号中**，意识的起源由此得以揭示。简言之，语言的发展和意识的发展（**不是**理性的发展，而只是理性之自

我意识的发展)是携手并进的。人们会补充说,不光语言充当着人与人之间的桥梁,而且眼神、触摸和表情也充当着人与人之间的桥梁;对我们自己身上的感官印象的意识,那种能够把感官印象固定起来并且可以说把它们置于我们之外的力量,随着用符号把感官印象传达给*他人*的必要性的增加而增强了。发明符号的人同时也是越来越鲜明地意识到自己的人;唯作为社会的动物,人类才学会了对自己的意识,——人类还在这样做,越来越起劲。——正如人们所见,我的想法是:意识并不真正属于人类的个体性实存[①],而倒是属于人类身上团体和群体的天性;由此可知,意识也只有在与团体和群体之功用的关联中才得到精细的发展,而且因此,我们中的每个人,尽管我们的最佳意愿是尽可能个体地*理解*自己,"认识自己",但我们始终只是把非个体性本身带向意识,也就是人类的"平均值",——我们的想法本身不断地被意识之特征——被意识中发号施令的"种类之天赋"——所*战胜*,并且被置回到群体的视角和观点之中。根本上,我们的行为统统无可比拟地是个人的、唯
593 一的、无限个体化的,这是毫无疑问的;但一旦我们把它们转化为意识,*它们就不再这样表现出来了*……这是*我*理解的真正的现象论和视角论[②]:*动物意识*的本性造成如下情形,即我们可以意识到的这个世界只不过是一个表面世界和符号世界,一个被普遍化的世界,一个被共同化的世界,——被意识到的一切东西恰恰因此*变*

① 此处"个体性实存"原文为:Individual-Existenz,或译为"个体-实存"。——译注

② 此处"现象论"(Phänomenalismus)和"视角论"(Perspektivismus)也可译为"现象主义"和"视角主义"。我们在此完全可以关注和讨论一种尼采式的"现象学"(Phänomenologie)。——译注

得浅薄、贫乏、相当愚蠢、普通,变成符号、群体的标志,与一切意识相联系的,是一种巨大而彻底的腐败、伪造、肤浅化和普通化。最后,生长中的意识乃是一种危险;而且,谁生活在最有意识的欧洲人中间,他甚至就会知道,这种意识乃是一种疾病。正如人们所猜测的,这并不是我这里所涉及的主体与客体的对立:这种区分,我把它托付给依然耽于语法(民众的形而上学)的圈套里的认识论理论家。这[①]尤其不是"物自体"(Ding an sich)与现象的对立:因为我们的"认识"(erkennen)还远远不够,远不足以哪怕只是如此这般地把两者**区分**开来。我们根本就没有任何用于**认识**的器官、用于"真理"的器官:我们所"知道"的(或者我所相信的,或者我所想象的),无非就是可能对人类群体、种类利益**有用的**东西:即便是我们这里所谓的"有用性",说到底也只不过是一种信仰,一种想象,也许恰恰就是那种有朝一日会使我们毁灭的最具灾难性的愚蠢。

355

我们的"认识"概念的起源。——我从街头小巷里得到这一解释;我听到民众中有人说"他认识我"——:于此我问自己:民众到底是怎样理解认识的?当民众想要"认识"时他们意愿什么?无非是这一点:把某种陌生的东西归结于某种**已知的东西**。而我们哲 594
学家——我们对于认识的理解是不是真的**更多些**呢?已知之物意

① 理论家。这]付印稿:理论家[,同样地在从前滑稽的哲学家的傲慢自大中:仿佛人凭其概念能够超出被给予我们的视角,超出我们的视角性质]。这。——编注

味着：我们习惯于此，以至于我们不再惊奇于此，我们的日常，我们置身于其中的某个规则，我们在其中有在家之感的一切东西：——怎么回事呀？我们的求知需要不正是这种对已知之物的需要，不正是一种要在一切陌生之物、异乎寻常之物、可疑之物中发现某种不再使我们不安的东西的意愿吗？难道不会是**恐惧本能**叫我们去认识吗？难道认识者的欢呼不正是对重新获得的安全感的欢呼么？……当这位哲学家把世界归结于“理念”时，他误以为世界“已经被认识了”：呵，难道这不是因为他早已熟知“理念”，早已习惯于“理念”吗？不是因为他不再那么惧怕“理念”吗？——认识者是多么容易满足啊！我们倒是来看看他们的原则以及他们对世界之谜的解答！当他们在事物身上、在事物当中、在事物背后重新找到某个东西时——可惜都是我们完全熟知的东西，例如我们的基础知识，或者我们的逻辑，或者我们的意愿和欲望，他们立即就感到多么幸福啊！因为“已知的东西已经被认识了”：对此他们是一致同意的。甚至他们当中最谨小慎微者也认为，已知之物至少比陌生之物**更容易认识**；例如在方法上就必须从“内在世界”出发，从“意识事实”出发，因为它是**我们比较熟知的**世界！此乃谬误之最！已知之物是习惯之物；而习惯之物是最难“认识”的，这意味着视之为难题，这意味着视之为陌生的、遥远的、“在我们之外的”……与心理学和意识要素的批判（人们几乎可以说，**非自然**的科学）相比较，
595 自然科学的巨大可靠性恰恰就在于，它们把**陌生之物**当作客体：而竟然**想要**把非陌生之物当作客体，这几乎是某种充满矛盾和荒谬的事体……

356

在欧洲如何变得越来越“艺术”。——即使在今天——在我们这个有如此之多的东西不再具有强制作用的过渡时期——生活的忧心也依然强加给几乎所有欧洲男人一种特定的角色，即他们所谓的职业；在这方面，有些人拥有自己选择角色的自由，那是一种表面上的自由，而大多数人是被动选择角色的。这个结果十分奇怪：几乎所有欧洲人都在一个较长的年纪弄错了自己的角色，他们本身就是他们的“一场好戏”的牺牲品，他们自己忘了，当他们的“职业”被裁定后，偶然、情绪、任意专断多么强烈地支配了他们——还有，当时他们也许能够扮演多少别的角色：因为现在已经太迟了！更深一步考察，由角色产生了现实的性格，由艺术产生了本性。有这样一些时代，人们在其中怀着僵硬的信念，满怀虔诚地，相信自己注定就要从事这个行业，就是这份糊口的生计，而且完全不愿意承认其中的偶然性、角色、任意性：[①]阶层、行当、继承下来的行业特权，借助于这种信仰，得以完成那些巨大而宽阔的社会之塔的建造，这些社会之塔彰显了中世纪的特性，并且它们身上无论如何都要赞扬的是一点，就是：持久能力(——持久乃是世上第一等的价值!)。但也有颠倒过来的时代，即真正民主的时代，此时人们越来越多地忘掉了这种信仰，某种鲁莽的信仰和反面的观点引起了普遍重视，即那种在

① 有这样一些时代……]准备稿：有这样一些时代，人们在其中怀着僵硬的信念，相信自己的行业和糊口的生计的偶然性，如同相信一种神性的命运安排。——编注

596 伯里克利[①]时代首先被注意到的雅典人的信仰，就今天来说就是那种美国人的信仰，后者也要求越来越成为欧洲人的信仰：在个人坚信自己差不多无所不能、差不多能**胜任每一个角色**的时候，在人人都拿自己做实验，即兴地、全新地做实验，快乐地做实验的时候，在所有天性都终止而变成艺术[②]的时候……希腊人首先进入这种**角色信仰**之中——如果人们愿意，也可称之为艺术家的信仰——，众所周知，他们一步步经受了一种神奇的并非在每一个方面都值得模仿的转变：**他们真正变成了戏子**；作为这样的戏子，他们为全世界所陶醉，他们征服了全世界，最后本身成了“世界的征服者”（因为 Graeculus histrio[希腊小戏子]征服了罗马，而**并不**像那些无辜而单纯的人们常说的那样，是希腊文化征服了罗马……）。但我担心的事，人们今天已经确凿把握了的事（如果人们乐于去把握的话），是我们现代人已经完全在相同的道路上了；而且每一次，当人开始去发现他何以扮演一个角色，如何**可能**是一个戏子时，他就会**变成**戏子……这样一来，就会产生人类的一个新的植物群和动物群，后者是在较稳定、较局限的时代里不可能生长起来的——或者被留在“下面”，饱受寡廉鲜耻的魔力和嫌疑——，于是每一次都会出现历史上最有趣和最愚蠢的时代，其时“戏子”，**所有**种类的戏子，便成了真正的主人。恰恰因此，另一个种类的人会越来越深地受到歧视，终于变得不

① 伯里克利（Pericles，约公元前495年—公元前429年）：古希腊著名政治家，古希腊奴隶主民主政治的杰出代表。雅典在其执政时期开创了一种辉煌的文明，为雅典的黄金时代。——译注

② 此处“艺术”（Kunst）也可译为“人工、人为”。——译注

可能了，首要地是那些伟大的“建筑师”；现在，建造的力量衰弱了；着眼于长远来做规划的勇气也丧失了；组织方面的天才开始[①]缺失——现在谁还敢冒险从事人们必须**花上**几千年才能完成的事业呢？恰恰那种基本信仰归于灭绝，根据这种基本信仰，人们可以如此这般地算计、预兆，先行认识到计划中的未来，牺 597
牲掉自己的计划，因为人之拥有价值、拥有意义，只是因为人是**某个大建筑中的一块石头**：为何人首先必须是**坚固的**，必须是“石头”……首先不是——戏子！简言之——啊，这事还将在十分漫长的时间里被隐瞒起来！——从现在起不再被建造、不再**可能**被建造的东西，乃是一个在陈旧的词语理解意义上的社会；为了建造这个建筑，什么都缺，尤其是缺材料。**我们所有人都不再是一个社会的材料**：这是这个时代的真相！我觉得无关紧要的是，今天还有最短视的，也许最诚实的、无论如何最嘈杂的一种人，我们的社会主义者先生们，他们差不多相信、希望、梦想相反的东西，尤其是呼叫和书写相反的东西；人们其实已经在所有的桌子和墙壁上读到未来之词“自由社会”。自由社会？是的！是的！但先生们，你们可知道人们是用什么来建设自由社会的？用木质的铁！用著名的木质的铁！甚至还不是用木质的……

---

① 天才开始]准备稿：天才从恺撒和拿破仑的打击开始。——编注

357

有关一个老问题："**什么是德国的**？"[①]——大家可别去推算要归功于那些德国头脑的哲学思想的真正成就：是不是也还可以在某种合法的意义上为了这些成就而去赞扬整个种族呢？我们可以说：它们同时是"德国心灵"的作品？或者，它们至少是"德国心灵"的象征——在我们习惯于把比如柏拉图的观念狂（Ideomanie）、他的几乎宗教式的形式癫狂，同时视为"希腊心灵"的一个事件和证据这样一个意义上？抑或反面情形才是真的？它们恰恰是如此个体性的，如此**特立独行**于种族精神，一如歌德的有好良心的异教信

598 仰？或者就像德国人当中的俾斯麦的马基雅维利主义，他的所谓

的"现实政治"？我们的哲学家们也许是与"德国心灵"的**需要**相悖的？简言之，德国哲学家真的是——具有哲学思想的**德国人**吗？——让我来举出三个个案。首先是莱布尼茨的无与伦比的洞见，以此洞见，莱布尼茨不仅有理由反对笛卡尔，而且也有理由反对在他之前从事哲思的所有人，——这个洞见就是：意识只不过是表象的一种偶然（Accidens），不是表象的必然的和本质性的属性，也就是说，我们所谓的意识只构成我们的精神和心灵世界的一个

① 这个问题后来在德国成了一个艰难的热门话题。尼采的诸多相关论述中最值得注意的是《偶像的黄昏》中"德国人缺少什么"的一节和《瞧，这个人》中的"瓦格纳事件"一节。参看尼采：《瓦格纳事件·偶像的黄昏》，科利版《尼采著作全集》第6卷，中译本，孙周兴、李超杰等译，第126页以下和第457页以下。参看英译本，第304页。——译注

状态(也许是一个病态),而决不是这个世界本身:这个思想的深度在今天也还没有被穷尽,它是某种德国的东西吗? 是不是有理由推测,一个拉丁人不会轻易沦于这种表面现象的翻转?——因为这是一种翻转。其次,让我们来回想一下康德在"因果"概念上写下的硕大的问号,康德没有像休谟那样从根本上怀疑因果概念的合法性:相反,他开始小心翼翼地界定这个一般概念的意义领域(即便到现在,人们也还没有完成这种边界测定)。[①] 第三,让我们来看看黑格尔令人惊讶的一招,当黑格尔胆敢冒险传授,指出各个种类概念是从彼此中发展出来的时候,他因此彻底搞定了所有的逻辑习惯和娇惯:借此命题,欧洲精神便得到了预先确定,走向了最后的伟大的科学运动,走向了达尔文主义——因为没有黑格尔就没有达尔文。黑格尔首次把"进化"(Entwicklung)这个决定性的概念带入科学之中,在他这种革新中有某种德国的东西吗?——是的,毫无疑问:在上述所有三个个案中,我们都感觉到我们自己身上的某个东西"被发现"和被猜测到了,我们为此而深

339

表感谢,同时也感到惊讶,上述三个命题中的每一个都是德国人自 599
身认识、自身经验、自身把握中引人深思的部分。"我们的内心世界要丰富、广博、隐秘得多",我们与莱布尼茨一道有此感受;作为德国人,我们与康德一道怀疑自然科学知识的最终有效性,一般地怀疑一切可以用因果性来加以认识的东西:可知的东西在我们看来本身就是更少价值的。我们德国人是黑格尔信徒,即便从来没

① 相反,他开始小心翼翼……]相反,他对后者的边界和领域[加以置疑,并且质朴地提醒,一般自然科学乃是一门现象=科学(Erscheinungs=Wissenschaft)]作了限定,是对现象世界有效的。——编注

有一个黑格尔存在过，但只要我们（与所有拉丁人相对立）凭直觉赋予生成、进化一种比“存在”（ist）之物更深的意义和更丰富的价值——我们几乎不相信“存在”（Sein）概念的合法性[①]——；同样地，只要我们无意于承认我们人类的逻辑，承认它就是逻辑本身，就是唯一的逻辑种类（相反，我们倒是想说服自己，它只不过是一个特殊情形，而且也许是最奇异和最愚蠢的一个——）。[②] 第四个问题或许是，**叔本华**连同他的悲观主义，也即**此在**（*Dasein*）的**价值**问题，是否也必定就是一个德国式的问题。我认为不是。有一个事件使上面这个问题**随之**变得确凿可期，以至于一个心灵的天文学家能够为之计算出日子和时辰；这个事件就是基督教上帝信仰的衰落，科学无神论的胜利，它是一个全欧洲的事件，所有种族都分享了功劳和荣耀。相反，恰恰是德国人——叔本华同时代的那些德国人——才最长久和最危险地**延缓**了这场无神论的胜利；尤其是黑格尔，他是无神论胜利的卓越的延缓者，依照他做的伟大努力，即努力说服我们最后借助于我们的第六感即“历史感”而依然相信此在（Dasein）的神性。作为哲学家，叔本华是我们德国人
600 当中**第一个**自认的和不屈的无神论者：他[③]对黑格尔的敌意的背景就在于此。在他看来，此在的非神性乃是某种既定的、明显的、

---

① 这里出现了两个“存在”，前者为动词（系动词）ist（sein），后者为名词Sein。——译注

② 是的，毫无疑问：在上述……］准备稿：就我个人来说，在所有三个案例中，我确实都会说：莱布尼茨发现我们内心世界的广大得多的范围，康德怀疑我们的自然科学认识的最终有效性，而尤其是黑格尔强调“生成/变易”（Werden）对于“存在”的突出意义，这些在我看来都是德国自身经验（Selbst-Erfahrung）的引人深思的征兆。——编注

③ 无神论者：他］付印稿：无神论者：［——也许，我们今天之所以是彻底的无神论者，是因为我们已经最长久地抗拒成为无神论者。］他。——编注

毋庸置疑的东西;每一次,当他看到任何人在此迟疑和迂回时,他就失去了自己的哲学的审慎,陷于愤怒之中。在这里便可见出他的全部诚实和正派:无条件的正直的无神论恰恰是他的问题提法的**前提**,此即欧洲良心的一个最后的和艰难的胜利,此即二千年之久的真理之培育(Zucht)的最重大的行为——这种培育最后禁止了上帝信仰中的**谎言**……不难看到,**什么**真正战胜了基督教的上帝:基督教的道德观念本身,日益严苛的真诚性概念,基督教良心的告解神父之精巧,它们被转化和升华为科学的良心,以及不惜任何代价的理智的纯度。观察自然,仿佛自然是神的善意和保护的一个明证;为了一种神性的理性之荣耀来阐释历史,把它阐释为关于一种伦常的世界秩序和伦常的最终意图的持久证词;解释自己的体验,就像虔诚的人十分长久地解释自己的体验那样,就仿佛一切都是命运的安排,都是一种暗示,都是为了灵魂的得救而被设想

和被派送的:这些现在都**过去了**,都具有**针对**自己的良心,被所有 341
更为精细的良心视为有失体面的、不诚实的,是欺骗、阴性化、虚弱和怯懦,——以此严格性,无论如何,我们就都是**优秀的**欧洲人,是欧洲最长久和最勇敢的自我克服(Selbstüberwindung)的继承人。我们如此这般拒斥基督教的阐释,并且把它的"意义"当作一种伪币铸造来加以谴责,由此,我们立即就会以一种可怕的方式面临**叔本华的问题**:**人生此在**(*Dasein*)**到底有没有意义**?——哪怕只是为完整地和深入地听明白这个问题,恐怕也需要若干个世纪。叔本华[①]本人对这个问题所做的回答,乃是——原谅我这么说——

① 若干个世纪。叔本华]付印稿:若干个世纪。[比如说在现在的德国,人们比在别的地方能更好地听到这个问题——对此说法我是极不想承认的。]叔本华。——编注

某种草率的、幼稚的东西，只不过是一种补偿，一种停滞，正好停留在基督教-禁欲的道德视角中，在此视角中，人们宣布放弃了信仰，连同对上帝的信仰……然而，叔本华提出了问题——如上所述，作为一个优秀的欧洲人，而不是作为德国人。或者，比方说德国人，至少以他们掌握叔本华问题的方式，是不是证明了他们内在的归属关系和亲缘关系，他们所做的准备，他们对于叔本华难题的需求？在叔本华之后，即便在德国——顺便提一下，这已经够晚的了！——人们关于他提出的这道难题也有过思考和论述，这一点当然不足以让我们决定支持这种更紧密的归属关系；相反，人们或许自己会提出这种后叔本华的悲观主义所特有的拙劣之处，——德国人在这方面的行为显然不像在他们自己的环境中。我这样说，根本没有影射爱德华·冯·哈特曼[①]；相反，即使到今天，我原先的怀疑也还没有被消除，那就是：他对我们来说是太过机敏了，我想说的是，作为一个大滑头，他也许自始就不仅取笑了德国悲观主义，——到最后，他甚至可能通过遗嘱，“遗留”给德国人这样一点，即在一个奠基时代[②]，人们能够愚弄德国人自身多久。但我要问：我们也许应当把转陀螺的老手巴恩松[③]当作德国人的荣耀，此公毕生都快乐地围绕着自己的实在辩证法的不幸

① 爱德华·冯·哈特曼(Eduard von Hartmann，1842—1906年)：德国心理学家，著有《道德意识现象学》等。——译注

② “奠基时代”(Zeitalter der Gründungen)：尼采指的是1871年新德意志帝国的建立，史称“德国经济繁荣年代”(Gründerjahre)。1871年4月《德意志帝国宪法》颁布，确定了君主立宪政体和联邦制，德国进入短暂的经济繁荣年代(1871—1873年)，但随后很快出现了经济危机(1873—1874年)。参看英译本，第308页。——译注

③ 巴恩松(Julius Bahnsen，1830—1881年)：德国哲学家，被认为是“性格心理学”的开创者。——译注

和“个人霉运”打转，——这也许恰恰是德国的？(我附带推荐一下他的著作，我自己使用过这些著作，以之作为反悲观主义的食谱，尤其是为其 elegantiae psychologicae[心理上的优雅])之故，我以为，即便对于最阻塞的身体和心情，后者也是能有效对付的)。或者人们可以把这种半吊子和老处女，就像甜腻而恶心的童贞倡导者迈因兰德尔[①]归于地道的德国人？说到底，这可能是 602
一个犹太人(——所有犹太人在进行道德说教时都会变得甜腻而恶心)。无论是巴恩松还是迈因兰德尔，还是爱德华·冯·哈特曼，他们都无法为下列问题给出一个可靠的依据，即：叔本华的悲观主义，他对一个失去神性的，变得愚蠢、盲目、疯狂而可疑的世界的惊恐一瞥，他的**真诚**的惊恐……是否不光是德国人当中的一个特例情形，而倒是成了一个**德国**事件：而通常处于显要位置的一切，我们勇敢的政治，我们快乐的爱国情结(后者十分果断地根据一种少有哲学味的原则(“德国，德国高于一切”))来考察一切事物，所以是 sub specie specici [以种类的观点]，也即德国的 species[种类]十分清晰地证实了对立情形。不！今天的德国人**不**是悲观主义者![②] 叔本华是悲观主义者，再说一遍，是优秀的欧洲人而**不**是德国人。——

① 迈因兰德尔(Philipp Mainländer，1841—1876 年)：德国诗人和哲学家。——译注

② 悲观主义者!]准备稿：悲观主义者！[他们极少是浪漫主义者。瓦格纳的叔本华迷只是一种误解，一种浪漫主义困境，这一点我在其他场合已经做了暗示。]——编注

358

精神的农民起义[1]。——我们欧洲人处身于一个巨大的废墟世界景象中，其中有一些东西还高高耸立，有许多东西腐朽而阴森森地站立着，而大多数东西已经倾倒在地，美丽如画——何处还有更美的废墟呢？——而且处处都有大大小小的野草在疯长。教堂就是这座没落之城：我们看到基督教的宗教社会在其最深的根基处受到了动摇，——上帝信仰已经被推翻了，对基督教禁欲理想的信仰还在战斗中，做最后的挣扎。像基督教这样一个历史悠久而全方位地建造起来的工程——它是最后的罗马建筑！——当然不可能一下子被毁掉的；形形色色的地震必定在其中发挥过震撼作用，所有种类的精神，具有钻孔、挖掘、侵蚀和滋润之力的精神，必

603 定在其中帮过忙。然而最奇异的事情乃是：花了最多心力来维持和保存基督教的人们，恰恰成了基督教最厉害的摧毁者，——那就是德国人。看起来，德国似乎并不理解一座教堂的本质。难道他们精神上不足以做到这一点吗？难道他们的怀疑精神不够吗？无论如何，教堂建筑都基于一种**南欧的**自由和精神的自由思想，同样也基于一种对自然、人类和精神的南欧式怀疑，——它基于一种完全不同的关于人类的认识、关于人类的经验，不同于北方人有过的认识和经验。[2] 马丁·路德的宗教改革，就其整个广度来看，乃是

① 据准备稿：德国人与宗教改革。——编注

② 经验。]准备稿：经验。[但在北方，人们跟鲁索一样想的是“人是善的”。]——编注

纯一性对于某种“杂多之物”的愤怒，以谨慎的说法，[①]乃是一种粗糙而诚实的误解，是大可谅解的，——人们没有把握到关于一个**胜利的**教会的表达，而只是看到了腐败，人们误解了高贵的怀疑，那种由怀疑和宽容组成的奢侈，任何一种常胜的自信的权力都允许自己具有的奢侈……人们[②]如今很容易看到，在所有主要的权力问题上，马丁·路德的性情是多么灾难性地短促、肤浅、轻率，首要地作为一个来自民众的人，他却缺乏某个统治阶层的全部遗产，缺乏所有权力本能：[③]以至于他的事业，他力求重建罗马功业的意志，在无所意愿和无所认识的情况下，仅仅变成了一种摧毁活动的开端。在老蜘蛛最细心和最长久地编织的地方，他要拆解，他要撕碎，带着一种真诚的愤慨。他把神圣之书[④]分发给每个人，——由此，这些书终于落入语文学家手中，也就是以圣经为依据的任何一种信仰的毁灭者手中。他摈弃了对高级神职人员大会(Concilien)的灵感的信仰，由此摧毁了“教会”(Kirche)概念：因为只有当为教会奠基的具有赋灵作用的精神依然在教会中存活，依然建造，依然继续建造自己的家园，在此前提下，“教会”这个概念才能保持着自己的力量。他把与女人性交的权力还给了教士：但这里有四分之三的敬畏，民众尤其是民众当中的女人能对付这种敬畏，这种敬畏 604

① 就其整个广度来看……]据准备稿：从一开始就是一种北方的平庸。——编注

② 奢侈……人们]准备稿：奢侈(而且这不是教会当时允许的文艺复兴的奢侈)人们。——编注

③ 人们如今完全忽视了……]准备稿：在所有主要的权力问题上——权力如何获得？权力如何维持？——路德一度作为德国人，然后作为一个来自民众的人，他缺乏某个统治阶层的全部遗产，显得灾难性地短促、深信不疑、肤浅：——编注

④ 此处“神圣之书”原文为 die heiligen Bücher，或也可译为“圣经”。——译注

基于如下信仰，即：一个特殊人物在这个点上成为特例，也将在其他点上成为特例，——恰恰在这里，对人身上某种超人的东西的民间信仰，对奇迹的民间信仰，对人身上具有拯救力的上帝的民间信仰，有了最精细和最棘手的辩护人。在路德给了教士女人以后，他必定**剥夺**了教士的秘密忏悔，这在心理学上是正确的：但这样一来，根本上基督教教士本身就被废除了，教士最深刻的用处始终在于，他是一只神圣的耳朵，是一口静默的井泉，是一个充满奥秘的坟墓。“每个人都是自己的教士”——在此类表达式及其农民式粗野的狡猾背后，隐藏着马丁·路德身上对“高等人”及其统治地位的深刻仇恨，一如教会所构想的“高等人”：——他打破了一个理想，一个他不知道如何去达到的理想，而他似乎要与这种理想的蜕化作斗争，厌恶这种蜕化。事实上，他这个不成体统的僧侣拒斥 homines religiosi［宗教人］的**统治地位**；所以，他在教会社会秩序范围内所做的，恰恰就是他着眼于市民秩序毫不宽容地斗争过的东西本身，——那是一种“农民起义”。——后来从其宗教改革中成长起来的一切，无论好的还是坏的，以及今天可以约略得到估算的东西，——谁会如此天真幼稚，为此类后果之故径直赞扬或者指摘马丁·路德呢？他是完全无辜的，他不知道自己做了什么。欧洲精神的浅薄化，尤其是在北方，欧洲精神的**好心肠化**（*Vergutmüthigung*）——如果人们喜欢用一种道德话语来表示的话——随着马丁·路德的宗教改革，就向前迈出了一大步，这是毫无疑问的；同样地，宗教改革使精神的动荡和不安增加了，推动了
605 精神对独立性的渴求，它对一种自由权利的信仰，它的“自然性”。如果人们在后面这个角度上承认，宗教改革的价值就在于为我们

今天奉为“现代科学”的东西做了准备，提供了支持，那么人们无疑必须补充一点，即：它也共同导致了现代学者的堕落，使他们缺失了敬畏之心、羞耻之心和精神深度，[①]引发了认识事务方面全部的、幼稚的真诚和老实，简言之，就是那种精神的庶民主义(*Plebejismus des Geistes*)，后者是前两个世纪所特有的，连迄今为止的悲观主义也还没有使我们摆脱之，——“现代观念”也还属于这种农民起义，即北方针对更冷酷、更含混和更怀疑的南方精神所发起的农民起义(南方精神在基督教堂里为自己建造了最伟大的纪念碑)。最后，我们可不要忘记教会是什么，而且是与任何一个“国家”相对立的教会：一个教会首要地是一个统治产物(Herrschafts-Gebilde)，它为具有更高精神性的人们保障了最高的地位，并且充分相信精神的强力，以禁阻所有较粗野的暴力手段，——光凭这一点，教会无论如何都是一个比国家更高贵的组织。——

359

对精神的复仇与其他道德背景。——道德——在哪里你们会以为，道德找到了自己最危险和最奸诈的辩护者？……这里有一个不成器的人，他不具有足够的精神，不能欢欣于精神，而恰恰又有足够的教养，从而知道这一点；他无聊，厌烦，是一个自我蔑视者；遗憾的是，由于某种继承来的能力，他还骗取了最后

① 现代学者的堕落……］付印稿：共同导致了其后果，我指的是所谓“现代观念”的轻信。——编注

的安慰，即“劳动的赐福”，在“每日的工作”中遗忘自己；这种人骨子里对自己的此在（Dasein）感到羞愧——也许为此也接纳了
606 若干小小的恶习——而另一方面，通过阅读一些他无权读的书，或者通过比他所能消化的更具才智的社交，他不得不越来越糟糕地娇惯自己，使自己变得虚荣而敏感：这样一个被彻底地毒化的人——因为在这样一个不成器的人身上，精神会变成毒药，教养会变成毒药，财产会变成毒药，孤独会变成毒药——最后便沦于一种习常的复仇状态、求复仇的意志状态……你们会认为，他必须、无条件地必须拥有**什么**，方能靠着自己，为自己创造那种超越更具才智的人们的优越感假象，方能为自己提供**完成了的**复仇的快乐（至少是就其想象而言）？他必须有的永远是**道德性**，——我们可以打赌——，永远是那些道德大话，永远是关于正义、智慧、神圣、德性的鼓噪，永远是姿态上的斯多亚主义（——斯多亚主义多么高超地隐藏了人们**不**具有的东西啊！……），永远是聪明的沉默、随和、温柔的外套，而且就像大家所谓的理想主义者外套，那些无可救药的自我蔑视者，也包括那些无可救药的虚荣者，都披着这个外套走来走去。请不要误解我的意思：从这些天生的**精神之敌**当中，有时会产生那种稀奇的人物，后者被民众冠以圣徒、智者之名而大加崇敬；从这种人当中产生出那些制造噪声、创造历史的道德怪物，——圣奥古斯丁[1]即属此列。对精神的恐惧，对精神的复仇——这些有驱动力的恶习是多么经常地变成了德性之根啊！甚至**变成了**德性！——

---

① 圣奥古斯丁（St. Augustine，354—430年）：中世纪著名神学哲学家，不但是沟通希腊哲学和希伯来信仰的思想家，更是创造基督教信仰深度的宗教家。——译注

还有,容我们私底下问问,即便那种在地球上某个地方出现过的哲学家对**智慧**的要求,所有要求中最愚蠢和最谦逊的要求,——迄今为止,在印度就如同在希腊,难道它并非一直**首要地是一种隐藏**吗?有时候也许是以教育的观点,这种观点把如此之多的谎言神圣化,使之成为对于生成者、增长者的温柔回顾,对于年轻人的温柔回顾,这些年轻人经常必须通过对个人的信仰(通过一种谬误)来抵御自己……但在更经常的情形中,哲学家的隐藏 607
乃为自救,在这种隐藏背后,哲学家把自己从疲惫、老迈、冷漠、冷酷中解救出来;作为一种临终的情感,作为动物们死之前具有的那种本能的聪明,——它们会离群索居,变得安静,选择孤独,爬进洞里,变得**智慧**……怎么?智慧就是哲学家对精神的一种隐藏么?——

360

被混为一谈的两种原因。——这在我看来是我最重要的步伐和进步之一:我学会了区分一般行动的原因与特定方式、特定方向和特定目标的行动的原因。第一种原因乃是一定量的积聚起来的力,它等待着以某种方式、为某个目的而被消耗掉;与之相反,第二种原因与前一种力相比较,则是某种完全无关紧要的东西,多半是一个小小的偶然事件,依照这种偶然事件,前一种一定量的力就以一种确定的方式“被引发”了:如同火柴与火药桶的关系。全部所谓的“目的”,也包括人们常常说的“终生职业”,我都把它们归于这类小小的偶然事件和火柴:与上面所说的急于被消耗掉的大量的力相比较，它们是相对随意的、任意的，几乎是无关紧要的。人们通常对此有不同看法：人们习惯于恰恰在目标（目的、职业，等等）中看到**驱动**力，依照的是一种古老的谬误，——但目标只是**指引性的**力，人们在此把舵手与轮船混为一谈了。甚至舵手永远都不是指引性的力……难道“目标”“目的”常常不只是一种具有美化作用
608 的借口，一种事后的虚荣的自我迷惑吗？这种虚荣不愿承认，轮船是**跟着**它偶然落入其中的水流走的？不愿承认轮船“想”去那里，是**因为它不得不**——去那里？不愿承认轮船很可能有一个方向，但根本就——没有舵手？——我们还需要一种关于“目的”概念的批判。

361

论演员问题。——演员问题是最使我长期感到不安的；我无法确定（间或现在依然如此），人们是否由此才获得了“艺术家”这个危险的概念——人们一直都凭着不可原谅的好心肠来加以讨论的一个概念。带着好良心的虚伪；对伪装的乐趣作为一种权力爆发出来，把所谓的“性格”推到一边，把它淹没，有时甚至把它消灭；对角色和面具的内在要求，对一种**假象**的内在要求；一种过度的对于全部方式的适应能力，这些能力已经不再能在服务于最切近和最狭隘的用途方面得到满足了：所有这一切也许不**只是**演员本身所特有的罢？……这样一种本能最容易在低等民众的家庭里得到培养，他们在不断变化的压力和强制下，不得不在深度的依赖中实施他们的生活，他们必须根据自己的外套来灵活地伸展自己，必须

总是重新适应新环境，必须总是一再改变自己的态度和姿态，渐渐地，他们就学会了根据每一种风来挂自己的大衣，由此几乎变成了大衣本身，成了那种已经获得的、根深蒂固的技巧，即人们在动物那里称之为模仿(mimicry)的永远的捉迷藏游戏的技巧：到最后，这种世世代代储存下来的能力成为专横的、非理性的、不可遏制的，作为一种本能学会对其他本能发号施令，并且生产出演员、“艺术家”(首先是小丑、说谎者、丑角、傻子、变戏法者，也包括古典的 609
仆人，吉尔·布拉斯：因为在这些类型中，我们看到了艺术家的来历，甚至经常看到了“天才”的来历)。在较高级的社会状况中，同样也在类似的压力下生长出一种类似的人：只有在这种情况下，演员本能多半恰恰还被另一种本能所掌控，例如在“外交家”那儿——另外我会认为，任何时代的一个优秀的外交家，只要他是“自由的”，就都还会自由地扮演一个优秀的舞台演员。但就犹太人来说，对那个具有卓越适应技巧的民族而言，按照上面的思路，我们自始就可以把他们视为一个世界历史的培育演员的活动，一个真正的孵化场；而且实际上，下面这个问题正是时候了：当今哪个优秀演员不是——犹太人？作为天生的文学匠，作为欧洲新闻出版业的实际掌控者，犹太人同样也是根据其表演能力施展他们这种权力的：因为文学匠本质上就是演员，——他扮演的是“行家”“专家”。——最后是女人们：让我们来想想女人的整个历史，——难道她们不是必定首先和主要地是演员吗？你且来听听对贱女人实施了催眠的医生们的说法吧；最后你就去爱她们吧，——你就等着被她们“催眠”吧！最后总归会得出什么呢？即使在女人们——

脱下一切时，她们也在“穿上什么”[①]……女人是如此具有艺术味……[②]

362

我们相信欧洲的男性化。——我们要感谢拿破仑(而根本不是要感谢法国大革命，后者热衷于民众间的“博爱”[③]以及普遍而
610 华丽的心灵交流)，因为现在有几个好战的世纪接踵而来，是历史上前所未有的，简言之，我们已经进入**经典的战争时代**了，进入最大规模的(在工具、才能和纪律上)博学而又大众化的战争时代，未来几千年都将羡慕而敬畏地回望这个时代，视之为完美的一幕：——因为这种战争的荣耀是从民族运动中生长出来的，而这场民族运动只是对拿破仑的反击，倘若没有拿破仑，也就不会有这场民族运动。所以，有朝一日，人们也将把下面这一点归于拿破仑，那就是：欧洲**男人**再度驾驭了商人和庸人们；也许甚至驾驭了被基督教和18世纪的狂热精神，更是被“现代观念”所溺爱和纵容的“女人”。在现代观念中，坦率地讲就在文明中，拿破仑看到了自己的敌人[④]，他正是以这种敌意证明自己是文艺复兴最伟大的后继

---

① 此处根据英译本译出。德语原文为：Dass sie “sich geben”, selbst noch, wenn sie—sich geben。字面意思为同语反复：即使在女人们给出自己时，她们也在“给出自己”(即演戏或者扮演一个角色)。参看英译本，第317页。——译注

② 你且来听听对贱女人实施了……]据付印稿：而且根本上，当她们“脱下一切”时，她们也总是演一出戏——要不是这样，我们爱她们身上的什么呢？……——编注

③ 此处“博爱”(Brüderlichkeit)也作“兄弟情谊、友爱”。——译注

④ 在现代观念中，坦率地……]参看雷慕沙夫人(Madame de Rémusat)：《回忆录》(*Mémoires 1802—1808*)，I，112；8[116]。——编注

者之一:他重又提升了也许是决定性的整个古代本性,那整块花岗岩。谁能知道,这整个古代本性是否最后重又驾驭了民族运动,并且必定在**肯定**意义上变成了拿破仑的继承人和后继者:——正如我们所知道的,拿破仑想要一个统一的欧洲,使欧洲成为**地球的主人**。——

363

每一种性别何以都有关于爱情的偏见。——尽管我对一夫一妻制的偏见做了完全的让步,但我从来不能容忍人们说男女在爱情方面是有**平等**权利的:根本没有这种平等权利。因为男人与女 611
人对于爱情的理解是各各不同的,——而且,两性之爱情的条件之一乃是,双方并不是以相同的情感、相同的“爱情”概念为前提的。女人理解的爱情是十分清晰的,那就是:全身心的完全奉献(而不只是交出),毫无顾忌,全无保留,而毋宁说一想到有条款限制的、附带条件的奉献就会产生羞耻和恐惧。女人这种无条件的爱情乃是一种**信仰**:女人没有别的信仰。——当男人爱上一个女人时,他**要求**女人的正是这种爱情,因此就其个人来说,本身最远离于女性爱情的前提;但假如也有这样的男人,他们本身对于完全奉献的要求并不陌生,那么,他们干脆就不是男人了。一个男人若是像一个女人那样去爱,他就会变成一个奴隶;但一个女人若是像女人那样去爱,她就会变成一个**更完美**的女人……女人的激情,由于她无条件地放弃了自己的权利,恰恰是以下面这一点为前提的,即:对方**并没有**一种相同的热情(Pathos),并没有一种相同的放弃意志:因

为，倘若男女双方都出于爱情而放弃自身，那会产生什么结果呢？——我也不知道会得出什么，也许是一种空虚的空间[①]么？——女人意愿被当作、被接受为占有物，意愿消融于“占有物”“被占有”概念之中；因此，女人意愿有人**取得**她，而此人自己却并不给予和交出，相反，此人倒是恰恰“本身”变得更富有了——通过女人自己而给予他的力量、幸福、信仰的增长。女人交出自己，而男人额外取得更多——我想，我们不能通过任何社会契约，也不能力求公正的最佳意志，来摆脱这一自然的对立面：所以，值得想望
612 的可能是，我们不要不断地把坚硬的、可怕的、神秘的、非道德的东西置于眼前。因为爱情，整体地、伟大地、完全地被思考的爱情，本身就是自然，而且作为自然，爱情永远都是某种“非道德的东西”。——因此，在女人的爱情中包含着**忠诚**，这种忠诚是从她们的爱情定义中得出来的；而在男人那里，忠诚**可能**不难随着他们的爱情而产生，也许是作为感恩或者作为趣味的特异反映性以及所谓的亲合力，但它并不归属于男人之爱情的**本质**，——而且这是如此明确，以至于人们差不多有几分理由，可以来谈谈男人的爱情与忠诚之间的一种自然而然的对立：他们的爱情就是一种占有欲，**不是**一种放弃和交出；但这种占有欲每一次都随着**占有**而归于终结……事实上，男人更精细和更多疑的占有渴望难得承认这种“占有”，要承认也只是在事后，而这使男人的爱情变得持久；就此而言，男人的爱情在交出之后依然会增长，这本身是有可能的，——男人不轻易招认：一个女人没有更多的东西“奉献”给他了。——

① 空虚的空间]对此可参看尼采在作者样书中的说法：Horror vacui[对真空的恐惧]。——编注

364

隐士说话。——与人交道的艺术,根本上基于一种技巧(它需要一种长期的训练),比如如何接受宴请,如何进餐,吃你信不过的菜肴。假如有一个极饿之人来进餐,一切就会变得容易些(“最烂的社交能让你[①]**感受**——”[②],正如墨菲斯特所言);但当人们需要这种如狼如虎的饥饿时,却偏偏没有!要消化别人是多么艰难啊!第一原则:要像在遭遇一场事故时那样鼓起勇气,果敢地出手,同时要欣赏自己,把你的反感塞到嘴里,把你的厌恶吞进肚里。第二原则:“改善”别人,比如说通过一种赞扬,使别人开始产生对于自 613
身的幸福感;或者抓住别人的良好的或“有趣的”特点,拉扯之,直到把其全部德性表现出来,并且能够把别人插在自己的褶皱里。第三原则:自我催眠。盯着自己的交往对象,有如盯着一颗玻璃钮扣,直到你再也感受不到其中的快乐与不快,进而悄然入睡,变得僵硬起来,保持不变的姿势:这是婚姻和友谊的常备药品,屡试不爽,备受赞扬,被认为是不可或缺的,但在科学上尚未得到正式表达。其通俗名称乃是——忍耐。——

---

① 你]付印稿;大八开本版;参看歌德:《浮士德》,第一部,第 1637 行。第一版:自己。——编注

② 出自歌德《浮士德》上部,第 1637 行。——译注

365

隐士再次说话。——我们也与“人”打交道，我们也穿着简朴的衣裳，穿着这个（**作为**这个），人们便认识、注意、寻找我们，我们于是进入社会中，意思就是落入伪装的人群中（他们不愿这样称自己）；我们也与所有聪明的戴面具的人一样，以一种有礼貌的方式祛除了每一种有关我们的“衣裳”的好奇心。但在人群中与人“交道”也有其他方式和技巧：例如扮作一个鬼，——如果你想快快摆脱他们或者使他们害怕，这是十分可取的做法。试一下吧：有人想抓我们，却抓不住我们。这让人惊恐。或者：我们穿过一扇紧闭的门。或者：当所有的灯熄灭之时。或者：在我们死去以后。后者是**死后的**卓越之人玩弄的技巧。（“你们想什么呢？”有一次，他们中有人不耐烦地问我，“难道我们会乐于忍受我们周围的这种陌异、冷酷、墓穴般的寂静，这种完全地下的、隐蔽的、暗哑的、未知的孤独，在我们这儿，这种孤独被叫作生命，同样也可以被叫
614 作死亡，如果我们不知道我们会**变成**什么，——我们在死后才获得**我们的**生命，才变得活生生，呵！十分鲜活！我们这些死后的人啊！”——）

366

面对一本博学之书。——我们不属于那些只在书本之间、受书本的推动才获得思想的人——我们的习惯是，在户外思考，一边

行走、跳跃、攀登、舞蹈,最喜欢在偏僻的山上,或者紧挨着大海,在那里,甚至道路也变得若有所思。关于书、人和音乐的价值,我们头一个问题是:“它会行走吗? 甚至,它会跳舞吗?”……我们读书少,我们因此读得不烂——呵,我们会多么快速地猜到,人们是如何获得自己的想法的,是不是坐着,面对着墨水瓶,含胸弯腰,埋头纸堆:呵,我们也多么快速地搞定了他的书! 大家可以打赌,他一定是便秘的,同样地,室内的空气、房间的天花板和狭窄空间也暴露了他的秘密[①]。——当我刚合上一本正派的博学的书,这些便是我的感受,感谢,十分感谢,不过也如释重负……学者的书几乎总是某种压迫的、沮丧的东西:“专家”从某个地方冒出来,他的热情,他的严肃,他的愤怒,他对自己坐落其中并且在里面编造的角落的高估,他的驼背,——每个专家都是驼背。一本博学之书始终也反映出一颗扭曲的心灵:每一种手艺都有扭曲作用。[②] 你再回 357
头来看看你年轻时的友人,他们学有专攻,占有了科学:呵,可也总是看到了相反的情形! 他们自己现在永远地为科学所占有,着迷于科学! 牢牢地生长于自己的隐蔽一隅,被挤压到无知之境,毫无自由,丧失了自己的平衡,往往憔悴而笨拙,只在一个地方是滚圆滚圆的,——当你这样重新找到他们,你心头为之一动,却无言以

① 大家可以打赌,他一定……]准备稿:大家不会怀疑:便秘一道在起作用,一道在记录,而且暴露在句子形式中:同样地,如同一个卡住的、空虚的、不可救药的-中等的[文学家]作者心灵,他上面的天空从来不愿变亮。——编注

② 我们不属于那些只在书本……]准备稿:学者们首要地必须成为艺术家;就像宅男们必须跳舞和做体操:但他们并不觉得这是必须的。——编注

对。每一种[1]手艺，即便它有一个黄金铺成的地板，上面也都有一个铅制的天花板，重重地不断压迫着心灵，直到心灵被压迫成奇异而扭曲的样子。这一点是丝毫改变不了的。断不可相信，我们可以通过哪一种技艺和教育来回避这种扭曲和畸化。世上任何一种高超技能都得付出昂贵代价，也许一切都太昂贵了；人们成为专业人员是要有代价的，而牺牲掉自己的专业也是要有代价的。但你们想以别的方式拥有它呢？——"便宜些"，首要地是舒适些——不是吗，我同时代的先生们？那好吧！不过，在这里你们也会立即得到某种不同的东西，也即并不是手艺人和工匠，而是文学家[2]，熟练的、"多才多艺的"文学家，当然他们没有驼背——不算他在你们面前摆出的姿态，作为精神的商店佣人和教养的"运送者"——，这种文学家真正说来什么都不是，但几乎"代表"一切，扮演和"代表"着行家，也极其谦逊地承担起取代行家、获得自我报偿、尊重、颂扬的工作。——不啊，我博学的朋友们！我要祝福你们，甚至要为你们的驼背之故而祝福你们！也为你们跟我一样蔑视文学家和文化寄生虫而祝福你们！还有，为你们不懂如何拿精神做生意！

---

① 无言以对。每一种]准备稿：无言以对[在书堆里对于作者的谬误茫然无知，或者永远地迷失于一种内脏蠕虫的"内心世界"：一出带来同情的戏剧，如果人们想到他们曾经是什么，他们"允诺了"什么，在那个年龄，人们以善良的神性的心情献身于魔鬼，而且他们已经献身于"科学"了，因为他们如今以魔鬼的方式行驶过来！他们牺牲了自己，这些学者们：这是毫无疑问的：而且人们确实不相信，他们可能已经免除了这个，比如他们只成了某种笨拙的方法和教育艺术的牺牲品，正如这使他们信服肤浅的世界改良者和书写魔鬼（Schreibteufel）。每个优异的学者都从心底里知道情形不同，也即没有这样一种牺牲就根本不会有任何优异的学者。]每一种。——编注

② 此处"文学家"原文为 Litteraten，英译本译为 man of letters。参看英译本，第323页。——译注

还有，为你们有纯粹的不能用金钱价值为表达的意见！还有，为你
们不代表你们所不**是**的任何东西！你们唯一的意志是，成为你们
这门手艺的工匠，怀着对任何一种高超技能和卓越才情的敬畏，毫
无忌惮地拒绝 litteris et artibus[文学和艺术]中一切虚假的、半真
半假的、被装饰过的、出手不凡的、蛊惑人心的和表演性的东
西——拒绝在培育和预备训练的无条件考验方面来看都不能在你
们面前得到证实的一切东西！（即使天才也不能帮助人们越过这 616
样一个缺陷，无论它多么善于在这方面欺骗人们：一旦我们远远地
看到了我们最有天赋的画家和音乐家，我们就能理解这一点，——
几乎无例外地，他们中的所有人都知道，通过巧妙地发明样式和风
格、权宜之计甚至原则，人为地和事后追加地获得那种考验的**假**
象，那种训练和文化的坚固性的假象——当然没有因此欺骗自己，
没有因此封住他们自己的坏良心的嘴。因为——你们可知
道？——所有伟大的现代艺术家都苦于一种坏良心……）

367[①]

首先要怎样来区分艺术作品。——所有思想、创作、绘画、作曲，甚至建筑和雕塑，要么属于独白式的艺术，要么属于有证人的艺术。那种表面上独白式的艺术，包括对上帝的信仰、全部祈祷抒情诗，也还要算作有证人的艺术：因为对一个虔信者来说，还不存在任何孤独，——这个发现是我们这些不信神者才做出来的。对

① 参看下文第 370 节。——译注

于一个艺术家的整个透镜[①]，我不知道有比下面这一点更深的差异了：艺术家是否以证人的目光来眺望自己正在形成中的艺术作品（眺望“自己”——），抑或“已经遗忘了世界”：这是每一种独白式艺术的本质要素，——它依据于**遗忘**，它是遗忘的音乐。

368

犬儒主义者说。——我对瓦格纳音乐所持的异议乃是生理学上的异议：那么，何以还要给这样一些异议披上美学的外套呢？我

617 的“事实”，即这种音乐一旦对我发挥作用，我就再也不能轻松地呼吸了；我的**双脚**立即对这种音乐生出愤怒，进行反抗：它们需要节拍、舞蹈、进行曲，它们首先要求音乐有令人出神入化的作用，而后者就在于**良好的**行进、迈步、舞蹈之中。——但我的胃不也会抗议吗？我的心呢？我的血液循环呢？我的内脏呢？难道在我这里不会突然变得嘶哑吗？——于是我问自己：我整个身体究竟**想要**从音乐中得到什么？**因为**根本就没有什么灵魂……我相信，我的身体想要**放松**：就好像所有动物的功能，都会通过轻松、奔放、欢快、自信的节奏而得到加速；就好像那坚强不屈的、铅一般沉重的生命，会通过纯真、温柔、圆润的旋律而失掉自己的重负。我的忧郁想要在**完美性**的隐藏之所和深渊里憩息：为此我就需要音乐。戏剧与我有何相

① 此处“透镜”（Optik）被英译者译为“定向”（orientation），参看英译本，第324页。——译注

干呢？“人民”满足于戏剧的“道德”狂喜，但这种“道德”狂喜的痉挛
{与我有何相干}！演员们整个手势戏法{与我有何相干}！……人
们看到，我本质上是反戏剧的，——但瓦格纳却相反，他本质上还是
一个戏剧家和演员，一个也许曾经出现过的，**也还作为音乐家的**最
富激情的表演迷(Mimomane)……而且，顺便说一下，如果说瓦格纳
的理论是“戏剧是目的，音乐始终只是手段”——，那么与之相反，他
的**实践**自始至终都是“态度是目的，戏剧，包括音乐，始终只是态度
的手段”。音乐乃是对戏剧表情和演员感官限度做出说明、强化和
内在化的手段；而瓦格纳的戏剧只不过是展示诸多有趣态度的一个
时机！——除了所有其他的本能，瓦格纳在所有事情上都拥有一个
伟大演员的**指挥**本能：而且如我所言，同样也作为音乐家。——从
前，我向一位正派的瓦格纳信徒讲清楚了这一点，有点费力；而且我
有理由补充说：“请您对自己诚实点吧！我们可不是在剧院中！在 618
剧院中，人们只有作为群众才是诚实的，作为个体，人们只会撒谎，
人们只会欺骗自己。人们如果去剧院里，会把自己留在家中，会放
弃自己说话和选择的权利，放弃自己的趣味，甚至放弃自己的勇气，
有如人们置身自己家的四壁之间，面对上帝与人类所拥有和所做的
事。没有人会把自己对于艺术的最精细的感觉带进剧院里，至少是
那个为戏剧工作的艺术家{不会这样做}，在那里，人们是民众、公
众、群畜、女人、伪善者、应声虫、民主主义者、邻人、周围人，在那里
最个人化的良心也还要屈服于“大众”那种敉平一切的魔力，在那里
愚蠢发挥淫荡和传染的作用，在那里“邻人”掌权执政，在那里人们
变成邻人……”(我忘了讲讲那位受我启蒙的瓦格纳信徒是怎样回

答我对瓦格纳的生理学异议的:“真正说来,只是您不够健康,不足以欣赏我们的音乐?”——)

369

我们的相互并存。——难道我们艺术家不必承认,在我们身上存在着一种极大的区别?一方面是我们的趣味,另一方面是我们的创造力,两者以一种神奇的方式各自独立,保持着各自独立,并且有一种独立的增长,——我想说的是,两者在年老、年轻、成熟、腐朽、败坏方面有着完全不同的程度和速度。结果呢,例如一位音乐家一生可能会创造一些东西,它们与他那爱挑剔的听众耳朵、听众心灵所敬重、中意和偏爱的东西**相矛盾**:——他甚至都无

362 需知道这种矛盾!正如一种几乎难堪又有规则的经验所表明的,人们能够轻松地用自己的趣味超越其自身力量的趣味范围,甚至
619 后者不会因此而瘫痪掉,在生产方面受阻;不过,也可能发生某种相反的事,——而且这正是我要提醒艺术家们注意的。一个持续的创造者,一个身为人之“母亲”的艺术家(在伟大“母亲”意义上),这种人居然对自己精神的怀孕和产褥期无所了解也无所听闻,这种人甚至没时间思量、比较自己和自己的作品,也不再有意进一步训练自己的趣味,而是干脆把它忘掉了,也就是任其停滞、存放或者崩溃,——也许这种人最终会生产出一些**他自己的判断早已不再能胜任的作品**:以至于他关于作品和自己只会说些愚蠢的话,——所思所言皆然。我觉得,这对于那些多产的艺术家来说几

乎是常态,——了解一个孩子,没人比他的父母更差劲——且让我们举一个可怕的例子,这话甚至适合于整个希腊的诗歌和艺术世界:后者从来都不“知道”自己做了什么……

370

什么是浪漫主义?——至少在我的朋友们中间,兴许有人还记得,我起初是带着某些谬误和高估,无论如何是作为**满怀希望者**,对这个现代世界发起了冲击。按照我的理解——天知道是根据何种个人经验?——19 世纪哲学上的悲观主义乃是一种更高的思想力量的征兆,一种更能获胜的丰盈生命的征兆,超出了它在休谟、康德和孔狄拉克哲学中表达出来的样子,——我把**悲剧性的**认识看作我们文化中最美的奢侈品,看作我们文化中最宝贵、最高尚、最危险的挥霍方式,但无论如何,基于我们文化的丰裕,{我仍 620
把它}看作我们文化中**被许可的**奢侈品。同样地①,我把德国音乐适当地解释为一种狄奥尼索斯式的德国灵魂强力的表达,我相信在这种音乐中听到了地震的声音,随着这种地震,一种自古以来积聚起来的生命原始力量终于发泄出来了,而对于今天被称为文化的一切东西是否因此会受到动摇是漠不关心的。人们看到当时我弄错了,无论是对于哲学悲观主义,还是对于德国音乐,对于构成德国音乐之真正特性的东西——它的浪漫主义。什么是浪漫主

① 同样地]付印稿;作者样书;大八开本版。第一版:与此相同。——编注

义？每一种艺术，每一种哲学，都可以被看作对成长的生命或者战斗的生命的救助手段：它们始终是以苦难和受难者为前提的。不过，存在着两类受难者，一类是苦于生命力**过剩**的受难者，他们意愿一种狄奥尼索斯的艺术，同样意愿一种对生命的悲剧性洞见和展望——另一类则是苦于生命之**贫乏**的受难者，他们向艺术和哲学要求安宁、寂静、平静的海洋，抑或要求陶醉、痉挛、晕眩。对生命本身复仇——此类贫乏者最荒淫的陶醉方式！瓦格纳如同叔本华，满足了此类贫乏者的双重需要——他们否定生命，他们诽谤生命，因此他们是我的对跖者。——最富于生命力的人，狄奥尼索斯式的神和人，不仅乐于看到那种可怜之物和可疑之物的景象，而且乐于看到那可怕的行为，以及任何一种奢华的摧毁、分离、否定；在他那里，凶恶、愚蠢、丑陋的东西仿佛是许可的，原因在于一种生产性的、重建性的力量的过剩，后者甚至能够从每一片沙漠中创造出一片丰富的沃土。① 相反地，那最大的受难者，那生命最贫乏者，
621 无论在思想上还是在行动上都最需要温和、平静和仁慈；若可能，还需要一个神，它完全本真地是一个病人的神，一个“**救世主**”；同样还需要逻辑，此在（Dasein）本身的概念上的可理解性——因为逻辑使人镇静，让人信赖——简言之，需要某种温暖的、抵御恐惧的狭窄空间，需要把自己纳入那种乐观视野中……如此，我渐渐地学会了理解伊壁鸠鲁，一个狄奥尼索斯的悲观者的对立面，同样

① 此句中的动词“能够”用的是单数 vermag，而“后者”（即“力量”）为复数，故句子的主语似乎是单数的“沃土”。但从句子意义上了解，主语应为“后者”（即“力量”）。疑为作者笔误。——译注

{我也学会了理解}基督徒,后者实际上只是一种伊壁鸠鲁主义者,并且就像那种本质上的浪漫主义者,——我的目光变得越来越犀利,善于洞察那种最困难的和最棘手的**推理**(*Rückschluss*)方式,而大多数谬误就是在这种推理方式中犯下的——诸如从作品推到作家,从行为推到罪犯,从理想推到**必须有**理想的人,从每一种思想方式和评价方式推到背后发号施令的**需要**。——着眼于所有审美价值,我现在要动用这样一种主要区分:在任何个案中我都要问,“这里是饥饿还是过剩变成创造性的了?”从一开始,另一种区分似乎是更值得推荐的——它是非常明显的——也就是说,其注意力在于,创作的原因到底是对固化、永恒化的要求,对**存在**(*Sein*)的要求,抑或是对毁灭、变化、新鲜、将来的要求,也即对**变易**(*Werden*)的要求。深究之,我们发现,这两种要求表明自身还是模棱两可的,而且恰恰是可以根据前面提出的,在我看来有理由得到优待的模式来解释的。对**毁灭**、变化、变易的要求可能是一种满盈的、孕育未来的力量的表达(正如大家知道的,我的术语是“狄奥尼索斯的”一词),但也可能是失败者、匮乏者、失意者的仇恨,后者具有毁灭作用,也**必定**具有毁灭作用,因为持存者,即一切持存,一切存在,本身都要激发和挑起这种仇恨——为了理解这种情绪, 622
我们要近距离观察我们的无政府主义者。力求永恒化的意志同样需要[1]双重的解释。一方面,这种意志可能起于感恩和爱:——具

① 力求永恒化的意志同样需要]作者样书:力求永恒化的意志同样[——阿波罗精神,依照我从前的用语——]需要。——编注

有这种起源的艺术始终都是一种神化艺术(Apotheosenkunst),也许包括鲁本斯[①]的酒神颂歌风格,哈菲兹[②]的福乐和嘲讽风格,歌德的明亮和善意风格,以及把一种荷马式的光明和光荣撒播[③]于万物上。但另一方面,这种意志也可能是一个受苦者、抗争者、受折磨者的专横意志,它想在自己的痛苦的最个人的、最个别的、最狭隘的、真正的特异反应性(Idiosynkrasie)上再盖上约束性的法则和强制性的印记,它把自己的形象、它自己受折磨的形象烙在所有事物上面,加以挤压和拷版,由此仿佛报复了所有事物。后一种情况乃是浪漫的悲观主义的最富于表现力的形式,无论是叔本华的意志哲学,还是瓦格纳的音乐,都属此类:——浪漫的悲观主义乃是我们文化的天命中最后的伟大事件。(可能还有一种完全不同的悲观主义,一种古典的悲观主义——这种预感和幻景是属于我的,是我解脱不了的,是我的 proprium[特质、本己]和 ipsissimum[精髓、典范]:只不过,"古典的"一词颇让我厌恶,它是完全被用坏了的,过于圆滑,十分难以识别。我把那种未来的悲观主义——因为它即将到来!我看见它正在到来!——命名为狄奥尼索斯的悲观主义。)

① 鲁本斯(Rubens,1577—1640 年):17 世纪佛兰德斯画家,早期巴洛克艺术的杰出代表。——译注

② 哈菲兹(Muhammad Hafis,1300—1389 年):常作 Hāfiz,波斯抒情诗人,主要作品有《诗歌集》。——译注

③ 撒播]作者样书;大八开本版:撒播(在此情形中我说的是阿波罗艺术。)——编注

371

我们这些难以理解的人。——我们一向在抱怨自己被误解、被错认、被混淆、被诽谤、被错听和被漏听么？这恰恰就是我们的命运啊——呵，而且还将长期延续！适度的说法，是要延续到 1901 年——，这也是对我们的表彰；倘若我们别有愿望，我们就不会充分尊重自己了。人们把我们混为一谈——因为我们自己在生 623
长，我们不断地变换，我们卸掉老旧的外壳，每到春天我们还蜕皮，我们变得越来越年轻，越来越有未来性，越来越高大和强壮，我们把我们的根越来越强有力地扎入深处——扎入邪恶之中——，而同时，我们越来越深情、越来越宽厚地拥抱天国，越来越渴望地用我们的全部枝叶把天国之光吸纳到我们身上。我们像树一样生长——这是难以理解的，有如一切生命！——不是长在一个地方，而是无所不在，不是在一个方向，而是上下内外，无所不往，——同时，我们的力量也在树干、树枝和树根中驱动，我们再也不能自由地分别去做某个事情，**成为**某个个别的东西……再说一遍，这就是我们的命运：我们往**高处**生长；假如这本身就是我们的厄运——因为我们住得离闪电越来越近了！——好吧，我们并不会因此对之更少敬重，它依然是我们不愿分享、不愿公布的东西，那崇高的厄运，**我们的**厄运……

372

为何我们不是理想主义者[1]。——从前，哲学家们都有对于感官(Sinne)的畏惧：我们是不是——也许过于荒疏了这种畏惧呢？今天我们全都是感觉论者，我们这些当代的和将来的哲学家，**不是**在理论上，而是在实践、做法上……相反，从前的哲学家则认为，感官会引诱他们离开**自己的**世界，那个寒冷的“理念”(Ideen)王国，走向一个危险的、南方的岛屿：在那里，正如他们所害怕的那样，他们的哲学家德性会像雪在阳光中一样融化掉。在当时，“耳朵里的蜡”几乎是哲思的条件；就生命是音乐而言，一个真正的哲
624 学家却不再倾听生命了，他**否定**生命的音乐，——这是一种古老的哲学迷信，说一切音乐都是女妖塞壬[2]的音乐。——而我们今天却倾向于做恰恰相反的判断(这本身也可能同样是错误的)：那就是，**理念**是比感官更糟糕的诱惑者，因为理念披着各色寒冷的、贫血的假象，甚至都不用披此种假象，——它们永远以哲学家的“血”为生，它们总是使哲学家的感官变得虚弱不堪，甚至——如果你相信我们——也使哲学家的“心”变得虚弱不堪。这些古老的哲学家是无心的：哲思始终是一种吸血勾当(Vampyrismus)。看看这样一些形象，甚至是斯宾诺莎的形象，难道你们没有感受到某种深度迷幻和阴森可怕的东西吗？难道你们没看到这里上演的戏剧是不

---

① 理想主义者(Idealisten)：或译为“唯心论者”或“观念论者”。——译注

② 塞壬(Siren)：古希腊神话中半人半鸟的海上女妖，常用歌声诱惑过路的航海者而使航船触礁毁灭。——译注

断的**苍白化**——，总是越来越理想主义地被解释的去感官化吗？难道你们没有预感到在背地里有某个长期的、隐蔽的吸血鬼，它首先从感官下手，最后只留下一堆白骨以及不断的嘎嘎之声？——我指的是范畴、公式、**言辞**(因为，原谅我这么说，斯宾诺莎**留下来**的东西，amor intellectualis dei[对上帝的理智之爱]，乃是一种嘎嘎之声，再无什么了！什么是 amor[爱]啊，什么是 deus[上帝]啊，如果它们没有一点儿血？……)概言之：迄今为止，所有哲学上的理想主义都是某种疾病，除非它——就像在柏拉图的情形中——是一种极为丰富和危险的健康所具有的谨慎，是对**过于强大的**感官的恐惧，是一个聪明的苏格拉底弟子的聪明。——兴许我们现代人只不过是不够健康，不足以**需要**柏拉图的理想主义？而且我们并不恐惧感官，因为——①

373②

作为偏见的“科学”。——从等级法则中可以得出一点：学者们，就他们属于精神上的中等阶级而言，他们根本就看不到真正的**伟大的**问题和问号：再者，他们的勇气，同样包括他们的目光，都不 625
逮于此，——首要地，他们的需要(这种需要使他们成为研究者)，他们内在的预见和愿望(认为事情会**这样那样**)，他们的恐惧和希

① 原文如此，显然此句未完。——译注

② 付印稿结尾删去：具有机械论信仰的自然研究者根本上像所有聋子一样，否认存在着音乐，此在(Dasein)就是音乐，甚至可以有耳朵……他们因此贬黜了此在。——编注

望太快地就归于安静，得到了满足。以迂腐的英国人赫伯特·斯宾塞为例子。使此人以自己的方式狂热行事，并且令其画出一条希望之线条、一条地平线的东西，他所虚构的那种“利己主义与功利主义”的有限和解，这一切几乎让我们这样的人感到恶心：——具有此类斯宾塞式视角（作为最终视角）的一种人，在我们看来是值得蔑视和消除的！可是，某个东西必定被他感受为最高的希望，而他人只把它当作——只能当作——可憎的可能性，光**这一点**就是斯宾塞未能预见到的一个问号了……这种情形无异于现在让如此之多的唯物主义自然研究者满意的那种信念，即那种对一个在人类思想中、在人类的价值概念中有其等价物和尺度的世界的信念，对一个“真理世界”（Welt der Wahrheit）的信念，人们能够借助于我们直角的渺小的人类理性最终掌握这个“真理世界”——什么？难道我们真的愿意如此这般地让人生此在（Dasein）贬降至数学家的一种计算奴仆练习和永不外出的宅男状态么？首要地，人们可不能希望剥夺人生此在的**多义而含混的**特征：这是**良好的**趣味所要求的啊，先生们，也就是对于超越我们视域的一切东西的敬畏的趣味！唯有一种世界阐释是合法的，有了这种阐释，**你们**才有理由持存，才能以**你们的**感官（——你们真正的意思是指**以机械论方式**？）继续研究和工作，这样一种阐释允许人数数、计算、秤重、观看和把捉，再无其他——假如这不是一种精神疾病，一种白痴话语，那就是一种蠢笨和幼稚
626 了。反过来不也完全可能吗？那就是，恰恰人生此在最肤浅和最外部的东西——它最显而易见的东西，它的皮肤和性感（Versinnlichung）——是最先得到把握的，也许甚至是唯一得到

把握的。因此,你们理解的“科学的”世界阐释或许始终还是**最愚蠢的**一种,也就是说,是所有可能的世界阐释中最没有意义的一种:这个想法是对机械论者先生们的耳朵和良心说的,他们今天喜欢泡在哲学家们当中,而且满心以为,机械论就是关于一切此在(Dasein)赖以在其上构造起来的首要的和最终的定律的学说。然而,一个本质上机械论的世界却是一个本质上**无意义的**世界!假如我们根据其中有多少可计数、可计算、可公式化的东西来评估一种音乐的**价值**——这样一种“科学的”音乐评价是多么荒谬啊!这样的话,我们能从中把握、理解、认识到什么啊!那就没了其中真正属于“音乐”的东西,完全没有了!……

374

我们新的“无限”。——此在(Dasein)的视角特征伸展至多远,或者是否此在实际上还有别的哪种特征;是否一种此在在没有解释、没有“意义”的情况下不会成为“无意义或胡闹”;另一方面,是否所有的此在本质上并非一种**解释性**的此在——这一切(多么陈腐啊)即使通过最勤快和最认真的分析和理智的自我检验也不能做出决定:因为在这种分析中,人类理智不得不从自己的视角方式来看自己,并且**只是**在其中看自己。我们不能绕过自己的角落来观看:想要知道对于其他种类的理智和视角来说**可能**还存在着什么,这是一种无望的好奇心:例如,是否有某些生物能够感受到时光倒流或者交替进退(由此就给出了另一个 627
生命方向和另一种因果概念)。不过我想,我们今天至少远离于那可笑的苛求，就是从我们的角落出发下达命令，说人们只可以从这个角落来获得视角。相反，世界对我们来说再度变成“无限的”了：只要我们不能拒绝这样一种可能性，即世界本身包含着无限的阐释。那巨大的战栗再次攫住了我们——但谁会有兴致，立即又按照旧的方式把未知世界的这个怪物加以神化呢？并且也许今后就把这个未知之物当作“这个未知之人”来崇拜呢？呵！太多非神性的阐释可能性被一道算入这个未知之物中了，太多凶恶、笨拙和愚蠢的阐释，——甚至我们自己的人性的、太人性的阐释，那是我们所知道的……

375

372 为什么我们看似伊壁鸠鲁的信徒。——对于终极的信念，我们现代人是小心谨慎的；我们的怀疑之心暗中守候着包含在每一种坚强信仰、每一种绝对的肯定与否定中的陶醉和良心技巧：如何来说明这一点呢？也许在其中，人们在很大程度上可以看到“被烧伤的小孩”的小心，失望的理想主义者的小心，但另一方面，在更大程度上，也可以看到一个曾经站在角落里的人，他有过欢快的好奇心，因其角落而至绝望，现在却沉迷于角落的对立面，在无限制之物中，在“自由之物本身”中。由此形成了一种近乎伊壁鸠鲁主义的认识癖好，它不想轻易放过事物的可疑特征；同样有一种对宏阔
628 的道德大话和道德姿态的憎恶，有一种趣味，它拒斥全部粗笨矮胖的对立面，并且骄傲地意识到自己在保留(Vorbehalten)方面的训练。因为这构成我们的骄傲，在我们向前奔跑着追求确定性时发

生的这样一种轻轻的拉紧缰绳，骑手在最狂野的骑行时出现的这样一种自控：因为一如既往地，我们骑着狂放的、烈性的骏马，而且如果我们犹豫不决，那至少可能有一种使我们犹豫不决的危险……①

376

我们的慢时光。——所有的艺术家和做“作品”(Werke)的人，他们属于母系方面的一种人，他们都有这样的感觉：他们总是相信，在他们生命的每一个章节——每一件作品都裁剪出一个章节——都已经达到了目标本身，他们总是会耐心地领受死神的降临，带着这样一种情感：“对此我们已早有准备”。这并不是疲劳和衰竭的表现，——而倒是表达了某种秋天的绚烂和温煦，后者每每都把作品本身，即一件作品的成熟状态，留给了它的创作者。于是生命的 tempo[速度]慢了下来，变得像蜂蜜一样浓稠——直到长时间歇，直到对这种长时间歇的相信……②

① 拒斥粗笨矮胖的对立面，并且……]准备稿：拒斥粗笨矮胖的对立面[关于“善与恶”]，[而且恰恰在非道德的和被禁止的东西那儿，懂得享受自己的中间色和阴影的魅力，自己的午后的光线，自己的大海闪烁的平面。]一种训练，一种保留，在向前奔跑着追求确定性时的一种轻轻的拉紧缰绳，[追求肯定或否定，而没有]一种骏马和骑手的自控的快乐……因为一如既往地，我们骑着烈性的骏马，我们现在也还骄傲地坐在我们狂暴的骏马上。——编注

② 尼采这里用音乐术语来描述生命过程，例如这句中的 tempo(速度、节奏)、Fermat(间歇)和 lange Fermate(长时间歇)。——译注

377

我们无家可归者。——今天的欧洲人当中并不缺那种人，他们有理由在一种提升和尊重的意义上把自己称为无家可归者，而我隐秘的智慧和快乐的科学(gaya scienza)正是为他们而备的！因为他们命运坎坷，希望渺茫，为他们发明一种安慰，此乃一大壮举——但又有何益呀！[①] 我们这些将来的孩子们，我们怎么能够在今天有在家之感啊！我们厌恶所有的理想，根据这
629 些理想，人们甚至在这个脆弱的、破碎的过渡时代里依然能感受到在家的亲切感；但就其“实在性”而言，我们并不相信它们会具有持久性。今天依然具有承载作用的冰层已经变得十分薄弱了：熙风吹拂，而我们自己，我们这些无家可归者，就是某种打破薄冰以及其他太过薄弱的“实在性”的力量……我们并不“保存”任何东西，我们也不想回到过去时代，我们[②]根本不是“自由的”(liberal)，我们并不为“进步”而工作，我们无需堵住我们的耳朵，不去听市场上传来的女妖塞壬的将来之歌——这种关于“平等权利”“自由社会”“再也不要君主，也不要奴隶”的歌唱，已经不能吸引我们了！——我们绝对不会认为，在地球上建立一个正义和和睦的王国是值得想望的(因为无论如何，那会是一个极度

① 今天的欧洲人当中并不……]付印稿：无论多少，今天的欧洲人当中并不缺那种人，他们有理由在一种表彰和尊重的意义上把自己称为无家可归者，——而我这本书首先是面向这些少数人或者多数人的，有如面向预定的听众。——编注

② 过去时代，我们]付印稿：过去时代，我们既不奉承大众，也不谄媚君主，我们。——编注

中庸化和中国人式[①]的国度),我们欣喜于所有人,他们跟我们一样热爱危险、战争、冒险,他们拒绝满足、和解、被捕捉和被阉割;我们把自己归于征服者行列;我们思考新秩序的必然性,也就是一种新的奴隶制的必然性——因为"人"这个类型的任何一种强化和提高,都同时包含着一种新的征服和奴役。难道不是吗?——以所有这一切,我们必定难以在一个时代里有在家之感,这个时代喜欢主张那种荣耀,就是标榜最人道、最仁慈、最合法的时代和一直都阳光灿烂的时代的荣耀。十分糟糕的是,就在我们听到这些美好的词语时,我们却有了愈加丑陋的隐念!我们在其中只看到深度衰弱、疲乏、老迈、精力下降的表达——也是伪装!一个病人以什么样的浮华廉价品来装饰他的虚弱,这与我们有何相干呀!就让他把他的虚弱当作自己的**德性**来加以炫耀吧——确实,毫无疑问的是,虚弱使人温和,呵,变得如此温和,如此合法,如此无害,如此"人性"!——"同情的宗教",人们想劝我们信奉的宗教——呵,我们充分认识那些歇斯底里的 630
小男人和小女人,他们今天恰恰必须这种宗教作为面纱和装饰!我们不是人道主义者;我们从来都不敢允许自己谈论我们的"人类之爱"——我们这样的人不足以成为这方面的演员!或者不足以成为圣西门主义者,不足以成为法国人。人们必定已经带有一种**高卢人**过度的性欲敏感性和热恋的急色心态,方能真诚地甚至依然以自己的发情来接近人性……人性!莫非在所有老女人当中,向来还有一个更惨不忍睹的老女人么?(——除非她

---

① "中国人式"(Chineserei):参看上文第24节。——译注

是“真理”：所有哲学家的一个问题）。不，我们不爱人类；而另一方面，我们也长久地不够“德意志的”（有如“德意志的”一词如今流行的意思），不会拥护国家主义和种族仇恨，不可能因为国家的心灵疥疮和血液中毒而欣喜——因此之故，如今在欧洲，民族对民族相互划界和相互封锁，有如被隔离开来了。对此我们太开明、太恶毒、太挑剔，也太知情、太“多游历”：我们非常偏爱在山上生活，与世隔绝，“不合时宜”，生活在过去或将来的世纪里，只是为了让自己免除那种寂静的怒气，我们知道自己身为一种政治的目击者注定有此怒气——这种政治把德国政治虚荣化而使之荒芜，此外还是一种**小**政治：——为了其特有的创造不至于立即又瓦解，难道这种政治不必使自己植根于两种死仇之间？难道它不是**必须**要求欧洲小国体系的永存吗？……我们这些无家可归者，按种族和出身来说，我们是太多样和混杂了，作为“现代人”，我们因而很少受诱惑，去参与那种骗人的种族自夸和猥亵勾当，在今日德国，后者被标榜为德意志思想方式的标志，而
631 且在这个具有“历史感”的民族中呈现出双重的虚伪和下流。用一个词来说——让它成为我们的誓言吧！——我们是**优秀的欧洲人**，是欧洲的继承人，是欧洲精神几千年历史的富有而堆积如山，但也有大量责任的继承人：作为这种继承人，我们也已经成长得超出了基督教，讨厌基督教了，而且恰恰是因为我们**从**基督教**中**长大，因为我们的祖先是具有基督教毫无顾忌的正派精神的基督徒，他们为了自己的信仰自愿地牺牲了财富、血肉、地位和祖国。我们——也在做同样的事。但为何呢？为我们的无信仰吗？为任何种类的无信仰吗？不，我的朋友们，你们更好地知道这

一点！你们心中隐蔽的肯定（*Ja*）比所有的否定（Nein）和也许（Vielleicht）更强大，你们以及你们的时代都病于这种否定和也许；而如果你们不得不飘洋过海，你们这些流亡者啊，那么，迫使你们这样做的也是——一种信仰！[①] ……

378

"再度变得明亮"。——我们这些慷慨大度者和精神富有者，我们就像大街上敞开的井泉，不想拒绝任何人来我们这儿汲取：只可惜，我们不懂自卫，不懂得在我们想自卫时如何自卫，我们不能通过任何手段来阻止人们把我们变得混浊和昏暗，——我们生活于其中的时代把它"最世俗的东西"[②]抛给我们，它肮脏的鸟儿把它们的粪便撒向我们，孩童们把他们的废物丢给我们，在我们身旁休息的疲惫流浪者把他们大大小小的苦难全倒给我们。然而，我们将做我们一直都做的事：我们将把人们抛给我们的东西沉入我们心灵深处——因为我们是深刻的，我们不会遗忘——而且将再度变得明亮……

① 不，我的朋友们，你们……］付印稿：我们无家可归者，我们根本没有任何选择：我们现在必须成为征服者和发现者（Endecker）！也许，我们——我们自己惦记着谁，我们自己被剥夺了什么——以后还给我们的孩子们留下了——新的理想、新的实在，一个新的家园！——。——编注

② 原文为 zeitlichstes，也有"非永恒的、一时的"之义。——译注

379①

傻子的插话。——本书作者并不是一个憎恶人类的人：在今
632 天，憎恶人类代价太大了。为了像人们从前憎恨**这个**人那样来憎恨，蒂蒙②式的、整体上、不折不扣、全心全意、出于全部憎恶之**爱**——为此人们就不得不放弃蔑视了：——而我们有多少优雅的快乐，有多少耐心，有多少敦厚，恰恰要归于蔑视啊！再者，我们因此成了"上帝的选民"：优雅的快乐是我们的趣味和特权，是我们的艺术、我们的德性，我们这些现代人中最现代的人啊！……与之相反，憎恨制造平等也制造对立，在憎恨中有荣耀，最后：在憎恨中有**恐惧**，那是相当大部分的恐惧。然而，我们这些无惧者，我们是这个时代里具有精神气质的人，我们完全知道自己的优势，方能作为这种具有精神气质的人，着眼于这个时代而毫无恐惧地生活。人们将难以把我们斩首、监禁、放逐；人们甚至都不能禁止和烧毁我们的图书。这个时代热爱精神，热爱我们，也需要我们，尽管我们不得不让它明白，我们是蔑视方面的艺术家；任何一种与人的交道都使我们战栗不已；我们以所有的温和、耐心、博爱、礼貌仍不能说服自己放弃与一个人保持距离的偏见；我们热爱自然，自然越少人性地发生，我们越是热爱自然；我们热爱艺术——**如果**艺术是艺术

---

① 傻子插话。——]我们这些蔑视的艺术家。——据付印稿：我们无畏者。——编注

② 蒂蒙（Timon，前320—前230）：古希腊哲学家和文学家，怀疑论者，皮浪的弟子和朋友。著有《讽刺诗》。——译注

家在人类面前的逃遁，抑或是艺术家对人类的嘲讽，或者是艺术家对自身的嘲讽……

380

“漫游者”说[①]。——为了远远地看到我们的欧洲道德，为了用其他的道德，早期的或者将来的道德，来衡量我们欧洲的道德，人们必须像一个漫游者那样来做，这个漫游者想要知道一座城市的钟楼有多高：为此他就得**离开**这座城市。“关于道德偏见的思 633
想”，如果它们不该成为关于偏见的偏见，那么，它们就得以一种**在**道德**之外**的立场为前提，某个超越善与恶的彼岸，人们必须上升、攀登、飞越到这个彼岸，——而且在眼下的情形中，至少是一个超越**我们的**善与恶的彼岸，一种摆脱全部“欧洲”的自由，所谓“欧洲”，我指的是发号施令式的价值判断的总和，它已经化为我们的血肉。人们恰恰**想要**从那儿出去、从那儿上去，这也许是一种小小的疯狂行径，一种奇特的、非理性的“你必须”(du musst)——因为就连我们这些认识者也具有“非自由意志”的特异反映性——：问题在于，人们是否真的**能够**从那儿出去。这一点可能取决于多重条件，首要之事是这样一个问题，即我们有多轻或者多重，这是关乎我们的“特殊重量”的难题。人们必须**十分轻盈**，方能发动自己求认识的意志，直至进入这样一个远方，仿佛是超越了自己的时代，方能为自己提供一双综观千年的历史慧眼，此外还有这双慧眼

① “漫游者”说。——］付印稿：论目标和道路。——。——编注

中的纯净天国![1] 人们必须已经摆脱了大量恰恰压迫、阻碍、遏制、重轭着今天欧洲人的东西。这样一个彼岸的人，他意愿明见他那个时代本身的最高的价值尺度，为此首先必须在自身中“克服”这个时代——这是其力量的检验[2]——而且因此不只是克服他的时代，还有他迄今为止**对**这个时代的厌恶与反对，他在这个时代所受的苦难，他的不合时宜，他的**罗曼蒂克**……

381[3]

关于可理解性问题。——当我们写作时，我们不光是要让人理解，而且无疑地，也是要让人**不**理解。如果任何一个人觉得一本
634 书不可理解，那根本还不是对这本书的异议和反对：也许这恰恰就
380 是写作者的意图呢，——他本来就不**愿意**被“任何人”理解。任何一种高尚的精神和趣味，如果它想要传达自己，就都要为自己选择听众；而由于它选择了听众，它同时也就设置了一道防范“他人”的栅栏。一种风格的所有更精细的法则皆源于此：它们同时起防备作用，它们创造距离感，它们禁止“进入”，如上所述，也就是禁止理解，——而另一方面，它们又开启了与我们惺惺相惜的知音们的耳

---

① 纯净天国］付印稿：一种良心。——编注

② 这是其力量的检验］付印稿：如果人们愿意，飞过去。付印稿结尾删除：但你们也知道浪漫主义是什么吗？——原为：然则你们不懂浪漫主义对我意味着什么？——编注

③ 准备稿：有一种严密的透镜，一位作家以此透镜可以弄得像一位画家那样好：“往那里调整一下你们自己——或者让我的形象保持安静！”每个美好的事物都只是在某种距离中才是美好的。——编注

朵。进而,让我来私底下说说我的情形吧——朋友们啊,我既不想通过我的无知,也不想通过我的性情之活泼,来阻碍**你们**对我的理解:不是通过活泼,不论它多么强烈地迫使我,为了根本上掌握某个事情而快速地达到这个事情。因为我处理深度难题就像洗冷水澡——快快进去,又快快出来。说这时候人们不能浸入水中太深,不可太深地沉入**水下**,这是恐水病患者的迷信,是冷水的大敌;他们的说法是毫无经验的表现。大冷才带来速度啊!——顺便问一问:一件事情一直保持为不被理解和不被认识,真的只是由于它仅仅浮光掠影地被触及、被看见吗?人们必须彻底地只固守于这件事情吗?就像母鸡孵蛋一样蹲在上面吗?就像牛顿说自己的那样,Diu noctuque incubando[通过日日夜夜的孵化]?至少存在着一些真理,它们具有一种特殊的怯懦和敏感,人们只能突如其来地捕获之,——它们是人们必须**惊讶**或者放弃的……最后,我的简单还有另一种价值:在我关心的这些问题范围内,我必须简单地说许多,以便人们听到更简单的。尤其是作为非道德论者,我们必须防止败坏无辜,我指的是那些蠢驴和双性的老处女,他们除了无辜,没有从生活中得到任何东西;更有甚者,我的著作当能鼓舞他们, 635
提升他们,激励他们去追求德性。我不知道世上有什么东西,比看到热情的老蠢驴以及受甜蜜的德性情感激发的老处女更好玩的了:“这我已经看到了”——查拉图斯特拉如是说。关于简明,我就讲这么多;至于我的无知,情形更加糟糕,我不再能对自己隐瞒这种无知。有时候,我为这种无知而感到羞愧;当然有时候,我也为这种羞愧而感到羞愧。也许我们哲学家今天全都被置于一种恶劣的知识境况中了:科学茁壮成长,而我们当中的学问大家都接近于

一点，即发现自己所知太少。但如果是另一种情形，则情况总是还会变得更糟糕——如果我们知道得**太多**；我们的任务是，而且首先依然是，不要把自己与他人混为一谈。我们**是**某种不同于学者的东西：虽然无可回避的是，我们除了别的，也算是有学问的。我们有不同的需求，有另一种成长，有另一种消化：我们需要更多，我们也需要更少。一种精神为了供养自己需要多少，对此是没有一定之规的；但如果这种精神的趣味指向独立性，指向迅速的到来和去往，指向漫游，也许指向只有最快速者才能胜任的冒险，那么，他宁可以微薄的食物自由地生活，胜于不自由和被喂养得肥头大耳。一名优秀的舞者对自己营养的要求，决不是脂肪，而是最大的柔软性和力量，——而且我不知道，一个哲学家的精神所愿望的会比一个舞者更多些什么。因为舞蹈是他的理想，也是他的艺术，说到底也是他唯一的虔诚，他的“礼拜”……

382

伟大的健康。——我们这些新人、无名者、难以理解者，一种
636 尚未经证明的将来的早产儿——为了一个新的目的，我们也需要一种新的手段，也就是一种新的健康，一种更强壮、更精灵、更坚韧、更大胆、更快乐的健康，胜过迄今为止所有的健康。谁的心灵渴望于此，渴望去体验以往的价值和愿望的整个范围，去周游这个理想的“地中海”的所有海岸，谁想要从这种最本己经验的冒险中获悉，一个理想的征服者和发现者有何种感觉，同样地一个艺术家、圣徒、立法者、智者、学者、虔诚者、先知、古旧风格的神性怪癖

者，会有何种感受：为此他就首先必须有一个东西，就是**伟大的健康**——他不仅要拥有这样一种健康，而且要不断地去获得，必须去获得之，因为他总是一再地将它放弃，不得不将它放弃！……而现在，在我们长久地如此这般行进在途中之后，我们这些理想的探险者，也许我们的勇气多于聪明，而且十分经常地遭受海难之害，但再说一遍，我们比人们允许我们的还要健康，危险地健康，一而再，再而三地健康，——在我们看来，仿佛作为这方面的奖赏，我们现在面对尚未被发现的一个国度(还没有人看到它的边界)，所有迄今为止的理想之国度和角落的一个彼岸，一个充满着美、陌异之物、可疑之物、可怕之物和神性之物的世界，以至于我们的好奇心以及我们的占有欲都不能自持了——呵，现在再没有什么东西能满足我们了！经过这样的展望，有了这样一种良心和知识方面的

贪食症，我们如何还可能满足于**当代人**呢？够糟糕的了，但无可避 383
免的是，对于现代人最庄严的目标和希望，我们的观看难以保持一种严肃性，也许甚至于不再能加以观看了。另一种理想跑到我们面前来了，一种奇特的、诱人的、危险的理想，我们不想说服任何人去追求这种理想，因为我们不想轻松地给予任何人这方面的权利： 637
一种精神的理想，这种精神单纯地——也即不是故意地，而是从丰沛溢出的丰富性和强力而来——玩弄迄今为止所谓神圣的、良善的、不可触犯的、神性的一切；对这种精神来说，被民众正当地接受为他们的价值尺度的至高之物，已经意味着如此之多的东西，诸如危险、沉沦、侮辱，或者至少意味着诸如消遣、盲目、短时的自我遗忘等；一种人性的-超人的安好和善意的理想，它往往会**非人性地**表现出来——例如，当它面对全部以往的尘世的严肃性，所有种类

的庄严，在姿态、言辞、音调、目光、道德和使命方面的庄严，仿佛是它们的极其具体的和无意的滑稽模仿——而且尽管有所有这一切，但也许随之才开始了**那种伟大的严肃性**，真正的问号才首次被标出，心灵的命运发生了转变，指针移动，悲剧开始了……

383

结束语。——但当我最后慢慢地、慢慢地画上这个阴森森的问号，依然有意提醒我的读者们回忆正确阅读[①]的德性——那是何种被遗忘了的和未知的德性啊！——这时候我碰到一件事，就是听到我周围那最狡黠、最活泼、最淘气的笑声：我这本书的精灵们向我袭来，揪住我的耳朵，劝告我要守纪律。“我们再也受不了了”——它们对我喊道——“滚蛋，快快关掉这黑乌鸦般的音乐。

384 我们不是被明亮的早晨包围着吗？不是还有碧绿柔软的土地和草坪，舞蹈的王国吗？向来有过更美好的快乐时光吗？谁来给我们唱一支歌，一支早晨之歌，如此阳光，如此轻快，如此飘逸，最后**并没有**把蟋蟀们吓跑，——反倒是邀请蟋蟀们一道歌唱、一道跳舞？还有，甚至一种单纯的、土气的风笛还更可爱些，胜于这样一些神
638 秘的声响，这样一些晦气的叫声、阴沉的声音和土拨鼠的鸣叫，而您们一直都在您们的荒野里用这些声音来款待我们，我的隐士先生和未来音乐家啊！不！不要这种音调！相反地，让我们开始唱一些更愉快、更欢乐的歌吧！”[②]——我的不耐烦的朋友啊，你们喜

① 阅读的]付印稿；大八开本版。第一版：读者的。——编注

② 不要这种音调！相反……]根据席勒：《致友人》。——编注

欢这样？好吧！谁不愿顺从您们呢？我的风笛已经等着，我的歌喉也在恭候——它听起来可能有一点生涩，但就请你们凑合着听吧！毕竟我们是在高山上面。然而，至少你们听到的是全新的；如果你们听不懂，如果你们误解了歌者，这又有何要紧的呢！这反正就是“歌者的诅咒”①。你们可以更清晰地倾听他的音乐和曲子，你们也可以更好地按他的笛声——翩翩起舞。你们想要这样吗？……

① “歌者的诅咒”]根据乌兰德(Uhland)。——编注

639 # 附录：自由鸟王子之歌

致歌德[①]

永不消逝者
只是你的比喻！
棘手的上帝
是诗人的骗局……

世界之轮滚滚而来，
掠过一个个目标：
恼怒者称之为——急难，
愚蠢者称之为——游戏……

专横的世界游戏，

---

① 戏仿和讽刺歌德名著《浮士德》(*Faust*)第二部最后的诗句：一切无常世象，无非是个比方，人生欠缺遗憾，在此得到补偿，无可名状境界，在此已成现实，跟随永恒女性，我等向上、向上。德语原文为：Alles Vergängliche/ Ist nur ein Gleichnis;/Das Unzulängliche,/Hier wird's Ereignis;/Das Unbeschreibliche,/Hier ist's getan;/Das Ewig-Weibliche/Zieht uns hinan。——译注

混合着存在与假象——
而那永恒的愚蠢
把**我们**混入其中！……

诗人的使命[①]

最近为了提神，我坐在
幽深的树下，
听着滴答声，轻微的滴答声，
妩媚地，照着节奏和尺度。
我变得恼怒，拉长了脸，——
但最后我让步了，
直到我，就像一位诗人，
也合着节拍说话。

640

正如在诗行制作中
一个个音节向我蹦跳出来，
我不得不突兀大笑，大笑
一刻钟之久。
你是一个诗人？你是一个诗人么？
难道你的脑子如此糟糕？
——“是的，我的先生，您是一个诗人”

① 参看《墨西拿牧歌》，“鸟儿的判断”。——编注

啄木鸟耸耸肩。

在这灌木丛中，我等待[1]着谁？
我这个强盗，究竟在守候着谁？
是一个箴言？一个形象？在骤雨中
我的诗句骑在它的背后。
一味溜掉和蹦跳的[2]，诗人
立即将其刺杀，化为诗行。
——“是的，我的先生，您是一个诗人”
啄木鸟耸耸肩。

我以为，诗句如箭矢吗？
当它侵入
蜥蜴躯体[3]的高贵部位时，
是怎样烦躁、战栗、跳跃！
呵，你们这些可怜的精灵将因此而亡，
或者如酒醉一般踉跄！
——“是的，我的先生，您是一个诗人。”
啄木鸟耸耸肩。

① 等待(harr')］付印稿：等待(wart')。——编注
② 一味溜掉和蹦跳的］付印稿：这类东西溜掉了。——编注
③ 蜥蜴躯体(Leibchen)］付印稿：话语感觉(Sinn der Wörtchen)。——编注

完全匆忙而成的歪斜的箴言， 641
醉态的词语，是多么窘迫紧张！
直到它们，一行又一行，
全都系于节拍的链条。
于是有了一帮残暴的无赖，
这——让你开心吗？诗人们——有病？
——“是的，我的先生，您是一个诗人。”
啄木鸟耸耸肩。

你在嘲笑我吗，啄木鸟？你想开玩笑？
难道我的脑子已经坏掉，
更坏的是我的心灵？
惧怕吧，惧怕我的怒火！——
但诗人——他自己还凑合凑合
依然在怒火中编织诗句。
——“是的，我的先生，您是一个诗人。”
啄木鸟耸耸肩。

在南方[1]

我就这样悬挂在弯曲的树枝上，
摇摇晃晃是我的疲惫。

---

① 参看《墨西拿牧歌》，“自由鸟王子”。——编注

一只鸟儿邀我来做客，
一个鸟巢是我的憩息之地。
但我到底在哪？好远！好远啊！

白色的大海已入睡，
上面挂着一张紫色的帆。
岩石、无花果树、塔楼和海港，
牧歌萦绕，还有咩咩羊群，——
南方的清白啊，接纳我吧！

一味按部就班——这不是生活，
永远亦步亦趋，这是德国式的笨重。
我叫风儿把我提升，高高向上，
我学会了与[①]鸟儿一道飘游，——
越过大海，飞向南方。

理性！烦恼之事！
把我们太快地带向目标！
在飞翔中，我得知了什么在模仿我，——
我感受到了勇气、天性和精力
朝向新的生活，新的游戏……

① 与（mit）］付印稿：从（von）。——编注

孤独地思考，我命之为智慧， 642
而孤独地歌唱——就是愚蠢！
所以，你们这些可怜的鸟儿，
且听一支赞扬你们的歌
静静地聚集在我的周围！

那么年轻，那么虚伪，那么折腾
在我看，你们全都为爱而生，
全都是为了美好的消遣？
在北方——我不无迟疑地承认——
我爱过一个女人，老得令人恐怖：
这老女人的名字就叫“真理”……

虔诚的碧芭[1]

只要我的肉体依然好看，
就值得保持虔诚。
我们知道上帝爱女人，
而且爱漂亮的女人。
上帝肯定乐于宽恕
那个可怜的小僧侣，
他与一些僧侣一样，
非常愿意与我在一起。

① 参看《墨西拿牧歌》，“小女巫”。——编注

不是一个苍老的教父！
不，他还年轻，经常脸红，
尽管有最可怕的雄猫，
却往往充满妒忌和困厄。
我不爱老翁，
他不喜老妪：
上帝对此做的安排
是多么神奇和智慧！

643

教会懂得怎样生活，
它考验心灵和面孔。
它总是愿意原谅我，——
是呀，谁会不宽恕我！
人们用小嘴嗫嚅，
屈膝行礼，然后外出，
切用新的罪恶
把旧的罪行消灭。

愿上帝在尘世受到赞美，
他爱漂亮少女
而且乐于宽恕自己
这样的心灵疾苦。
只要我的肉体依然好看，

就值得保持虔诚:
一旦成了老态龙钟的妇人
魔鬼才会娶我为妻!

神秘的小船[①]

昨天夜里,一切都沉睡了,
几乎没有一丝风
以隐约的叹息穿过胡同,
给予我安宁的,不是枕垫,
更不是罂粟,更不是通常
使人深睡的东西,——一种好良心。

终于,我放弃了睡觉的念头
起床奔向海滩。
明月当空,柔和似水,——
在温暖的沙滩上,我碰到了男人与小船,
牧人和羊群昏昏欲睡:——
小船困倦地离了岸。

一小时了,也许是两个小时, 644
还是有一年了?——蓦然

① 参看《墨西拿牧歌》,“夜的奥秘”。——编注

我的心思和想法落入
永远的千篇一律，
一个无界的深渊
开启了：——又过去了！

——清晨到了：在黑暗的深处
停着一艘小船，静而又静……
出了什么事？众人马上叫喊起来：
那是什么？是血吗？——
——什么事也没有！我们都睡了，
全都睡着了——呵，那么美，那么美！

爱的宣言[1]
（而诗人随之落入一个墓穴——）

多么神奇啊！它还在飞？
它在上升，而它的翅膀一动不动？
是什么带着它，把它举起？
什么是它的目标，它的行程和缰绳？

就像星辰和永恒
现在它生活在远离人世的高空，

① 参看《墨西拿牧歌》，“信天翁鸟”。——编注

无论谁只看到它一飘而过——：
它都同情于嫉妒，而且高高飞翔！

呵，信天翁！
你以永恒的欲望驱使我直上云霄，
我想念你：于是不禁
泪流满面，——我好爱你呀！

忒奥克里托斯[①]的牧羊人之歌[②] 645

我躺在这儿，内脏郁结，——
臭虫咬我。
而那边依然灯火通明，一片喧嚷！
我听见，他们在舞蹈……

在这个时辰，她本来要
悄悄地来我这儿。
我等待着，就像一只狗，——
可是音信全无。

十字是她对我的诺言？

① 忒奥克里托斯（Theocritus，约前310—约前250年）：古希腊诗人，牧歌（田园诗）的创始人。——译注

② 参看《墨西拿牧歌》，“牧羊人之歌”。——编注

她怎能以谎言骗人？
——或许她会追求每个人，
就像我的山羊？

她的丝裙从何而来？——
啊，我的骄傲呢？
难道在此树林里
还住着其他公羊？

——热恋的期待啊
使人多么混乱，深深中毒！
于是在这沉闷的夜晚，
毒菌在花园里滋长！

爱情使我憔悴
有如七种邪恶，——
令我废寝忘食。
别了，你们这些洋葱！

月亮已经沉入大海，
满天星星都困了，
然后，天快要亮了，——
我愿意这样死去。

“这些不确定的心灵”[1] 646

这些不确定的心灵
我对他们异常愤怒。
他们的全部荣誉是一种折磨[2]，
他们的全部赞扬是自我烦恼和羞耻。

我没有系在**他们的**绳索上
穿越时代，
为此他们的眼神欢迎我
充满恶毒而甜蜜、无望的嫉妒。

让他们尽情地诅咒我
嘲笑我吧！
如果这种眼睛的寻求无助地
落在我身上，就将永远错失。

绝望中的傻瓜

呵！我用傻瓜的心与手

---

[1] “这些不确定的心灵”]誊清稿：致某些阿谀奉承者。准备稿：反对某些阿谀奉承者。——编注

[2] 荣誉是一种折磨]准备稿：获取是一种偷窃。——编注

在桌子和墙壁上写下的，
难道只是为我装饰桌与墙？……

你们却说：“傻瓜之手乱涂一通，——
我们必须清洗桌子和墙壁，
直到最后的笔迹也消失！”

好吧！我会伸手相助——，
我学会了使用海绵和扫帚，
我既是批评家又是运水人。

但一旦做完了清洁工作，
我乐于看到你们，你们这些超级智者，
用智慧把桌子和墙壁玷污……

647 韵诗之为治疗①
或者：病态诗人怎样安慰自己。

从你的嘴里，
时间啊，你这口水四溢的女巫
一小时又一小时地缓缓滴落。
徒劳地，我所有的厌恶呼叫道：

① 原文为拉丁文：Rimus remedium，意为：短诗乃一种治疗手段。——译注

“该死的，该死的
永恒性的咽喉！”

世界——是由青铜铸成的：
一头炽热的公牛，——听不到任何呼叫。
痛苦用飞来的匕首刻写于
我的肢体上：
“世界没有心脏，
你们因此而心生怨恨，是多么愚蠢！”

倾注所有罂粟，
倾注吧，狂热！把毒药注入我脑子里！
已经太久了，你对我的双手和额头的检测。
为何你要问？“为了何种——报酬？”
——哈！该死的姑娘
还有她的嘲笑！

不！回来吧！
外面天冷，我听见了下雨声——
我当对你更加温柔？
——拿去吧！这是金子：这块多么耀眼！——
我该把你叫做“幸福”？
为你祝福，为狂热祝福？——

门突然打开！
雨点飞溅到我的床上！
风吹灭了灯，——祸端成群而来！
——谁若现在没有百首韵诗，
我敢保证，我敢保证，
他就于此完蛋了！

648 “我的幸福！”[①]

我再次看到了圣马可的鸽子：
寂静的广场[②]，静谧的早上。
在温柔的清凉中，我送上甜蜜的歌，
400 犹如狂热之鸽直冲蓝天——
我又把它们吸引回来，
还要把一句诗挂在羽毛上
——我的幸福！我的幸福！

你寂静的苍穹，丝锦般的蓝光，
你庇佑着，漂浮在五彩建筑上，
这建筑——我说什么呀？——让我既爱又怕又妒……

---

① “我的幸福！”]准备稿：还再来一次！——编注

② 此处“广场”指意大利威尼斯市中心的圣马可(San Marco)广场，该广场现在成了吸引游客的主要景点。相传威尼斯人1204年占领君士坦丁堡时，圣马可广场上的鸽子是传递这信息的信使。——译注

真的,我乐于啜饮它的灵魂!
我还会将之归还吗?
不呵,免谈吧,你悦目的神奇草地!
——我的幸福!我的幸福!

你这严峻的塔楼,以何种雄狮般的渴望
在此耸入云霄,具有胜利的豪迈,毫不费力!
你那深沉的音调响彻广场——:
用法语讲,你会不会成为它的闭音符[①]?
如果我像你一样留下来,
我知道是出于何种丝绸般柔软的强制力……
——我的幸福,我的幸福!

去吧,去吧,音乐!首先让阴影变深和生长
直到褐色的温和的夜晚降临!
白昼的回声响得太早,
金子饰物还没有在玫瑰的绚丽中闪耀。
还留下许多白昼时光,
还有许多时光留给作诗、蠕动、窃窃私语
——我的幸福!我的幸福!

① 此处"闭音符"原文为法文:Accent aigu。——译注

649

驶向新的大海[①][②]

我**想**去那里；从此以后
我相信自己和自己的手段。
大海敞开胸怀，
我的热那亚船驶入蔚蓝。

万物向我闪烁，新而更新，
正午在空间和时间上安眠——：
只有**你的**眼睛——可怕地
盯着我，是那无限性[③]！

塞尔斯-马利亚[④][⑤]

我坐在这儿，等了又等，——却无所等待，
在善与恶的彼岸，时而享用光明，
时而享用阴影，完全只是一场游戏，
完全是湖，是中午，是毫无目标的时间。
我的女友啊！这时突然地，一变成了二——

---

① 参看第 10 卷，1[15]；1[101]；3[1]；3[4]。——编注

② 驶向新的大海]誊清稿："驶向新的大海"/或者/哥伦布。——编注

③ 无限性]誊清稿：不朽性。——编注

④ 塞尔斯-马利亚(Sils-Maria)：瑞士的一个小镇，尼采曾在此逗留和写作。——译注

⑤ 参看第 10 卷，3[3]。——编注

——查拉图斯特拉从我身旁走了过去……

致密斯脱拉风[1]

一支舞曲

密斯脱拉风，你这云的猎人，
悲伤的杀手，天穹的旋风，
狮子般咆哮，我是多么爱你啊！
难道我们不是同一母腹的两个初生子，
不是由同一种命运永远注定？

在这里，在光滑的石路上 650
我跳着舞向你奔去，
跳着舞，就像你吹哨和吟唱：
你，自由的兄弟，最自由的兄弟
不用船和桨
就能跨越野性的大海。

将醒未醒，就听见你的召唤，
我朝着石阶冲去，
去海边黄色岩壁那儿。
嗨！你已经到来

① 密斯脱拉风（Mistral）：地中海北岸一种干冷的西北风或北风。——译注

从山那边凯旋归来，
就像明亮的钻石般的湍流。

在平坦的天穹盆地，
我看见你的骏马在奔跑，
看见那载着你的马车，
看见你自己的手在痉挛，
当它在骏马背上，
犹如闪电挥鞭而击，——

我看见你从马车上跳下来，
看见你更快速地向下冲去，[1]
看见你仿佛被缩短为箭矢
笔直地插向深处，——
就像一丝金光穿透[2]
第一缕朝霞的玫瑰色。

现在你在无数背脊上跳舞，
在波浪的背上，冲着浪潮的诡计——
嗨，是谁创造了新的舞蹈！
让我们以无数方式跳舞，
自由地——那是我们的艺术，

---

① 看见你更快速地向下冲去，］付印稿：波涛汹涌而来，大海浩瀚逼人。——编注
② 笔直地插向深处……］付印稿：用脚蹚向后撞去，/你的马车。——编注

快乐地——那是**我们的**科学！ 651

让我们从每一枝花上
摘一朵花儿，充当我们的荣耀
加上两片叶子做成花环！
让我们像行吟诗人[①]跳舞
在圣徒与妓女之间，
在上帝与俗世之间舞蹈！

谁若不能随风起舞，
谁若不得不缠上绑带，
成了被系缚住的残废老人，
谁若像伪善汉斯们[②]，
荣誉的笨伯，德性的呆鹅，
滚出我们的天堂吧！

让我们扬起大街上的灰尘
吹进所有病人的鼻子里，
让我们清除病灶！
让我们使整个海岸

---

① 行吟诗人(Troubadouren)：指中世纪晚期(11 世纪至 14 世纪)法国普罗旺斯地区的爱情诗人，其创作多带色情主题，流行于贵族社交。——译注

② 此处“伪善汉斯们”原文为 Heuchel-Hänsen，或可直接译为“伪善者”。Hänsen 应为 Hans(汉斯)的复数，后者是德国最常用男名 Johannes 的缩写，作普通名词用时含有讥讽或贬义。——译注

脱离干瘪胸腔的呼吸[1]，
摆脱没有勇气的眼睛！

让我们追逐天空的阴霾，
世界的抹黑者，乌云的阀门，
让我们渐渐把天国照亮！
让我们咆哮吧……呵，自由精神之最
让我们与你一道**咆哮**
我的幸福犹如狂飙。——

——要永远记住这样一种幸福，
就请你取得它的遗赠
就请你带着花环在此上升！
就请你把花环抛得更高更远，
就请你沿着天梯冲向云霄，
就请你把它——挂到星星上！

① 原文为Odem（呼吸、气息），诗歌用语。——译注

科利版编者后记 659

每当人们展读《快乐的科学》,都会觉得大不一样,大有新意,尽管主题似乎不难理解,语言清晰而适度,没有歪曲的论证,没有模棱两可。也许是这位痊愈者的间距感,谩骂的缺失——谩骂者是不快乐的,是病态的——,使读者们迷了路。一种冷酷的、论战式的腔调立即使作者的意图昭然若揭,锁定了本书的单方面阐释。

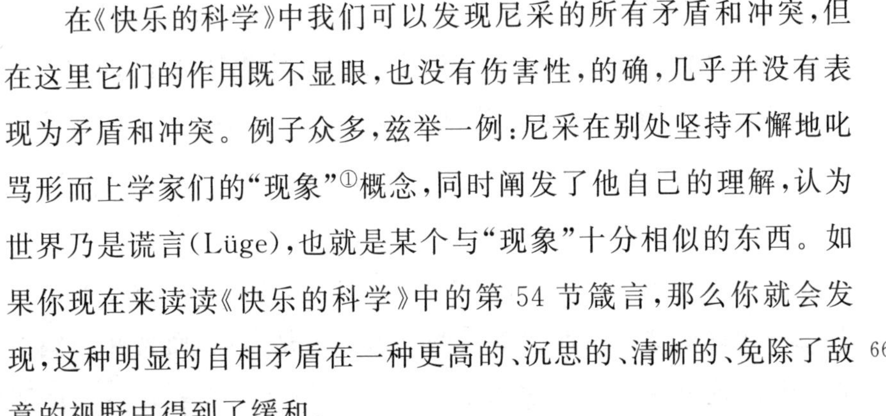

在《快乐的科学》中我们可以发现尼采的所有矛盾和冲突,但在这里它们的作用既不显眼,也没有伤害性,的确,几乎并没有表现为矛盾和冲突。例子众多,兹举一例:尼采在别处坚持不懈地叱骂形而上学家们的"现象"[①]概念,同时阐发了他自己的理解,认为世界乃是谎言(Lüge),也就是某个与"现象"十分相似的东西。如果你现在来读读《快乐的科学》中的第 54 节箴言,那么你就会发现,这种明显的自相矛盾在一种更高的、沉思的、清晰的、免除了敌 660
意的视野中得到了缓和。

事实上,本书在尼采一生中具有"中心地位",这不只是在外部意义上来讲的,意即它在尼采的文学生产中占据着一个中间位置,

① 此处"现象"原文为 Erscheinung,也可译为"显现"。——译注

而且在一种细微的意义上亦然，意即它就像一个适度协调状态的神秘瞬间镶嵌于他的著作中，成为他的完全“健康”的独特经验；尽管存在着种种极端，但它们以放松的方式相互结合在一起，受到了控制，摆脱了任何狂热。而且尼采完全知道，对他来说，狂热——更确切地说，那种不可抵御的欲望，就是要把个人观点提升到无度，把胡思乱想用作杀人武器的欲望——乃是疾病的标志。

我们说《快乐的科学》具有“中心地位”，还有另一方面的考虑，即尼采对艺术与科学的对照。关于艺术与科学这个主题，尼采倾注了连续不断的热情，这一点反映了他在自己相互冲突的使命之间展开的内心斗争——而迄今为止的每一部作品都透露了这种斗争的各个结局。相反，现在这个书名就表明了一种新的解决：这种内心斗争——“疾病”的另一种说法——并没有导致取消敌对双方中的一方的结果（压制他生命中至关重要的部分，使之窒息，这委实也不是痊愈），而倒是在一个被美化的领域里把两者引向共存。这才是真正的“健康”：诗人与科学家合一，去从事一门科学，这门科学不仅不郁闷和呆板，而且根本不是永远一味严肃的。早在《人性的，太人性的》中，尼采就建议设一门直觉的科学，但代价是一种深深的内心的伤害，一种对艺术的恶意诅咒，而实际上，艺术是比其他一切都更吻合于他的本质的。这并不是痊愈，而且并非偶然地，现在，这种新的——快乐的——科学是用诗歌来宣布和证明的，甚或科学与诗歌被相提并论了。

由于上述原因，《快乐的科学》简直有了改革的特性；它是尼采在哲学表达方面最成功的尝试。身为哲学家，尼采反对科学，身为

哲学家，尼采也抗拒艺术，但同时，他又拒绝哲学的过去以及这种 661
过去的语言。这种哲学已不再实存，但哲学家必须继续实存：他们将不再用这类概念来谈论这些内容，而是必须以一种新的方式来说话，其做法是，他们要剥夺幸存者即科学和艺术的表达工具，以哲学家身份来应用它们。这里可能也用得上一个例子：且来读读有关“宽宏大度”的第49节箴言。“在我看来，宽宏大度者[……]是具有极度报复欲的人，一种满足于切近中向他显示出来，他**已然****在表象**(*Vorstellung*)**中**如此丰富而彻底地痛饮之，直到最后一滴，结果对于这种快速的放纵行为的巨大而迅速的厌恶便接踵而来，——现在，他[……]宽恕了自己的敌人，甚至祝福和崇敬敌人。”(第49节箴言)在这里，有待定义的客体对于哲学传统而言肯定不是典型的——虽然早在亚里士多德那里，宽容大度就已经与权力意志(Machtwillen)处于一种复杂的联系中——，但同样显而易见的是，哲学家适合于研究这个问题。虽然一种关于“伟大心灵”的直接认识并不属于科学家的经验，但尼采所使用的方法却是科学的方法：面对某种反常的人类行为方式，诸如宽容大度者的行为方式，事关宏旨的是要找到这种反常的原因。确实，这门科学是“快乐的”，也就是说，它在这里以及别处，都优先关注异乎寻常的个体和异乎寻常的行为方式；与之相反，科学的“严肃”维面则是付诸阙如的——诸如经验的丰富性，为收集经验而必须的勤勉，对一般行为的探究，对规范的寻求，提出假设时的谨慎和克制。可是，只有当人们考虑到，每一种新赢得的认识对尼采的情感和生活经验意味着什么时，人们才能正确地评价科学与艺术之间这种一直未经描述的平衡的脆弱，取得这种平衡的艰难以及摆脱这种对立

状态的不可能性。如果对尼采来说，认识活动的清醒和纯正比一
662 切都更值得追求，他的艺术家使命能够激励他有此追求，那么，为什么这个问题没有在《人性的，太人性的》以后得到解决呢？对此具有决定性意义的，是尼采本人关于自己的认识经验之本性的证词：它总是普遍地与痛苦、畏惧和惊恐相联系。在他的青年时代，与语文学认识非常艰辛的训练相对立的是音乐经验的迷醉狂喜。然后到了《悲剧的诞生》时期，尼采把关于我们此在(Dasein)的激起恐惧的根源的令人醒悟的狄奥尼索斯式的直觉称为认识和真理。接着是取得其他的认识：历史乃是对人的谬误和恐惧的意识，历史揭示了，过去以一种无法补偿的命运之打击的总和压在我们身上——而且对这种历史的研究会把生命消灭掉，使创造力钝化；最后，科学使显得伟大的东西变得渺小了，把判断相对化了，挫败了各种慰藉。

这对尼采来说就是认识；而且在他心里，这种让人痛苦的认识乃是最强有力的恶魔——它是如此强大，以至于他现在竟断定："**生活乃认识的手段**"(第 324 节箴言)。尼采一次次追踪一种新的认识形式，也许抱着一个希望，想要找到一种具有比较柔和的面貌的认识形式。而且在这儿，他却相反地最终碰到了永恒轮回的思想(第 341 条箴言)，碰到了一种比任何其他真理都可怕的真理。由亵渎和恐惧组成的人类的过去不光是不可补偿的，而且决不会把自己的位置让给一种快乐的未来，而不如说，这个过去也注定要永恒地、始终保持相同地轮回。于是尼采又接近于艺术了，他下定决心，不想使自己的另一个使命完全窒息：他不再期待找到一种颠扑不破的真理，现在他放弃了认识之快乐——后者比一种狂喜的

闪光更丰富。

我们不能断定,此类考察有助于我们更好地理解《快乐的科学》的明朗情绪,以及那种独立自主的、十分轻松的悬而未决状态。尼采是哲学家,他有着高超的技巧,用来操作这些抽象的概念,以出其不意的方式把各种普遍性相互编织在一起:然而,使尼采出类 663
拔萃,并且把他异常的艺术天赋揭示出来的,乃是岩浆材料的闪闪发光的可变性,他的每一种普遍性都是由这种材料重新组合的。而且,在任何情况下,他的抽象概念都在同一名称的背后隐藏着不同的内容。

《快乐的科学》第二版出版于 1887 年。在这一版中,尼采添加了前言、第五部和《自由鸟王子之歌》。如果说第一版最后一部“圣雅努斯”达到了那种业已得到提示的意味深长的神奇和谐之顶峰,那么,后来添加的内容则不再能保持这样一种极其敏感的平衡了。兹举一例,读者不妨比较一下第 373 节箴言与前面的第 293 节箴言,前者猛烈地批判科学,而后者则镇静地和机敏地要求承认科学。

吉奥尔吉·科利

尼采手稿和笔记简写表①

N V 1　八开本。286 页。若干即兴札记。有关《曙光》的笔记。1880 年初。第 9 卷:1。

N V 4　八开本。146 页。即兴札记。摘录。有关《曙光》的笔记。1880 年秋。第 9 卷:6。

N V 5　八开本。42 页。有关《曙光》的笔记。摘录和即兴札记。1880/1981 年冬。第 9 卷:8。

N V 7　八开本。202 页。即兴札记。有关《快乐的科学》的笔记。1881 年秋。第 9 卷:12。

N V 8　八开本。200 页。即兴札记和书信草案。有关《墨西拿牧歌》《快乐的科学》以及更后期诗歌的草案。《查拉图斯特拉如是说》第 1 部以及笔记本 Z I 2② 中的格言集的准备稿。1882 年春至 1883 年 2 月使用。

M II 1　八开本。196 页。《威尼斯的阴影》(L' Ombra di Venezia);抄写者:海因里希・科塞利兹。由尼采审校。

---

① 据科利版《尼采著作全集》第 14 卷第 21—35 页的总简写表,此处仅列出本卷编注中出现的尼采手稿和笔记缩写。——译注

② 查拉图斯特拉时期笔记,四开本,1882 年至 1885 年,有关《查拉图斯特拉如是说》第一部和《善恶的彼岸》的笔记。——译注

有关《曙光》的笔记。1880 年春。第 9 卷:3。

M III 1　大八开本。160 页。有关《快乐的科学》的笔记。构思与残篇。1881 年春—秋。第 9 卷:11。

M III 3　八开本。40 页。有关《快乐的科学》的笔记。构思与残篇。1882 年春—夏。1882/1883 年冬。第 9 卷:20;第 10 卷:6。

M III 4　大八开本。218 页。有关《快乐的科学》和《善恶的彼岸》的笔记。计划、构思、残篇、摘录。1881 年秋;1883 年春—夏。第 9 卷:15;第 10 卷:7。

M III 5　八开本。78 页。有关《快乐的科学》的笔记。1881 年秋。第 9 卷:14。

M III 6　八开本。276 页。有关《快乐的科学》的誊清稿。1881 年 12 月—1882 年 1 月;1882 年春。第 9 卷:16,19。

Mp XV 2　散页文件夹。有关《快乐的科学》的笔记,主要关于该书第 5 卷(第 2 版)。1885 年 6—7 月。1886 年初至 1886 年春。1886 年夏至 1887 年春。科利版第 11 卷:38;科利版第 12 卷:3、4、6。

Mp XVIII 3　散页文件夹。《快乐的科学》中“戏谑、狡计与复仇”部分的准备稿,以及诗歌草案和诗歌残篇。科利版第 9 卷:18。

译后记

眼下这本《快乐的科学》是德国哲学家弗里德里希·尼采(Friedrich Nietzsche，1844—1900 年)的中期代表作(1882 年)。在译完尼采的《悲剧的诞生》《查拉图斯特拉如是说》和《权力意志》三大名著之后[①]，我一直想着挑一本尼采中期的著作来翻译，最后确定了《快乐的科学》。

在中文世界，尼采的《快乐的科学》也经常被译成“快乐的知识”，因为其中的“科学”(Wissenschaft)也就是“知识”。此书原是为《曙光》续篇准备的。尼采于 1882 年 1 月 25 日致信友人彼得·加斯特(Peter Gast)，称他已做完《曙光》第 6—8 部，正计划做第 9—10 部。然而，在 1882 年上半年认识“欧洲名媛”莎乐美之后，尼采忽然改变了自己的想法，并且宣告了《快乐的科学》一书——是不是这个女人给予尼采灵感，激发了他的思想兴致呢？我们不得而知。该书第一版出版于 1882 年 8 月 26 日。至 1887 年该书第二版(此时已经在《查拉图斯特拉如是说》之后)，尼采补充了前

---

① 收入本人主编的《尼采著作全集》，由商务印书馆出版(2010 年起)。这三本分别属第 1 卷、第 4 卷和第 12、13 卷；此外也以“尼采三书”为名在上海人民出版社印了一次，但“尼采三书”中的第一书《悲剧的诞生》是扩充本，补收了《巴塞尔遗著》中的若干篇章；而第三书《权力意志》则是缩小版(包含《尼采著作全集》第 11 卷后半卷、第 12 卷、第 13 卷)，原著(第 12 卷和第 13 卷)译成中文有 100 万字，而我们精选了约 40 万字。

言、第五部以及最后的组诗“自由鸟王子之歌”，并在书名上加上了一个意大利文的副题：La gaya scienza（快乐的科学）。

这本《快乐的科学》不是一本结构之书，无体系可言。全书的主体部分是由五部箴言/格言组成的，共有383节，大小不一。而该书开头和附录都是诗，开头部分是德语韵律短诗，标题取自诗人歌德的同名小歌剧《戏谑、狡计与复仇》；结尾部分（附录）则是尼采作于西西里岛的一组诗，共14首，立题为“自由鸟王子之歌”。前后都是诗作，这在尼采著作中好像也是唯一的一本；而要读出开头和附录的组诗与正文之间的可能关联，甚至于正文各部分之间的可能关联，却是不易的。

尼采的《快乐的科学》采用了箴言形式。“箴言/格言”（Aphorismus）一词源自希腊文的动词aphorizein，意思为“界定”，可见并不是要下严格逻辑的定义，而是要“划界”，与流俗之见划清界限，包括认识、道德和心理方面的偏见和流俗见解。我愿意把这里的Aphorismus译为“箴言”，因为“箴言”是以告诫规劝为重的文体，同时也有“纠谬”之义，如“箴谏”（劝谏别人改正过失）、“箴砭”（指出并纠正错误）等。故我以为，以“箴言”译Aphorismus，是比较合乎尼采的意思的；而“格言”是指“含有教育意义可为准则的话”，与尼采之义并不合拍。

尼采反对体系哲学写作，而且明确主张：体系哲学的时代已经过去了。虽然在尼采之前的欧洲也有哲理箴言或者哲学散文的写作传统，比如我们所知道的法国的蒙田和帕斯卡尔，德国的哈曼和利希滕贝格等，均有哲理短章传世，但像尼采这样成就大气候者，毕竟属于少数。尼采之后，非体系性或者非推论式的哲学写作已成大势，成为主流的言说方式之一，在这方面，我们只需想想 20 世纪的海德格尔和维特根斯坦两位大哲，特别是后期海德格尔的主要著作《哲学论稿(从本有而来)》和后期维特根斯坦的代表作《哲学研究》。[①]

科利版编者认为，《快乐的科学》在尼采一生中处于“中心地位”，说是尼采表达哲学的最成功的尝试。但此书刚出版时，尼采的友人们包括布克哈特(Burckhardt)、凯勒(Keller)等人物，都对之作了消极的评价。自《快乐的科学》开始，尼采作为哲学作者(哲学家)越来越走向孤独，因为尼采从此越来越偏离了严格学术(科学)的方法理想。尼采自己说：“该书的差不多每一个句子都温柔地把握了深奥之义与戏谑风格。”[②]这固然是尼采的自诩，但现在我们读来，情形基本属实。

为什么科利版编者可以说本书具有“中心地位”呢？我认为有两个方面的原因：一是思想内容，其实 1881 年 8 月，尼采已经发现了他的哲学基本思想“相同者的永恒轮回”，但迟迟未给予公布，至《快乐的科学》第四部倒数第二段(即第一版结束处的第 341 节)才表达出来。《快乐的科学》第一版的最后一节(342 节)还成了《查拉图斯特拉如是说》序言的开头。可见《快乐的科学》是特别重要

① 这两部形成于 20 世纪中期的“哲学名著”(可能是 20 世纪最重要也难读的书)，均是碎片化的箴言式写作，海德格尔的《哲学论稿》全书是由 281 节长短不一的文字构成的，而维特根斯坦的《哲学研究》第一部分共 693 段文字，第二部分共 14 节文字，加起来共 707 节，更显零碎。参看海德格尔：《哲学论稿(从本有而来)》，中译本，孙周兴译，商务印书馆，2014 年(收入《海德格尔文集》)以及维特根斯坦：《哲学研究》，陈嘉映译，上海人民出版社，2001 年。

② 尼采：《瞧，这个人》，《尼采著作全集》第 6 卷，孙周兴译，商务印书馆，2015 年，第 425 页。

的，对后期尼采思想具有开启意义。二是上面已经提到的表达风格，尼采此时已经形成了成熟的箴言体，成为尼采特色的哲学写作风格。它超越科学和艺术，又将两者合一，构成一种“快乐的科学”。

何为“快乐的科学”？为何说“快乐的科学”？尼采不是反对以苏格拉底为代表的科学和理论吗？在《悲剧的诞生》中，尼采就把悲剧之死归因于理论科学的兴起，特别是苏格拉底-柏拉图的科学乐观主义精神。怎么现在又来说“快乐的科学”？

对此已经有两种代表性的解释。一是全集编者科利的说法：在尼采《快乐的科学》一书中，艺术与科学合一了，“这才是真正的‘健康’：诗人与科学家合一，去从事一门科学，这门科学不仅不郁闷和呆板，而且根本不是永远一味严肃的”[①]。这是思想的高难动作，尼采在《快乐的科学》中算是做到了。

另一种解释是美国学者朗佩特的：他认为到《快乐的科学》，尼采成了“科学的辩护者”，尼采否定科学的统治权威，尤其反对笛卡尔主义的机械宇宙观，但他并非反所有科学，而是要以语文学（解释的艺术，强调可能性而非确定性）和心理学（对意识要素的批判，旨在理解内在世界，从而理解整个世界）来取代作为科学典范的物理学。[②]

① 本书编者后记，科利版《尼采著作全集》第3卷，德文版，柏林/纽约，1988年，第660页。

② 朗佩特：《尼采与现时代》，李致远、彭磊等译，华夏出版社，2009年。可参看孙周兴：《尼采的科学批判，兼论尼采的现象学》，载《世界哲学》，2016年第2期；另见孙周兴：《未来哲学序曲——尼采与后形而上学》，第二编第三章“快乐的与不快乐的科学”，商务印书馆，2019年。

这两种解释都有些意思，也各有各的道理。情况可能是：尼采在《悲剧的诞生》和《不合时宜的考察》中主张艺术高于理论（科学），在之后的《人性的，太人性的》和《曙光》中则因为讨厌和批判瓦格纳而开始轻视艺术，转向科学和启蒙哲学，而在《快乐的科学》中更进一步，达到一个新的境界——通向《查拉图斯特拉如是说》，通向"相同者的永恒轮回"学说，也即后期的科学（哲学体系）。

朗佩特进一步把他设想的"尼采语文学"理解为"解释学"，从而把尼采的"快乐的科学"引向德国的解释学传统。我认为这是有力量的解释工作。而德国当代学者萨弗兰斯基更让人惊奇，认为在尼采《快乐的科学》中包含着一种"现象学"。众所周知，新哲学意义上的现象学哲学（而不是黑格尔的现象学）是随着1900年胡塞尔《逻辑研究》的出版才出现的，而这一年正是发疯11年后的尼采的死期。那么，在尼采那里当真有一种现象学吗？

在《快乐的科学》第五卷第354节"论'种类的天赋'"中，尼采使用了"现象论/现象主义"（Phaenomenologismus）一词，但他从未使用过"现象学"（Phänomenologie）。萨弗兰斯基提出上述断言的依据正是尼采这节文字。萨弗兰斯基高度重视这节文字，称赞它"内容如此丰富，足以让人写出多本书"。[①] ——这当然是无以复加的高度评价了。

尼采这节文字确实精彩，有兴趣的读者可以细细体会。我曾撰文专门对萨弗兰斯基的说法作了发挥。在我看来，尼采这段文

① 萨弗兰斯基：《尼采思想传记》，卫茂平译，上海：华东师范大学出版社，2007年，第237页。

字委实可视为“意识现象学”的文本，涉及现象学的几个重大问题，诸如意识的本质、意识的起源、意识与传达（语言）的关系、意识中的个体性与群体性、意识与世界，等等。展开而言，我认为尼采在相关文本中（甚至可能在整个中后期哲学中）主要形成和传达了几个重要的具有现象学意义的洞识：

首先，尼采反对传统哲学的主-客、内在世界与外在世界二分的意识研究，一般地就是批判传统哲学和宗教的柏拉图主义（唯心主义），反对本质主义的观念构成方式，从而可与胡塞尔关于心理主义和传统抽象理论的批判接通，更可与后来海德格尔所谓的“现象学解构”的策略和方法立场相接近。

其次，在尼采关于意识和心理现象的细致而丰富的描述中，经常透露出一些天才般的洞见，在不少点上先行一步，开启了在胡塞尔那里展开的意识现象学和现象学心理学的题域和路径。萨弗兰斯基在引用尼采《曙光》第 105、107、109、112、113 节等节文字后，断言尼采已经触及现象学所讨论的意向性意识结构、意向行为的分析等课题，认为尼采以自己的意识分析替现象学家们做了先期的准备工作。[①] 而以我的看法，最有现象学性质的还是尼采的视角论/透视论，后来海德格尔在现象学意义上把这种“视角论”解为“境域论”。[②]

再次，尼采在个体此在/实存之诗意描述和言说方面的尝试具

① 萨弗兰斯基：《尼采思想传记》，第 238 页。萨氏称尼采是意向行为分析方面的“一个大师，能对特殊的音调、颜色和涉世经验的情绪作出细腻的区分”。

② 参看海德格尔：《尼采》上卷，孙周兴译，第三编，第 13 节“实践需要作为图式需要。境域构成与视角”，第 595 页以下。

有现象学意义，可以与后来海德格尔的诗性之思与言的努力一较轩轾了。而与此任务相关，尼采就要寻找新的语言表达方式，有异于抽象化的概念机制。诚如萨弗兰斯基所言："尼采身上的现象学家问，我心里究竟感觉如何和有何种奢望。尼采身上的诗人则动手，把这些中间音、细微差别和精细之处诉诸语言。"[①]至少就《快乐的科学》而言，我们看到一个与传说中的"尼采"不一样的尼采：既有胡塞尔般的缜密心思和理路，又有海德格尔式的诗意和艺术化表达。[②]

基于上述几点，我完全同意萨弗兰斯基的判断：尼采是一个现象学家。我们完全可以设想和谈论一种"尼采现象学"。而说到底，尼采是不是一个现象学家，这并没有多么重要。重要的是我们如何理解现象学。现象学当然不是胡塞尔或者海德格尔所专有的。现象学是一种思想姿态和思想的可能性。我以为，现象学的思想姿态的根本标识在于：反传统观念论（本质主义）、关注感性生活世界、强调观念构成的直接性（去中介化、无前提性）等。就此而言，尼采哲学可以说是一种地地道道的现象学了。

本书的译事断断续续，做了好些年，我都记不得何时开始何时中断何时又开始。电子文档里有这样一条记录：至 2013 年 1 月 16 日：余约 190 节，约 100 天完成。这是 2013 年年初的状态，当时想在百天内完成初译稿，设定时间是 4 月 30 日，但显然未能实

① 萨弗兰斯基：《尼采思想传记》，第 246 页。

② 具体讨论可参看孙周兴：《尼采的科学批判，兼论尼采的现象学》，载《世界哲学》，2016 年第 2 期；另见孙周兴：《未来哲学序曲——尼采与后形而上学》，第二编第三章"快乐的与不快乐的科学"，商务印书馆，2019 年。

现，只译了二十几节便又一次中断了。由此推断，这项译事可能持续了六七年之久。

本书译事还与我在同济大学哲学系开设的两次“德国哲学原著阅读”课相关：一是 2013 年春季学期，主要阅读《快乐的科学》第五部（第 343—383 节），德文版第 573—638 页；二是 2017 年冬季学期，主要阅读《快乐的科学》第四部（第 276—318 节），德文版第 521—550 页。这两个课程的主要任务是训练学生的德文阅读能力，参加者主要是哲学系的研究生，也有本校其他系科的同学参与。阅读文献除了德文版，还有英文版的《快乐的科学》。

本书最后一部分翻译工作是我 2018 年 2 月在欧洲（前半个月主要在意大利，后半个月在德国）访学和旅行时完成的，具体行程是：上海-柏林-罗马-佛罗伦萨-威尼斯-波恩-明斯特-柏林-德累斯顿-柏林-上海。虽然总在路上，但无论在哪里，每天都坚持多多少少做一点本书的翻译工作。有趣的是，我翻译本书“附录”中的《“我的幸福！”》一诗时（2018 年 2 月 13 日早上），恰好就旅行到了威尼斯，住在离尼采诗中所说的圣马可广场的北面。译完这首诗后，我步行去了圣马可广场，真的产生了一种“穿越感”。现在是微信时代，我有导航指引。尼采当年总在意大利北部各地走动，都灵、热那亚、威尼斯等，都留下了尼采的足迹，最后是在都灵发疯的。本书意大利味十足，连书名也配了一个意大利语的副题：La gaya scienza。

本书最后的校订工作是 2019 年 2—4 月我在香港道风山汉语基督教文化研究所访问时完成的。道风山上安静的工作环境让我有可能通读译稿，完成通校任务。在此要感谢老友杨熙楠

先生的邀请和款待。

本书初稿译成后，留下一些疑难问题，法文方面的五六处问题，我请教了我的同事徐卫翔教授；拉丁文方面的三个问题，我请教过南京大学的宋立宏教授（他当时也在道风山访问）；我的同事何心鹏副教授（Dr. Volker Heubel）也提供了帮助。内子方红玫女士从编辑角度通读全稿，指出好多错误。在此一并致谢。

尼采心思沉重，他的书书名都比较严重和严肃，只有这本叫《快乐的科学》，看起来应该比较轻松些。但其实，尤其对于翻译来说，这书哪有轻松可言？情形可能是恰好相反，本书很可能是尼采著作中最艰难的一本了。所以，尽管译者花了大量功夫，但译文中肯定留下不少问题，敬请读者们指正。

2018 年 2 月 28 日记于德国柏林

2019 年 2 月 25 日再记于香港道风山

补记：本书出版后得到学界朋友们的关注和批评，特别是北京大学的陈如镜同学，专门写信来，向我提出了 48 条修改建议，我在修订时采纳了其中 30 条。在此谨向陈如镜同学表示感谢！译事无底，仍盼学界同仁继续赐教。

2023 年 12 月 21 日记于余杭良渚

图书在版编目(CIP)数据

快乐的科学/(德)尼采著;孙周兴译. —北京:商务印书馆,2024
(汉译世界学术名著丛书:120年纪念版:珍藏本:增订本)
ISBN 978-7-100-23671-3

Ⅰ.①快… Ⅱ.①尼…②孙… Ⅲ.①尼采(Nietzsche, Friedrich Wilhelm 1844-1900)—哲学思想 Ⅳ.①B516.47

中国国家版本馆 CIP 数据核字(2024)第 076172 号

汉译世界学术名著丛书
(120 年纪念版·珍藏本·增订本)
快乐的科学
〔德〕尼采 著
孙周兴 译

商务印书馆出版
(北京王府井大街 36 号 邮政编码 100710)
商务印书馆发行
北京通州皇家印刷厂印刷
ISBN 978-7-100-23671-3

2024 年 5 月第 1 版　　开本 710×1000 1/16
2024 年 5 月北京第 1 次印刷　　印张 27
定价:142.00 元